ŒUVRES COMPLÈTES

DE

EUGÈNE SCRIBE

DE L'ACADÉMIE FRANÇAISE

RÉSERVE DE TOUS DROITS

DE PROPRIÉTÉ LITTÉRAIRE

En France et à l'Étranger

ŒUVRES COMPLÈTES
DE
EUGÈNE SCRIBE

DE L'ACADÉMIE FRANÇAISE

COMÉDIES

VAUDEVILLES

CHUT
SIR HUGUES DE GUILFORT
AVIS AUX COQUETTES
LE FILS D'UN AGENT DE CHANGE
LES DAMES PATRONNESSES — CÉSAR

PARIS
E. DENTU, LIBRAIRE-ÉDITEUR
PALAIS-ROYAL, 15-17-19, GALERIE D'ORLÉANS

1883

21363
T. 28
Ex 1

Paris. — Soc. d'imp. PAUL DUPONT, 41, rue J.-J.-Rousseau. (Cl.) 666.7.83.

CHUT !

COMÉDIE-VAUDEVILLE EN DEUX ACTES

Théatre du Gymnase. — 26 Mars 1836.

PERSONNAGES.   ACTEURS.

LE PRINCE POTEMKIN . . . . MM. Saint-Aubin.
RIELOF, trésorier du palais. . . . .   Numa.
LADISLAS, officier polonais . . . .   Paul.
UN PREMIER DOMESTIQUE. . . . .   Bordier.

LA COMTESSE BRANISKA, nièce de Po-
  temkin. . . . . Mmes Allan-Despréaux.
ALEXINA, femme de Rielof. . . . . . .   Élisa Forgeot.

Officiers du palais. — Domestiques au service de Potemkin et de
la comtesse.

A Saint-Pétersbourg, dans les jardins de l'Hermitage, au premier acte ; dans
le palais du prince Potemkin, au deuxième acte.

CHUT!

ACTE PREMIER

Les jardins de l'Hermitage à Saint-Pétersbourg.

SCÈNE PREMIÈRE.
LADISLAS, L'INCONNU.

(Au lever du rideau, Ladislas, à droite du théâtre, droite de l'acteur, se promène vivement et avec impatience. A gauche, un inconnu marche lentement, les bras croisés, et semble plongé dans de profondes réflexions. — L'ouverture finit par le duo de l'*Irato :* Promenons-nous donc.

LADISLAS, à part.

Personne encore à cette heure dans les jardins de l'Hermitage !... personne ! que monsieur... ce qui revient au même... car il ne me voit pas et ne dit rien.

(Il recommence à se promener.)

L'INCONNU, à part, et rêvant.

Oui, c'est là le chemin de Constantinople... et nous y arriverons !...

(Il recommence à se promener en changeant de direction et se trouve nez à nez avec Ladislas.)

LADISLAS.

Pardon, monsieur; quelle heure est-il?

L'INCONNU, surpris, s'arrête et le regarde de la tête aux pieds.

Neuf heures...

(Il recommence à se promener.)

LADISLAS, à part.

Il paraît qu'il n'aime pas à causer... Il a tort... c'est ce qu'on a de mieux à faire quand on attend... et il a l'air d'attendre comme moi... (En ce moment, l'inconnu qui a remonté le théâtre se trouve encore près de lui.) Pourriez-vous me dire, monsieur, à quelle heure se lève le prince Potemkin?

L'INCONNU, froidement.

On n'en sait rien ! souvent il ne se couche pas.

LADISLAS.

C'est juste ! les ambitieux ne dorment point, et n'ont pas le temps de s'amuser... et quoique, dans ce moment, il soit de fait empereur de toutes les Russies... c'est un pauvre diable que je plains bien... Le connaissez-vous, monsieur?

L'INCONNU.

Oui, monsieur, et vous ?

LADISLAS.

Je ne suis jamais venu à Saint-Pétersbourg. J'arrive de Varsovie... Ladislas, enseigne au régiment des gardes... J'ai obtenu du roi Auguste Poniatowski, notre souverain, trois mois de congé, dont j'ai voulu profiter... et, pour prendre l'air, je suis venu à pied, en me promenant, jusqu'à Saint-Pétersbourg...

L'INCONNU.

A pied?...

LADISLAS.

Mes finances ne me permettent pas d'autre équipage... Officier d'infanterie : deux mille roubles de traitement ; ce qui fait, avec ce que j'ai, quinze cents roubles...

L'INCONNU, étonné.

Comment cela !... et qu'avez-vous donc ?

LADISLAS.

Des dettes !... comme tout le monde... on n'est pas officier pour rien... ça ne m'empêche pas de voyager comme un prince...

AIR du vaudeville du *Piège*.

Rêvant gaîment en mon chemin,
Je suis, au gré de mon envie,
Roi, général... j'ai dans ma main
Tous les trésors de la Russie !
Fier conquérant, j'ai dans mon lot
Tout le pays qui sur la carte existe...
Et ne m'éveille, hélas ! que quand il faut
Payer celle de l'aubergiste !

L'INCONNU.

Je comprends... alors vous venez ici chercher de l'avancement ?

LADISLAS.

Du tout !

L'INCONNU.

De la fortune ?

LADISLAS.

Encore moins... je n'y tiens pas... je ne suis ni avide, ni ambitieux comme Potemkin... ou plutôt je le suis bien plus encore ; car l'objet de tous mes vœux, le but auquel j'aspire, et que j'atteindrai... en un mot, l'idée fixe qui me poursuit... c'est la plus aimable et la plus belle femme de la cour... rien que cela.

L'INCONNU, vivement.

C'est Catherine !

LADISLAS.

Y pensez-vous ?... celle-là n'est qu'impératrice ! mais l'autre ! c'est un ange... une magicienne qui m'a ensorcelé, et pourtant je ne l'ai vue que deux soirées en ma vie... aux bals du roi, à Varsovie, lorsqu'elle traversait la Pologne...

L'INCONNU, à part.

Il est d'une confiance très-amusante... (Haut.) Et vous avez dansé avec elle?...

LADISLAS.

Mieux que cela, mon cher ami ! j'ai valsé... concevez-vous toute l'étendue de ce mot-là?... j'ai valsé avec elle... si elle était ma femme, elle ne valserait avec personne !... Aussi, je ne conçois pas comment ma raison y a résisté, comment je n'en ai pas perdu la tête.

L'INCONNU.

Il y a bien quelque chose..;

LADISLAS.

Et ce n'est rien encore !... plût au ciel qu'elle fût née dans la condition la plus pauvre ou la plus obscure, quoique gentilhomme, je l'aurais épousée sur-le-champ... Mais jugez de mon désespoir, lorsque j'apprends que cette femme si jeune et si belle est comblée de tous les dons de la fortune et de la naissance ! Ah ! quelle injustice ! et qu'en avait-elle besoin? il en est tant d'autres qui ne peuvent s'en passer... et je sentis mon sang se glacer dans mes veines quand on me dit : C'est la plus illustre dame de la cour de Russie... en un mot, la nièce du prince Potemkin.

L'INCONNU, vivement.

La comtesse Braniska...

LADISLAS.

Oui, mon cher ami !... sa nièce... sa seule héritière... et bien plus... une réputation inattaquable... une rigidité de principes... enfin, de toute la cour, la seule vertu peut-être... c'est jouer de malheur... aussi quand je songe à la peine que j'aurai à réussir...

L'INCONNU.

Quoi! sérieusement vous y pensez?

LADISLAS.

Je ne pense pas à autre chose...

<small>AIR du vaudeville de *la Famille de l'Apothicaire*.</small>

Oui, quel qu'en soit le résultat...

L'INCONNU.

Quelle extravagance est la vôtre !

LADISLAS.

Amoureux d'elle est mon état,
C'est le seul, je n'en veux pas d'autre !

L'INCONNU, souriant.

C'en est un...

LADISLAS.

Pour un amateur,
Fort agréable, je le pense ;
Mais dans celui-là, par malheur,
On trouve trop de concurrence.

L'INCONNU.

Ce qui vous y fera renoncer...

LADISLAS.

Non pas... lorsqu'on a une vocation prononcée, lorsque ni le temps ni les obstacles ne vous découragent... il faut qu'on meure ou qu'on arrive ! c'est là-dessus que je compte.

L'INCONNU.

Mais vous avez en outre quelque moyen... quelque espoir ?

LADISLAS.

Certainement ! mais je n'en parle pas, parce qu'on m'a toujours reproché d'être indiscret... ce qui n'est pas vrai... On accuse les Polonais d'être les Français du nord!... c'est souverainement injuste... pour moi du moins... et je vous demanderai seulement si vous connaissez le baron de Rielof?

L'INCONNU.

Le trésorier du palais ?

LADISLAS.

Je me suis rappelé que c'était un parent éloigné... un arrière-cousin... est-il obligeant?

L'INCONNU.

Mais, oui... quand on n'a pas besoin de lui.

LADISLAS.

C'est mon affaire!... je ne lui demande rien que de me présenter au prince en qualité de secrétaire... sous-secrétaire... il en a tant!... Je ne tiens pas aux appointements... mais je tiens à être chez lui... parce qu'il loge avec sa nièce dans le même palais... vous comprenez... c'est pour cela que j'ai couru de grand matin chez mon cousin le trésorier... Sa porte est fermée!

L'INCONNU.

Même à ses cousins?

LADISLAS.

Il en a peut-être tant depuis qu'il est trésorier, qu'il a été obligé de prendre une mesure de famille...

L'INCONNU.

Ce qui vous a découragé?

LADISLAS.

Non pas... je ne me décourage pas ainsi!... On m'a dit qu'il se rendait le matin au palais... et dans ce jardin qu'il doit traverser... je l'attends... pour préparer une scène de reconnaissance et lui sauter au cou... mais j'ai réfléchi que ne l'ayant jamais vu... ma sensibilité pourrait se tromper d'objet et tomber sur le premier venu... à moins de leur demander à tous : Êtes-vous mon cousin?

L'INCONNU.

Ce qui serait pénible...

LADISLAS.

Pour l'instinct de la nature, et pour la voix du sang.

L'INCONNU.

Mais tenez... (Regardant vers le fond à droite.) elle ne risquera point d'erreur; car voici le baron de Rielof qui vient dans cette allée avec sa femme, Alexina.

LADISLAS, remontant la scène, et regardant du même côté.

Ma cousine!... Combien je vous remercie!... et quoique je n'aie pas l'honneur de vous connaître... si je puis m'acquitter jamais d'un tel service...

L'INCONNU.

C'est moi qui vous suis redevable.

LADISLAS.

AIR : Le fils du prince. (DE FELTRE.)

En vous tant de bonté se montre...

L'INCONNU.

Vous entendre est un tel plaisir...

LADISLAS.

Que d'une pareille rencontre...

L'INCONNU.

Je garderai le souvenir...

LADISLAS.

Oui, de si douces causeries...

L'INCONNU.

Recevez mes remercîments...

LADISLAS, saluant.

Je vous laisse à vos rêveries...

L'INCONNU, de même.

Je vous laisse avec vos parents.

LADISLAS et L'INCONNU.

Enchanté de cette rencontre,
Qui pour moi fut un vrai plaisir...

1.

En vous tant de bonté se montre
Qu'on en chérit le souvenir.

(Tous les deux se saluent, et l'inconnu, après avoir encore une fois regardé Ladislas, s'éloigne en riant par l'allée à gauche.)

SCÈNE II.

RIELOF, ALEXINA, LADISLAS.

(Rielof et Alexina arrivent par la droite.)

ALEXINA.

Oui, monsieur, une femme de chambre de l'Impératrice a plus de crédit que vous ne pensez... et si vous vouliez me seconder... mais vous avez peur de tout.

RIELOF.

Je ménage tout le monde.

ALEXINA.

Voilà comme on n'arrive à rien... et si cependant on parvenait à renverser Potemkin, la partie serait belle.

RIELOF.

Voulez-vous bien vous taire !... Quelqu'un est là... et j'ai senti dans tous mes membres comme un vent glacial.

ALEXINA.

Un vent de Sibérie?

RIELOF.

Il me semblait déjà être sur la route.

LADISLAS, les saluant.

J'ignore si j'ai l'honneur de parler au baron de Rielof... mais à coup sûr, et au portrait qu'on m'en a fait, ce doit être sa compagne, la belle Alexina.

ALEXINA.

Qui vous le fait penser, monsieur?

LADISLAS.

Il serait difficile de s'y méprendre... et je vois à votre sourire que je ne me suis pas trompé... Étranger dans cette cour brillante où règne la beauté, il est naturel qu'on cherche à se mettre sous sa protection... (Lui présentant une lettre.) et cette lettre qui vous est adressée vous dira qui je suis...

ALEXINA, remettant la lettre à son mari.

Moi, monsieur, je n'en ai pas besoin!... vous êtes vous-même votre meilleure recommandation... Mais, pardon, dans ce moment, mon service m'oblige à me rendre près de l'Impératrice... excusez-moi si je vous laisse avec mon mari... j'espère que plus tard vous m'en dédommagerez.

RIELOF, qui a ouvert la lettre, à demi-voix.

Allons!... c'est un cousin... encore un!...

ALEXINA, de même.

Celui-là, du moins, est fort bien.

RIELOF, de même.

Qu'importe?... c'est un demandeur, j'en suis sûr.

ALEXINA, de même.

Encore faut-il savoir ce qu'il demande! et tâchez, monsieur, de le contenter... sans cela, il s'adressera à moi... (Rielof veut insister, Alexina lui dit :) C'est bien! c'est bien!

AIR nouveau de M. HORMILLE.

(A Ladislas.)
Croyez que je serai ravie
D'obliger un jeune parent!...

RIELOF.

Voyez quelle coquetterie!
Mais à la cour, dans ce moment,
Voilà bien comme elles sont toutes,
Toutes coquettes!

ALEXINA.

Il le faut!

Il le faut bien, sans aucuns doutes,
Lorsque l'exemple vient d'en haut.

Ensemble.

RIELOF.

Voyez quelle coquetterie !
Et par malheur en ce moment,
Je vois à la cour de Russie
Que chaque dame en fait autant.

LADISLAS.

Ah ! combien mon âme est ravie !
C'est un fort bon commencement.
Avec cousine aussi jolie
On doit parvenir promptement.

ALEXINA.

Croyez que sans coquetterie,
Nous avons le cœur obligeant ;
Et, d'honneur ! je serai ravie,
De servir un jeune parent.

(Elle sort par la gauche.)

SCÈNE III.

RIELOF, LADISLAS.

LADISLAS, à part.

Elle est gentille, ma petite cousine... et si cela continue ainsi, tout ira bien.

RIELOF.

Je vois, mon cher cousin... (A part.) puisque ma femme le veut...(Haut.) que vous voilà en voyageur dans notre Russie !...

LADISLAS.

Oui, monsieur le baron, je viens admirer.

RIELOF.

Le moment est peu favorable... un nouvel empire déjà

épuisé par sa grandeur, et par un luxe toujours croissant... c'est sur nous autres particuliers que retombent les prodigalités et les fêtes de la cour; les toilettes seules de ma femme consomment tous les revenus de ma place, et je me plaignais encore hier d'être ruiné.

LADISLAS.

C'est un danger que je ne redoute pas!... et si vous le voulez, mon cher cousin, je vous donnerai mon secret.

RIELOF.

Quoi! vraiment, vous êtes toujours au-dessus de vos affaires, et vous n'avez besoin de rien?...

LADISLAS.

Que de votre amitié!

RIELOF, à part.

Quel bonheur! (Haut.) Je vous prie cependant de croire, mon cher parent, que malgré la gêne des affaires, ma bourse est toujours ouverte à ma famille...

LADISLAS.

Comme la mienne à mes amis.

RIELOF, à part.

Ce n'est pas de l'argent qu'il veut... (Haut.) Grâce au ciel, on trouve encore de l'or à la cour de Catherine... mais, par exemple, ce qu'il est impossible d'y trouver... ce sont des places... elles sont toutes prises...

LADISLAS.

En vérité...

RIELOF.

Les créatures de Potemkin ont tout envahi.

LADISLAS.

Ça m'est bien égal!

RIELOF, à part.

Ce n'est pas une place qu'il demande... ma femme avait raison... il est charmant, ce cousin-là... (Haut.) Il ne faut pas croire cependant que nous soyons tout-à-fait sans crédit... madame la baronne de Rielof est femme de chambre de l'Impératrice; et moi-même, comme trésorier du palais, j'ai eu plus d'une fois l'occasion de pousser ma famille... je ne demande que cela... l'occasion d'être utile.

LADISLAS, lui tendant la main.

Touchez là... je suis votre homme.

RIELOF, à part.

Ah! diable!

LADISLAS.

Vous me parliez tout-à-l'heure du prince Potemkin... vous le connaissez?

RIELOF.

Qui ne le connaît pas? la fortune la plus bizarre et la plus extraordinaire de notre siècle... De simple enseigne dans les gardes...

LADISLAS.

Comme moi!

RIELOF.

Il est devenu... prince, premier ministre, généralissime de toutes les armées russes, grand hetman des cosaques, grand amiral des flottes de la mer Noire, de la mer d'Azof... que sais-je? Ses titres, quand je les écris, tiennent toute une page.

LADISLAS.

Cela suppose un grand mérite.

RIELOF.

Il n'en a eu qu'un!

LADISLAS.

Celui de plaire à sa souveraine.

RIELOF.

Ce n'est pas là le plus difficile... mais son grand art,

son talent inexplicable, c'est de se maintenir en faveur... malgré les nombreux caprices de l'Impératrice.

LADISLAS.

Elle en a donc?

RIELOF.

Silence, mon cher cousin; je sais là-dessus, et par ma femme qui est admise dans les secrets d'État, bien des mystères que je dois ignorer... sans cela la Sibérie, ou mieux encore.,.. Chaque jour, nous espérons que Potemkin sera renversé... point du tout... il reste au pouvoir; et l'Impératrice, malgré son goût pour les idées nouvelles...

LADISLAS.

Tient toujours aux anciennes!...

RIELOF.

Précisément!

LADISLAS.

Ce qui vous fâche... car j'ai entendu tout-à-l'heure madame de Rielof... qui en veut à Potemkin...

RIELOF.

Vous l'avez entendue!... quelle imprudence!

LADISLAS.

Il n'y a pas de danger avec moi.

RIELOF.

Mais avec d'autres... ce serait de même... elle lui en veut... je ne sais pas pourquoi... elle veut me persuader à moi-même que je le hais... ce qui n'est pas vrai, car je l'estime... je le respecte... Dieu! le grand Potemkin!

(Il s'incline.)

LADISLAS.

C'est inutile, il n'est pas là!...

RIELOF.

Que voulez-vous?... c'est l'habitude.

LADISLAS.

Et je viens vous proposer à vous et à ma cousine un projet qui pourra servir les vôtres... Tâchez de me faire entrer chez Potemkin, en qualité de secrétaire... sans traitement, peu importe... pourvu que je sois près de lui.

RIELOF.

Pour nous servir... c'est une idée... j'en parlerai à ma femme... Mais sa recommandation sera peu puissante près du prince. Il vaudrait mieux arriver par la comtesse Braniska, sa nièce.

LADISLAS.

La comtesse!

RIELOF.

Que ma femme n'aime guère; mais avec qui elle est très-liée... en attendant... parce qu'ici on ne sait pas ce qui peut arriver.

AIR de la Girouette. (*Le Fils du Prince.*)

A la cour mainte girouette
Étourdiment tourne à tout vent;
Sa fortune faite et défaite,
Hélas! ne dure qu'un moment.
Ceux sur qui les faveurs séjournent, (*Bis.*)
 Et qui deviennent des héros,
Ne sont pas ceux qui tournent, tournent,
 Mais ceux qui tournent à propos,
Sont ceux qui tournent, tournent, tournent,
 Qui tournent à propos!

LADISLAS.

Vous avez raison; et si ma cousine pouvait parler en ma faveur à la comtesse Braniska...

RIELOF.

Silence... c'est elle qui sort de l'église Saint-André, car, pour sa morale et sa piété, il n'y a rien à dire.

LADISLAS.

Ah! je le sais... toutes les vertus... (A part.) Comme le cœur me bat!

SCÈNE IV.

LA COMTESSE et deux ou trois de ses DOMESTIQUES qui restent derrière elle, RIELOF, LADISLAS.

RIELOF.

Madame, la comtesse me permettra-t-elle de lui offrir mes hommages...

LA COMTESSE.

Bonjour, monsieur de Rielof... je vous trouve à propos... je voulais demander à votre femme une invitation pour le bal de ce soir... C'est elle, je crois, que l'Impératrice a chargée de ce soin?

RIELOF.

Oui, madame.

LA COMTESSE.

C'est pour quelqu'un de l'ambassade française qui ne connaît point les fêtes de l'Hermitage, et qui voudrait assister à celle-là.

RIELOF.

Trop heureux de vous être agréable... J'aurai l'honneur de vous porter moi-même ce billet d'invitation dans la journée.

LADISLAS, le poussant.

Allez donc...

RIELOF.

Et d'ici là, si j'osais... j'aurais à réclamer de vous une faveur...

LA COMTESSE.

C'est trop juste!... je tiens à m'acquitter! De quoi s'agit-il?

RIELOF.

D'un de mes parents, que je voudrais vous présenter et recommander à votre protection... Ladislas Radzinski... officier polonais, un jeune homme inconnu.

LA COMTESSE.

Point du tout. (Elle passe au milieu, entre Rielof et Ladislas.) J'ai déjà vu monsieur, il y a quelque temps, à la cour du roi Auguste, à Varsovie.

LADISLAS, s'inclinant.

Quoi! madame, vous daignez vous rappeler...

RIELOF.

Oh! il n'est pas sans mérite.

LA COMTESSE.

Certainement! d'abord, il valse à merveille! talent très-rare! surtout ici à Saint-Pétersbourg, où l'on ne s'en doute pas!

RIELOF.

C'est vrai! et je me rappelle encore l'effet que produisit, il y a quelques années, aux bals de la cour, le comte Poniatowski.

AIR : Il m'en souvient longtemps ce jour.

Mais il n'était pas dans ce temps
Roi de Pologne! et l'on nous donne
Comme certain qu'à ces talents
Plus tard il a dû la couronne!

LADISLAS, à la comtesse.
Mon cousin veut rire de moi!

LA COMTESSE, souriant.
Non, si l'on en croit l'apparence.

LADISLAS.
Quoi! par la danse on devient roi?

LA COMTESSE, de même.
Quand les reines aiment la danse!

LADISLAS.

Moi, du moins, je lui aurai dû un grand bonheur.

LA COMTESSE.

Et lequel ?

LADISLAS.

Un souvenir de vous, madame...

LA COMTESSE.

Je vous remercie du compliment; mais il me semble, si l'on ne m'a pas trompée, que cette soirée a dû vous en laisser d'autres moins agréables... J'ai entendu parler d'un duel... d'une affaire qui, je ne sais à quel propos... eut lieu à la suite de ce bal... et je crois que vous fûtes blessé.

LADISLAS.

Je ne me le rappelle pas, madame.

RIELOF.

Il a peu de mémoire !... mais il a d'autres talents, dont je peux répondre; et comme, en ce moment, il sollicite une place qui dépend de vous...

LA COMTESSE.

De moi !... parlez vite.

RIELOF.

Il désirerait entrer au nombre des secrétaires du prince Potemkin, votre oncle.

LA COMTESSE.

N'est-ce que cela ?

LADISLAS.

Quoi ! madame, vous ne me refusez pas !... ce serait possible... (Tirant un papier de sa poche.) et cette demande...

LA COMTESSE, prenant le papier.

Je crois, sans me vanter, que mon crédit ira jusque-là... Vous avez donc quitté le service de Pologne?

LADISLAS.

Oui, madame.

LA COMTESSE.

On peut alors demander mieux que cela... les bons officiers sont rares en Russie; et je me flatte d'obtenir pour vous...

LADISLAS, vivement.

Non, madame, non, je désire être secrétaire... pas autre chose.

LA COMTESSE.

Et pourquoi donc?

LADISLAS.

C'est ma vocation... je suis né pour cela.

LA COMTESSE, riant.

Comme on naît poëte.

LADISLAS.

Oui, madame.

LA COMTESSE.

C'est différent... (A un de ses laquais.) Portez cette pétition au prince et dites-lui...

LADISLAS, à part, pendant que la comtesse parle à son laquais.

O mon étoile, je te remercie !

AIR de la Girouette.

(A Rielof.)
Par cette apostille opportune
Notre projet a réussi,
Une valse a fait ma fortune ;
Vous disiez vrai, mon cher ami,
Ceux sur qui les faveurs séjournent (*Bis.*)
Et qui deviennent des héros,
Ne sont pas ceux qui tournent, tournent
Mais ceux qui tournent à propos,
Sont ceux qui tournent, tournent, tournent,
Qui tournent à propos.

LA COMTESSE, après avoir renvoyé ses domestiques, à Ladislas.

Ainsi, monsieur, c'est une affaire terminée.

SCÈNE V.

RIELOF, LA COMTESSE, LADISLAS, ALEXINA.

ALEXINA, entrant en riant.

Ah! ah! ah! j'en rirai longtemps.

LADISLAS.

C'est ma cousine.

LA COMTESSE.

Eh! mon Dieu! baronne, qu'avez-vous donc?

ALEXINA, riant plus fort.

Ah! ah! L'histoire la plus originale... ah! ah!... et je vous demande pardon si votre présence me cause un nouvel accès... ah! ah!... c'est que vous y êtes pour quelque chose.

LA COMTESSE.

Moi!

ALEXINA.

C'est-à-dire pour beaucoup!... vous êtes l'héroïne!

LADISLAS.

Alors, dites-nous vite.

ALEXINA.

Laissez-moi respirer un peu... Je sors des appartements de l'Impératrice... il n'y avait que des dames, et Sa Majesté, qui était d'une humeur charmante, s'est prise à nous raconter une aventure qu'on venait de lui apprendre; mais elle n'a jamais voulu nous dire de qui elle la tenait.

LA COMTESSE.

Pour de bonnes raisons, peut-être!

ALEXINA.

Non... non, l'histoire est véritable... je vous l'assure... elle s'est passée ce matin... Imaginez-vous qu'un jeune homme... un officier polonais, vient d'arriver de Varsovie à Saint-Pétersbourg, à marches forcées... devinez pourquoi.

LA COMTESSE.

Une conspiration?...

ALEXINA.

Non...

RIELOF.

Une estafette?...

ALEXINA.

Du tout... il a fait deux cent cinquante lieues, pour venir ici sur-le-champ, et sans désemparer, se faire aimer de la comtesse Braniska.

LA COMTESSE.

De moi?...

LADISLAS, à part.

O ciel!...

ALEXINA.

C'est son but, son intention formelle et avouée.

LADISLAS.

Ce n'est pas possible...

LA COMTESSE.

Quelle folie !

ALEXINA.

Du tout... il a son bon sens... il raisonne très-bien... il s'est constitué votre amoureux, c'est son seul état, il n'en veut pas d'autre; et le plus original... c'est qu'il a un plan au succès duquel s'intéresse l'Impératrice... et elle vous prie de vouloir la tenir bien au courant...

LA COMTESSE.

Quelle mauvaise plaisanterie!...

LADISLAS, à part.

Elle ne se taira pas!

ALEXINA, riant.

Et ce plan... le voici !

LADISLAS, voulant l'empêcher de parler.

Ma cousine !...

ALEXINA.

Soyez tranquille... je vais vous le dire... il a le dessein... et cette fois vous rirez comme moi... il a le dessein de se faire recevoir secrétaire... ah ! ah !...

LA COMTESSE, regardant Ladislas.

O ciel !...

LADISLAS, à part.

C'est fait de moi !

LA COMTESSE, vivement.

Secrétaire du prince Potemkin ?

ALEXINA.

Justement ! vous connaissez donc l'histoire ?

LA COMTESSE, regardant Ladislas.

Oui... quelque invraisemblable qu'elle paraisse, je commence à y ajouter foi... si j'en crois, du moins, le trouble et la confusion du coupable...

LADISLAS.

Madame !...

LA COMTESSE.

Il suffit, monsieur, vous ne vous étonnerez pas si je retire la parole que je vous avais donnée ; vous ne devez plus y compter...

LADISLAS.

Daignez au moins m'écouter...

LA COMTESSE.

C'est inutile ! je crois être généreuse en bornant là ma vengeance... éloignez-vous, monsieur... je vous ordonne de ne plus reparaître devant moi...

LADISLAS.

J'obéis!... (A Alexina en s'en allant.) Ah! ma cousine, qu'avez-vous fait là?... j'en mourrai...

SCÈNE VI.

RIELOF, LA COMTESSE, ALEXINA.

ALEXINA.

Est-il possible!... ce pauvre garçon, c'était lui... c'était notre cousin...

RIELOF, vivement.

Cousin très-éloigné... que je n'ai jamais vu... que je ne connaissais pas...

LA COMTESSE.

Je vous en fais compliment!

ALEXINA.

Il n'est pas si mal!... il est gentil... et moi qui ne me doutais de rien, je suis désolée de mon inconséquence... vous l'avez traité avec tant de rigueur, que le pauvre garçon en avait les larmes aux yeux!...

LA COMTESSE.

Eh bien! n'allez-vous pas le plaindre?

ALEXINA.

Pourquoi pas? je suis comme toutes ces dames et comme l'Impératrice elle-même, qui s'intéressaient à lui, et au succès de sa cause.

LA COMTESSE.

Est-il possible?

ALEXINA.

AIR du Fleuve de la vie.

Et tout est fini, quel dommage!

Pour ces dames c'est désolant,
De voir à la première page
Terminer ainsi le roman...

LA COMTESSE.

Oh ! c'est fâcheux à plus d'un titre ;
Mais s'il leur offre tant d'attraits,
A ma place je leur permets
D'achever le chapitre.

ALEXINA.

Elles pourraient plus mal choisir ! car enfin, comme le disait Sa Majesté elle-même... il y a là de l'amour... de l'amour véritable... et il n'a qu'un tort, c'est d'en parler à tout le monde... ce n'est pas sa faute... c'est plus fort que lui...

LA COMTESSE.

C'en est assez, baronne ; votre intention n'est pas de me désobliger : et je vous prie désormais de ne plus me parler d'une aventure qui m'est pénible, qui me blesse... et où je ne pardonnerai jamais qu'on m'ait donné, malgré moi, un rôle que je ne demandais pas et dont je me serais fort bien passée...

(Alexina salue la comtesse, et sort avec son mari par la droite au moment où Potemkin arrive du côté opposé.)

SCÈNE VII.

POTEMKIN, LA COMTESSE.

POTEMKIN, entre brusquement et aperçoit la comtesse.

Ah ! c'est vous, comtesse !

LA COMTESSE.

Je viens de l'église... et rentrais chez moi avant d'aller faire ma cour à l'Impératrice... mais quel air sombre et soucieux !

POTEMKIN.

J'ai de l'humeur...

LA COMTESSE.

Ça se trouve bien... moi aussi... contre tout le monde.

POTEMKIN.

Et moi contre vous!

LA COMTESSE.

C'est donc cela, mon cher oncle, que vous m'honorez d'un style si respectueux et que vous me dites *vous*, comme à la cour?

POTEMKIN.

Nadéje! tu sais qu'il ne faut pas me railler quand je suis en colère... et je suis en colère!...

LA COMTESSE.

Et pourquoi?

POTEMKIN.

Quelle est cette pétition que vous m'adressez, et que vous me recommandez avec tant d'instance... cette place de secrétaire... ce Polonais... ce Ladislas?

LA COMTESSE.

Je vous le dirai... je vous raconterai comment, d'abord, je m'y suis intéressée...

POTEMKIN.

Ah! vous lui portiez de l'intérêt? vous en convenez!... Vous ne savez donc pas que ce jeune homme vous aime, et que cet amour, il ne s'en cache pas, que c'est pour vous qu'il a quitté son état et son pays... qu'il est venu ici à Saint-Pétersbourg...

LA COMTESSE, avec impatience.

Eh! monsieur, je ne le sais que trop...

POTEMKIN.

Vous le savez... et vous me le recommandez...

LA COMTESSE, appuyant.

Je ne vous le recommande plus...

POTEMKIN.

Il est bien temps... quand déjà son étourderie et sa folie vous ont compromise ; car, depuis ce matin, j'ai pris sur lui des renseignements... c'est lui qui, à Varsovie, et pour danser avec vous, a reçu du comte Orlof une blessure dont il a pensé mourir...

LA COMTESSE, avec émotion.

Ah ! je ne savais pas que ce fût si dangereux !

POTEMKIN.

Eh ! qu'importe ? il s'agit bien ici de lui, et de son existence... il s'agit de vous.

LA COMTESSE.

Me rendrez-vous responsable de ses extravagances ? puis-je les empêcher ? croyez-vous que je n'en sois pas plus contrariée que vous-même ?

POTEMKIN.

Dis-tu vrai ?

LA COMTESSE.

Certainement, et cette passion dont tout le monde se croit obligé de me parler, cet amour qui est maintenant de notoriété publique... j'étais seule à l'ignorer, lorsque je vous ai adressé cette pétition, que je rétracte, que je désavoue, et que je vous prie de déchirer.

POTEMKIN.

A la bonne heure !... et tu me promets que ce jeune homme n'obtiendra jamais un regard de toi ?

LA COMTESSE, souriant avec dédain.

Quelle idée !

POTEMKIN.

Pas même un souvenir !

LA COMTESSE.

Qu'est-ce qui peut vous le faire supposer ?

POTEMKIN.

Ah! c'est que, vous autres femmes, vous accordez tant par reconnaissance...

LA COMTESSE.

Il me semble que j'ai refusé mieux!... que j'ai vu à mes pieds, sans en être émue, le souverain de la Russie... presque le czar!... l'amant de Catherine...

POTEMKIN.

Tais-toi, tais-toi, ne me rappelle pas ces jours de fièvre et de délire, où j'ai manqué renverser ma fortune, c'est ma seule faute en politique, et c'est toi qui en es cause.

LA COMTESSE.

Moi !

POTEMKIN.

Oui, il n'y a que toi que j'aie aimée... toi jeune fille que j'avais élevée... et si tu ne m'avais rappelé à la raison... l'amour d'une souveraine, le trône de la Russie... j'aurais tout sacrifié pour un seul de tes regards...

LA COMTESSE, souriant.

C'eût été un beau jour que celui-là !

POTEMKIN.

Sans doute !

LA COMTESSE.

Mais le lendemain...

POTEMKIN.

Le lendemain... je ne dis pas... y songe-t-on quand on aime?

LA COMTESSE.

Vous avez donc cru être amoureux ?

POTEMKIN.

Je l'aurais juré... et pour un rien, je le jurerais encore!

LA COMTESSE.

Erreur! vous ne serez jamais qu'ambitieux! et moi je ne serai jamais que votre amie, votre nièce, votre fille... Tout le monde vous craint, vous respecte ou vous admire!... il faut bien qu'il y ait quelqu'un qui vous aime... ce sera moi...

POTEMKIN.

AIR: Connaissez mieux le grand Eugène: (*Les Amants sans amours.*)

Oui, tu dis vrai, j'ai besoin d'une amie
Qui me console au sein de la grandeur ;
Esclave roi, l'on m'encense, on m'envie...
Et je n'ai pas un instant de bonheur,
Pas un instant de repos, de bonheur...
Oui, ce fardeau qu'on nomme la puissance,
Oui, cette place, objet de mes ennuis,
   Je l'ai souvent, dans ma vengeance,
   Désirée à mes ennemis!

LA COMTESSE.

Vous, favori de Catherine!... notre magnanime Impératrice!

POTEMKIN.

Oui, c'est un grand souverain... un grand homme pour tout le monde, mais pour moi!... Maîtresse d'un empire immense, ses caprices sont plus grands encore que son pouvoir... ce despotisme intérieur, ces royales fantaisies d'une imagination en délire... moi seul en suis le témoin et la victime... aux yeux de l'Europe, c'est la raison, la philosophie sur le trône, et Voltaire l'appelle un sage!... ah! s'il avait été à ma place, il saurait à quoi s'en tenir...

LA COMTESSE, riant.

Vraiment!

POTEMKIN.

Aussi... et je ne puis encore y penser sans frémir... je me

rappelle qu'un jour, honteux de moi-même et de mon esclavage... j'ai voulu le briser ; et, dans un transport de colère et de rage... je levais le bras pour frapper...

LA COMTESSE.

O ciel!

POTEMKIN.

Qu'ai-je dit? je te confie tout, Nadéje... et j'ai tort peut-être... si tu me trahissais?

LA COMTESSE.

Se défier de moi!

POTEMKIN.

Non pas de toi... mais tu es entourée de courtisans qui t'adorent... tu n'aurais qu'à les aimer... tu leur livrerais mes secrets... aussi tu ne me quitteras pas... tu n'aimeras et n'épouseras personne; je le veux, ou sinon...

LA COMTESSE.

Sinon... le knout! la Sibérie!

POTEMKIN.

Oui, je peux tout, et malheur à eux! malheur à toi!

LA COMTESSE.

A merveille!... voilà qui est galant, qui est aimable... et j'admire, Potemkin, comment votre caractère réunit à la fois les qualités et les défauts les plus opposés! Semblable en tout à l'empire russe, que vous soutenez et dont vous êtes la vivante image, vous êtes comme lui, moitié civilisé et moitié barbare. Il y a en vous de l'asiatique, de l'européen, du tartare et du cosaque!... mais ce dernier domine... je n'en veux pour preuve que la déclaration que vous venez de me faire.

POTEMKIN.

Pardonne-moi!

LA COMTESSE.

Et à laquelle je répondrai par une protestation non moins énergique... je reste avec vous, mon cher oncle, et probablement j'y resterai toujours, car tel est mon plaisir et mon bonheur... mais je n'ai pas pour cela enchaîné ma liberté à vous... comme vous à Catherine ; et je déclare ici, au vainqueur d'Oczakof, au prince Potemkin, premier ministre et généralissime des armées russes, que, malgré son autorité et son pouvoir, s'il me plaisait d'aimer quelqu'un...

POTEMKIN, vivement.

Ah ! je sais pourquoi tu dis cela.

LA COMTESSE.

Du tout... je parle en général !

POTEMKIN.

Mais tu penses à ce jeune homme... à Ladislas !

LA COMTESSE.

Mon Dieu ! je l'avais déjà oublié ! et c'est vous qui semblez prendre à tâche de me le rappeler.

POTEMKIN.

Non pas !... et pour plus de sûreté... il faut qu'il parte... (La regardant.) Qu'en dis-tu ?

LA COMTESSE.

Comme vous voudrez.

POTEMKIN, la regardant.

Cela ne fera pas mal de l'envoyer un peu loin... en Sibérie, par exemple !

LA COMTESSE, avec effroi.

O ciel !... y pensez-vous ?

POTEMKIN.

Ne dois-je pas punir son insolence... et venger tes injures ?

LA COMTESSE.

Je vous en remercie !... mais cela me semble un peu sévère... Si nous punissons ainsi ceux qui nous aiment, comment traiterons-nous les autres ?

POTEMKIN.

Quand je le disais... ce sont là de ces crimes que vous pardonnez toujours.

LA COMTESSE.

Non... mais pourvu qu'il s'éloigne... il y a des troupes qui, demain, dit-on, partent pour Astrakan... et si, dans l'un de ces régiments, vous lui donniez une compagnie...

AIR du Pot de fleurs.

Vous imposez votre clémence
A qui voulut nous outrager ;
Quand un ennemi nous offense,
C'est ainsi qu'il faut se venger !
En le forçant au fond de l'âme
A nous aimer !...

POTEMKIN.

C'est, vous avez raison,
La vengeance d'un prince...

LA COMTESSE.

Eh ! non !
C'est la vengeance d'une femme.

POTEMKIN.

Oui, vraiment, vous avez raison,
C'est la vengeance d'une femme.

Mais ce n'est pas assez d'une compagnie... il aura un régiment !

LA COMTESSE, lui prenant la main.

C'est bien... proposez-le à l'Impératrice.

POTEMKIN, après un instant de silence.

J'aimerais mieux que cette demande fût faite par toi... Catherine et ces dames verront alors que c'est toi-même qui l'éloignes... qui l'exiles de Saint-Pétersbourg.

LA COMTESSE.

Cela me paraît inutile... mais, dès que vous le voulez... je vais écrire pour bannir Ladislas... avez-vous encore des soupçons ?

POTEMKIN, lui baisant la main.

Je n'ai plus que de la reconnaissance.

(Il la reconduit ; la comtesse sort par la droite.)

SCÈNE VIII.

POTEMKIN, puis LADISLAS, qui rentre par la gauche.

POTEMKIN.

Et maintenant, grâce au ciel, je crois que mon jeune Polonais est mal dans ses affaires.

LADISLAS, apercevant Potemkin.

Ah ! je vous retrouve enfin.

POTEMKIN, à part et riant.

C'est lui... je ne suis pas fâché de la rencontre.

LADISLAS.

Savez-vous, mon cher ami, que vous êtes diablement indiscret ?

POTEMKIN.

En quoi donc ?

LADISLAS.

Comment ! j'ai confiance en vous, parce que je vous regarde comme un ami... je vous parle de ce qui m'intéresse, de mes projets, de mes espérances... et vous allez les raconter à tout le monde ?...

POTEMKIN.

Moi !

LADISLAS.

Il faut du moins que vous en ayez causé avec des personnes de la cour... car c'est arrivé jusqu'aux oreilles de Catherine... qui connaît tous les détails comme si elle les tenait de moi.

POTEMKIN.

Il est possible, en effet, que j'aie confié à un ou deux amis...

LADISLAS.

Qu'est-ce que je disais?... voilà de ces gens qui ne peuvent se taire!... Et savez-vous ce qu'a produit votre indiscrétion?... c'est que mes affaires allaient à merveille! j'avais été accueilli par la comtesse, qui ne se doutait de rien; j'allais obtenir cette place que je désirais... et puis, une fois mes projets connus, tout a été renversé.

POTEMKIN.

J'en suis désolé.

LADISLAS.

Je m'en doute bien !... vous n'y avez pas mis mauvaise intention; mais il n'en est pas moins vrai que la comtesse m'a banni de sa présence...

POTEMKIN.

Voyez-vous cela !

LADISLAS.

Et m'a défendu de jamais me présenter à ses yeux.

POTEMKIN.

Ce qui vous a désespéré?...

LADISLAS.

Certainement!... d'abord; mais maintenant j'en suis enchanté... parce que, grâce à cet incident, mes affaires vont mieux que jamais !

POTEMKIN.

Que me dites-vous là?... et comment se fait-il?

LADISLAS.

A d'autres! on ne m'y prend pas deux fois. J'ai pu vous confier mes projets... cela ne nuisait qu'à moi; cela ne pouvait la compromettre... mais maintenant c'est bien différent.

POTEMKIN, avec inquiétude.

Il y a donc quelque chose?... quelque espoir?...

LADISLAS.

C'est possible!...

POTEMKIN.

Vous avez donc obtenu?

LADISLAS.

Je ne dis rien... vous m'avez donné une leçon dont je profite... je ne vous en veux pas, au contraire : et pour vous le prouver, dites-moi, mon cher ami, comment vous nomme-t-on?

POTEMKIN, avec embarras.

Mais... mon nom...

LADISLAS.

Vous pouvez bien me le dire... vous qui dites tout...

POTEMKIN.

Mon nom... est Grégorief.

LADISLAS.

Militaire... à ce que je vois?

POTEMKIN.

A peu près... sous-intendant aux charrois de l'armée.

LADISLAS.

Eh bien!... mon cher Grégorief... qui êtes sous-intendant, pour vous prouver que je n'ai pas de rancune... si je peux vous être utile, si par le crédit de la comtesse Braniska, je puis vous faire nommer intendant en chef... comptez sur moi! je ne vous dis que cela!... vous verrez que je n'oublie pas mes amis.

POTEMKIN, avec impatience.

Un mot seulement...

LADISLAS, vivement.

A la condition, par exemple, que cela vous servira aussi de leçon, et qu'à l'avenir, vous serez plus discret...

POTEMKIN, avec colère.

Par saint Nicolas!...

LADISLAS.

Pour commencer... faites-moi le plaisir de vous en aller... car la voici... elle vient de ce côté... et j'ai à lui parler...

POTEMKIN.

Vous !...

LADISLAS.

Eh ! oui, sans doute !... partez-donc !

POTEMKIN, à part.

C'est trop fort... et, à tout prix, je veux savoir ce qui en est...

(Il sort par le bosquet à gauche.)

SCÈNE IX.

LA COMTESSE, LADISLAS.

LA COMTESSE, entre par la droite, en rêvant ; puis elle lève les yeux et aperçoit Ladislas.

Vous ici, monsieur !... vous osez encore !...

LADISLAS.

Pardon !... je ne dois plus vous parler en public... je le sais, vous me l'avez défendu... mais, dans ce moment, il n'y a personne, nous sommes seuls, et je viens vous remercier.

LA COMTESSE.

Et de quoi, s'il vous plaît ?...

LADISLAS.

Des ordres que vous avez bien voulu me prescrire, et que j'exécuterai au prix de mon sang... vous m'avez recommandé le silence et la discrétion, et j'y serais resté fidèle... je n'aurais cherché ni à vous voir, ni à vous parler, si dans ce moment, la délicatesse me permettait de me taire ; mais vous sentez bien vous-même que cela ne se peut pas.

LA COMTESSE.

Qu'est-ce que tout cela signifie ?

LADISLAS.

Vous essaieriez en vain de nier, ou de me donner le change... car avec la lettre que vous m'aviez adressée à mon hôtel, sont arrivés deux chevaux superbes, un équipement magnifique.

LA COMTESSE.

Est-il possible !...

LADISLAS.

Oh ! Vous n'en conviendrez pas ! et vous aurez raison... vous êtes riche, je le sais... vous êtes une grande dame, et moi je ne suis rien qu'un malheureux qui vous aime !... mais ce que j'aime en vous, croyez-vous que ce soient vos titres, vos richesses, votre rang ?... non ! c'est vous ! c'est vous seule...

AIR: Au temps heureux de la chevalerie.

Pensez-vous donc, et mon cœur s'en étonne,
Qu'au prix de l'or se paie un tel amour ?
Il ne saurait s'acheter, il se donne...
Il est à vous jusqu'à mon dernier jour !
Il est à vous et je vous l'abandonne,
Comme mon sang, qui vous est destiné !
Mais mon honneur n'appartient à personne,
Pas même à vous à qui j'ai tout donné !

LA COMTESSE, avec impatience.

Mais, monsieur... daignez m'écouter...

LADISLAS.

Pardon, si je vous offense... il suffisait, pour me rendre heureux, de ces mots tracés par vous, et que j'ai couverts de mes baisers !... c'était là mon vrai trésor; et si vous me l'aviez laissé... si vous ne vous étiez pas empressée de me le ravir...

LA COMTESSE.

Et pourquoi donc?... où est-il?... ce billet... je veux le voir...

LADISLAS.

Vous savez bien que je ne l'ai plus... vous me recommandiez de le brûler à l'instant même... et quoi qu'il m'en coûtât, j'ai obéi, comme j'obéirai toujours.

LA COMTESSE.

Et que disait-il?

LADISLAS.

L'avez-vous déjà oublié?

LA COMTESSE.

N'importe... je veux savoir...

LADISLAS.

Si je l'ai retenu par cœur... oui, madame, il est là... et la mort seule pourra l'effacer... le voici : « Votre imprudence a failli me compromettre!... il a bien fallu alors vous bannir... ne cherchez point à me voir ni à me parler en public; attendez mes ordres... silence et discrétion. Brûlez sur-le-champ ce billet... »

LA COMTESSE, avec émotion.

C'est une indignité!... monsieur, il y a ici une trahison dont tous deux nous sommes les jouets... car je vous atteste que ni ces présents ni ce billet ne viennent de moi!

LADISLAS.

Que dites-vous?

LA COMTESSE.

La vérité!

LADISLAS.

Ah! vous repentez-vous déjà de mon bonheur? ou vous défiez-vous de ma discrétion?... qui donc, si ce n'est vous, pouvait m'écrire ainsi?... en est-il une autre à qui j'aie adressé des vœux; en est-il une autre que j'aime!...

LA COMTESSE, avec émotion.

Monsieur... je voudrais... je désirerais bien ne pas vous affliger... mais je ne puis cependant vous laisser une pareille erreur!

LADISLAS.

Une erreur!... ce n'est pas possible... vous ne parlez pas sérieusement... c'est une nouvelle épreuve... vous voulez vous jouer de moi...

LA COMTESSE.

Ah!... ce serait indigne... et s'il faut vous jurer ici...

LADISLAS, se soutenant à peine.

Non... n'achevez pas... si cela est, madame, il vaut mieux me tuer tout de suite... car je n'y survivrai pas... Si vous saviez ce que c'est que de passer ainsi d'un extrême bonheur à un extrême désespoir... de rêver votre amour... et de s'éveiller avec votre haine...

LA COMTESSE.

Ma haine... en quoi donc?... je ne puis que vous plaindre... vous pardonner peut-être... ou du moins désirer pour vous un sort plus heureux... (Voyant entrer un officier qui lui présente un papier.) Vous en verrez la preuve dans ce papier qui vous était adressé... voici ce que j'ai demandé et obtenu pour vous... (L'officier présente le papier à Ladislas, puis, sur un signe de la comtesse, il sort.) Prenez, monsieur, c'est ma seule réponse! et celle-là, vous pouvez y croire, car elle est bien de moi!... Adieu!... je vais chez l'Impératrice.

(Elle lui fait la révérence et s'éloigne. Ladislas veut la suivre; elle lui fait signe de s'arrêter, lui montre de nouveau le papier, et sort par le fond à gauche, en jetant sur lui un regard de compassion.)

SCÈNE X.

LADISLAS, immobile et comme accablé, tenant toujours à la main le papier que la comtesse vient de lui remettre, **POTEMKIN**, sortant du bosquet, à gauche.

POTEMKIN, éclatant de rire.

Ah! ah!... c'est vraiment trop singulier.

LADISLAS, tressaillant et sortant brusquement de sa rêverie.

Comment... c'est vous!... vous étiez là?

POTEMKIN.

J'arrive!... et sans le vouloir, j'ai entendu une partie de votre conversation!

LADISLAS.

Décidément! mon cher ami, vous êtes très-indiscret; c'est là votre défaut.

POTEMKIN, lui montrant le papier.

Eh bien! vous ne lisez pas?

LADISLAS, se fâchant.

Halte-là! je n'aime pas qu'on se moque de moi! c'est bien assez d'elle... mais d'autres...

POTEMKIN.

Pourquoi se décourager?... c'est peut-être moins fâcheux que vous ne croyez.

LADISLAS, qui a déchiré l'enveloppe et regardé le papier.

Un brevet!... on m'accorde un régiment... à moi!... est-ce que je l'ai demandé?... un régiment qui doit partir...

POTEMKIN.

Ça, c'est moins agréable!...

LADISLAS, tournant avec humeur la première feuille et prenant entre les deux feuilles du brevet un petit papier qu'il lit.

O ciel!.. avant mon départ... ce soir... un rendez-vous!

POTEMKIN, vivement.

Qu'est-ce que c'est?

LADISLAS, de même et se reprenant.

Rien... ce n'est rien!... je n'ai rien dit!

POTEMKIN.

Si vraiment...

LADISLAS.

Moi... du tout!

POTEMKIN.

Vous avez parlé de rendez-vous!

LADISLAS.

Silence!... et si ce mot m'est échappé!... taisez-vous!... il y va de ma vie et de la vôtre... oui, mon ami, oui... un rendez-vous!...

POTEMKIN.

Où donc?... à quelle heure?

LADISLAS.

Ça! c'est ce que vous ne saurez pas!... ni vous ni personne au monde!... on me tuerait plutôt...

(Il déchire le billet.)

POTEMKIN.

Que faites-vous?

LADISLAS.

Je déchire! on me l'a ordonné.

POTEMKIN, avec colère.

Et moi... monsieur... (S'arrêtant.) Qu'allais-je faire? parler en prince... pour ne rien savoir! (Haut et s'efforçant de rire.) En vérité... voilà qui est charmant...

LADISLAS, avec joie.

N'est-ce pas?... et surtout la manière dont cela m'arrive... me traiter si froidement en apparence, pour ajouter par la surprise un nouveau prix à ce bonheur... avec cela... j'aurais dû m'en douter... car après tout elle était moins sévère que ce matin. Tout à l'heure, quand elle m'a quitté, sa voix était émue...

POTEMKIN, avec colère.

C'est vrai !...

LADISLAS.

Il y avait dans ses regards une expression...

POTEMKIN, de même.

C'est vrai !

LADISLAS.

Et dans toute sa personne... un trouble... qu'elle voulait et ne pouvait dérober entièrement à mes yeux... vous n'avez pu le remarquer comme moi...

POTEMKIN.

Si vraiment... et je vois que votre bonheur est assuré...

LADISLAS.

Pas encore !... ce n'est pas certain...

POTEMKIN.

Comment cela ?

LADISLAS.

On ignore si l'on pourra me recevoir... si l'on sera libre... et dans ce cas j'en serai averti par une invitation au bal de la cour... une invitation imprimée, que je dois trouver chez moi... je saurai ce que cela voudra dire... et je cours à mon hôtel pour chercher ce billet... ou pour l'attendre ; et si je le trouve... cette fois, mon cher Gregorief, vous pouvez être sûr de votre place... dès demain vous serez intendant en chef... intendant général, je vous le promets... mais pour cela du silence... c'est dans votre intérêt et le mien... vous comprenez... Adieu ! adieu !... je suis le plus heureux des hommes...

(Il sort en courant par le fond à droite.)

SCÈNE XI.

POTEMKIN, puis LA COMTESSE.

POTEMKIN.

Je me vengerai d'une ruse et d'une fausseté aussi insignes... (Voyant la comtesse qui entre par le fond à gauche.) C'est elle... elle sort de chez l'Impératrice... (A la comtesse.) Vous venez de chez Catherine ?

LA COMTESSE.

Qui a été toute gracieuse !... et ne m'a parlé que du bal de ce soir...

POTEMKIN, cherchant toujours à modérer sa colère.

Et ce bal... vous comptez y aller, vous ?

LA COMTESSE.

Certainement.

POTEMKIN.

Et si je vous y donne le bras... si je ne vous quitte pas de la soirée... cela ne contrariera en rien vos projets ?...

LA COMTESSE.

Cela me fera grand plaisir.

POTEMKIN.

A vous ?...

LA COMTESSE.

D'autant plus que je n'y comptais pas...

POTEMKIN, laissant éclater sa colère.

Nadéje !... croyez-vous que l'on me trompe impunément ?... croyez-vous que je sois le jouet d'une femme ?... Ce que Catherine elle-même n'oserait pas, vous l'avez tenté !...

LA COMTESSE.

Moi !...

POTEMKIN.

Vous ne savez donc pas que l'exil ou la mort ont puni des trahisons moins odieuses que la vôtre ?...

LA COMTESSE.

Eh! mon Dieu! Potemkin, quel nouvel accès de galanterie! Et qui a pu vous inspirer ce madrigal tartare?

POTEMKIN.

N'espérez plus m'abuser... vous aimez ce jeune homme... ce Ladislas... vous l'aimez, je le devinerais en ce moment, rien qu'à votre trouble.

LA COMTESSE.

Et comment ne pas en éprouver, en voyant se renouveler les soupçons les plus absurdes, en entendant sans cesse retentir à mon oreille un nom qui m'était indifférent et qui me devient odieux ? Oui, monsieur... et c'est bien injuste!... mais voilà ce qui m'arrive pour ce pauvre jeune homme... c'est que maintenant je le déteste... je l'ai pris en aversion!...

POTEMKIN.

Tu me trompes encore; tu le sais toi-même!... Écoute, Nadéje, tu sais que j'ai des moments de bonté et de générosité... Ils sont courts... il faut en profiter... dis-moi la vérité... dis-moi que c'est malgré toi, que tu n'as pu t'en défendre... que tu l'aimes...

LA COMTESSE, avec impatience.

Mais non, monsieur...

POTEMKIN.

Conviens-en et je lui fais grâce... je ne fais pas tomber sa tête...

LA COMTESSE.

Je ne peux pas convenir de ce qui n'est pas...

POTEMKIN.

Eh bien! tu as prononcé son arrêt... car je sais tout, j'en

ai les preuves... tu lui as écrit... tu lui as donné un rendez-vous pour ce soir...

LA COMTESSE.

Moi?...

POTEMKIN.

Et le signal convenu de ce rendez-vous... est une lettre de bal... une invitation que tu dois lui envoyer...

LA COMTESSE, hors d'elle-même.

Mais tout le monde extravague! tout le monde ici a donc perdu la tête!

SCÈNE XII.

POTEMKIN, LA COMTESSE, RIELOF.

RIELOF.

Je vous apporte, madame la comtesse, le billet que vous m'avez demandé tantôt pour le bal de la cour...

LA COMTESSE, à part.

O ciel!

POTEMKIN.

Comment... une invitation?...

RIELOF.

Que madame voulait envoyer à quelqu'un...

LA COMTESSE, vivement.

Oui, à quelqu'un de l'ambassade de France... à M. de Verneuil, à qui je l'ai promis... et qui vous le dira.

POTEMKIN, qui a pris le billet.

A d'autres!... Je sais à quoi m'en tenir... et je vous réponds, moi, que Ladislas n'aura pas ce billet...

RIELOF.

Il n'en a pas besoin... il en a un!

3.

POTEMKIN.

Que dites-vous?

RIELOF.

Que je viens de lui porter moi-même; et j'ai eu assez de peine à trouver son hôtel... dans une petite rue au bord de la Néva...

LA COMTESSE, bas à Potemkin.

Vous l'entendez!... Croirez-vous encore que ce rendez-vous vienne de moi?...

POTEMKIN, de même.

Peut-être... tant que je ne saurai pas qui l'a donné...

LA COMTESSE, de même.

Je m'en vais le lui faire dire. (Haut à Rielof.) Est-ce de ma part, monsieur le baron, que vous avez adressé ce billet à Ladislas?

RIELOF.

Non, madame, vous ne m'en aviez pas parlé; sans cela...

LA COMTESSE.

Qui donc alors vous avait chargé de le lui porter?

RIELOF.

Ma femme!

POTEMKIN et LA COMTESSE.

Sa femme!...

RIELOF.

Et elle y a mis une insistance... Il a fallu y aller moi-même, pour être bien sûr que ce billet ne s'égarerait pas... et lui serait remis de bonne heure... Les femmes sont étonnantes pour s'occuper des détails!

LA COMTESSE, avec dépit.

Quoi! c'est sa femme! c'est indigne!

POTEMKIN, riant, bas à la comtesse.

C'est très-bien, au contraire, et tout s'explique... (Regardant Rielof.) Le pauvre homme!

LA COMTESSE.

Et vous ne l'avertissez pas?

POTEMKIN.

A quoi bon?

LA COMTESSE.

Comment, monsieur, vous souffririez que Ladislas...

POTEMKIN, à demi-voix.

Cela ne nous regarde pas! et pas un mot, ou je croirais...

LA COMTESSE, avec fierté.

Quoi donc?

POTEMKIN.

Silence!... car le voici...

SCÈNE XIII.

Les mêmes; LADISLAS, rentrant par la droite, et tenant un papier.

FINALE.

Fragment de *la Juive.*

Ensemble.

LA COMTESSE.

A ce soir! (*Bis.*)
Je crois voir
Quel espoir
Entretient son amour,
Et l'attire à la cour.
Un si doux rendez-vous
Fera bien des jaloux.
Nous rirons tous les deux
De ses vœux amoureux.

LADISLAS.

A ce soir   *Bis*.)
J'ai l'espoir
De la voir ;
Le plaisir et l'amour
Vont m'attendre à la cour.
Un si doux
Rendez-vous,
Malgré tous
Les jaloux,
De mon cœur amoureux
Va combler tous les vœux

POTEMKIN.

A ce soir ! (*Bis*.)
Je crois voir
Quel espoir
Entretient son amour,
Et l'amène à la cour.
Un si doux
Rendez-vous
Fera bien des jaloux ;
Nous rirons tous les deux
De ses vœux amoureux.

RIELOF.

A ce soir ! (*Bis*.)
J'ai l'espoir
De vous voir,
Les plaisirs dans ce jour
Vont régner à la cour.
Un si doux
Rendez-vous
Est charmant pour nous tous,
Et ce bal à nos yeux
Va briller radieux.

LADISLAS, seul, à Potemkin.

Ah ! j'ai trouvé chez moi la lettre
Oui, l'on venait de l'y remettre.

POTEMKIN.

Et l'amour semble vous promettre
Ce soir le sort le plus heureux.

(Reprise de l'ensemble.)

LA COMTESSE.

Ah! son audace insigne
Et m'irrite et m'indigne!

LADISLAS.

Elle m'a fait un signe.

POTEMKIN.

Vous croyez?

LADISLAS.

Je l'ai vu.
Un regard doux et tendre,
Je ne puis m'y méprendre;
J'ai bien su la comprendre,
Et tout est convenu.

(Reprise de l'ensemble.)

(Ladislas sort par la gauche, en regardant la comtesse : Rielof sort par la droite; la comtesse et Potemkin sortent par le fond.)

ACTE DEUXIÈME

L'appartement de la comtesse dans le palais de Potemkin. Porte au fond, deux portes latérales. Une table à droite du théâtre, un peu sur le devant.

SCÈNE PREMIÈRE.

LA COMTESSE, seule, assise auprès de la table et tenant un livre qu'elle ne lit point.

Il est grand jour depuis longtemps !... je n'ai pu dormir, je suis d'une inquiétude et surtout d'une humeur... Potemkin a beau dire que cela ne nous regarde en rien, non sans doute... mais il suffit que mon nom ait été mêlé à tout cela pour que je craigne encore d'être compromise... c'est tout simple, tout naturel, et si, hier soir, à ce bal, j'avais rencontré madame de Rielof... je l'aurais prévenue, dans son intérêt, que ses projets étaient connus... et qu'elle eût à y renoncer... mais je ne l'ai pas aperçue... ni elle, ni ce Ladislas... il reçoit une invitation de bal... et il n'y vient pas... C'est juste, c'était convenu entre eux... ils s'entendaient, ils étaient d'accord; après tout, que m'importe ? L'essentiel, quoi qu'en dise Potemkin, était de soustraire M. de Rielof au complot qui le menaçait et dont je ne pouvais me rendre complice... je l'ai donc fait avertir hier de se tenir sur ses gardes... que des malfaiteurs voulaient, dit-on, cette nuit et pendant le désordre du bal, s'introduire dans l'hôtel du grand trésorier... c'était bien, cela ne compromettait personne et cela déjouait tous les projets... j'ai cru avoir fait merveille, pas du tout! ce M. de Rielof, qui est absurde, me fait répondre qu'il me remercie, que l'on peut être tranquille, qu'il a demandé un supplément de gardes qui, l'arme au bras et le fusil chargé à balle, feront feu sur quiconque tenterait de pénétrer cette nuit dans son hôtel... et si ce jeune homme se présente... s'il est blessé... s'il est tué... c'est moi qui en serai cause... de quoi me suis-je mêlée? et à quoi bon prendre intérêt à ce M. de Rielof?... qui après tout aurait bien mérité... non, non, ce n'est pas là ce que je veux dire... et pourvu qu'il ne soit rien arrivé... voilà tout ce que je demande... je promets bien après cela de ne plus penser ni à lui, ni à personne... car depuis hier...

(Deux domestiques paraissent.)

LE PREMIER DOMESTIQUE, annonçant.

M. Ladislas...

LA COMTESSE, poussant un cri.

Ah!

LE PREMIER DOMESTIQUE.

Demande à parler à madame la comtesse...

LA COMTESSE, avec émotion.

Ladislas... vous en êtes sûr... vous l'avez vu?...

LE PREMIER DOMESTIQUE.

Il est là!

LA COMTESSE, reprenant son assurance.

Il est bien hardi! que me veut-il? de quel droit et à une pareille heure ose-t-il se présenter ici?

LE PREMIER DOMESTIQUE.

Il prétend qu'hier madame la comtesse l'a invité pour ce matin... à déjeuner...

LA COMTESSE, stupéfaite.

Moi!... voilà qui est fort! Qu'il vienne!... (Le second domestique sort.) Je le traiterai comme il le mérite... je lui apprendrai... Ah! mon Dieu!... et mon oncle qui va venir...

et s'il le rencontre ici après ses soupçons d'hier... (Au premier domestique qui est resté au fond.) Non, non... dites-lui que je ne peux... que je ne veux pas le recevoir... que j'attends le prince Potemkin... et que je lui ordonne... (Le premier domestique sort.) Ah ! je l'entends !... c'est lui !...

(Elle s'élance par la porte à droite de l'acteur et disparaît.)

SCÈNE II.

LE PREMIER DOMESTIQUE, LADISLAS, amené par le second et entrant par la porte du fond.

LADISLAS, causant avec le deuxième domestique.

Je le savais bien... elle m'attendait... merci, mon garçon.

LE PREMIER DOMESTIQUE.

Non, monsieur... non, madame ne peut pas.

LADISLAS, tirant un fauteuil et s'y asseyant.

Qu'est-ce qu'il dit, celui-là ?

LE PREMIER DOMESTIQUE.

Elle ne peut vous recevoir...

LADISLAS.

Dans ce moment ?... qu'à cela ne tienne... qu'elle ne se gêne point... je suis à ses ordres, maintenant comme toute ma vie...

LE PREMIER DOMESTIQUE.

Monsieur ne comprend pas... madame la comtesse m'a dit de vous prévenir qu'elle attendait à l'instant même, chez elle, monseigneur son oncle... le prince Potemkin, notre maître.

LADISLAS.

C'est juste... et je comprends très-bien au contraire... (A part.) Il ne faut pas qu'il me voie... (Haut.) Et elle ne peut venir que quand il sera parti, n'est-ce pas? eh! bien, mon garçon, j'attendrai... je ne m'impatienterai pas... et dès qu'elle aura renvoyé le prince, fais-nous servir à déjeuner.... cela ne me fera pas de peine!...

LE PREMIER DOMESTIQUE.

C'est drôle... monsieur est donc un ami ou un parent de son altesse?

LADISLAS, souriant.

A peu près... et voici pour toi.

LE PREMIER DOMESTIQUE.

C'est différent.

LADISLAS, avec dignité.

Maintenant tu peux me laisser...

LE PREMIER DOMESTIQUE.

Oui, monseigneur.

(Il sort.)

SCÈNE III.

LADISLAS, seul, puis POTEMKIN.

LADISLAS.

Oh! oui... je peux l'attendre... j'ai de quoi charmer les instants... (Il ôte son chapeau et son épée qu'il place sur la table.) Je suis donc chez elle... et j'y suis par sa permission... par son ordre! (Regardant autour de lui.) Voilà les lieux qu'elle habite! (Il s'approche de la table.) Voilà sa broderie... ses dessins... le crayon qu'elle a touché... (Il le prend et le porte à ses lèvres.) et tant de souvenirs viennent à la fois m'assaillir.

AIR : Le nom de celle que j'aime. (LOISA PUGET.)

Le secret dont je suis maître
Restera là dans mon cœur;
Nul ne pourra le connaître;

C'est mon secret, mon bonheur,
Mon secret, mon bonheur,
Il est là dans mon cœur !

Je me disais : c'est un mensonge,
Vaine erreur, enfant du sommeil ;
Et ce que je voyais en songe,
Je le retrouve à mon réveil.
Ce séjour habité par elle,
Et témoin de tant de soupirs,
Même absente me la rappelle
Et me rend tous mes souvenirs.

Le secret dont je suis maître, etc.

(Il est enfoncé dans le fauteuil, il étend ses jambes et la tête penchée sur sa poitrine, il reste plongé dans ses réflexions. En ce moment Potemkin sort, en rêvant, de la porte à gauche, s'avance au milieu du salon et s'arrête stupéfait, en apercevant Ladislas établi dans le fauteuil de la comtesse.)

POTEMKIN, se frottant les yeux.

Qu'est-ce que je vois ?

LADISLAS, levant légèrement la tête et sans se déranger de sa position.

Ah ! c'est vous, mon cher ami !... par où diable êtes-vous donc entré ?... et qui vous a donné le droit de pénétrer jusqu'ici ?

POTEMKIN.

C'est, parbleu ! la question que j'allais vous adresser...

LADISLAS.

Et que vous auriez pu vous épargner... car je ne crois pas que j'y réponde !...

POTEMKIN.

Quand je vous trouve ici, dans ce boudoir... installé comme chez vous !

LADISLAS.

C'est drôle, n'est-ce pas ?... aussi ne parlez pas trop

haut... car j'ai toujours peur de m'éveiller... Ce cher Gregorief... je vois que vous avez reçu ce matin à l'intendance, le petit mot que je vous ai envoyé... et où je vous priais de passer à l'instant chez moi...

POTEMKIN, après un instant d'hésitation.

Oui... oui... c'est la vérité...

LADISLAS, souriant avec complaisance.

Et vous venez me relancer jusqu'ici? que diable, mon cher... ça n'est pas convenable... et s'il faut vous l'avouer... c'est même un peu indiscret... mais je vous l'ai déjà dit, c'est votre défaut et vous ne vous en corrigerez jamais... après cela, entre amis, on n'y regarde pas de si près... et comme j'avais de bonnes nouvelles à vous donner...

POTEMKIN.

A moi?

LADISLAS, lui montrant un fauteuil.

Asseyez-vous donc!

POTEMKIN, à part.

Je crois, Dieu me pardonne! qu'il fait les honneurs...

LADISLAS.

J'ai demandé ce dont nous étions convenus...

POTEMKIN.

Quoi donc?

LADISLAS.

Votre place d'intendant général des charrois...

POTEMKIN.

Vous!... une place qui dépend directement de l'Impératrice ou de Potemkin... (Souriant.) Si par exemple, mon cher, vous obtenez celle-là...

LADISLAS, tirant un papier de sa poche.

La voici!... (Il se lève et remet le papier à Potemkin.) Un aide-de-camp est venu ce matin me l'apporter...

POTEMKIN.
Et à qui donc, pour cela, vous êtes-vous adressé?

LADISLAS.
Je n'ai pas besoin de vous le dire...

POTEMKIN.
J'y suis, à madame de Rielof?...

LADISLAS.
Ma cousine... je ne l'ai pas aperçue depuis hier...

POTEMKIN.
En vérité?...

LADISLAS.
Je vous le jure... d'ailleurs, elle n'aurait pas eu assez d'influence ou de crédit... (A demi-voix.) Tandis que la comtesse Braniska...

POTEMKIN.
Quoi! c'est elle?... et quand donc lui avez-vous parlé?...

LADISLAS, souriant.
Vous êtes bien curieux...

POTEMKIN.
Ce n'est ni hier soir... ni ce matin.

LADISLAS.
C'est vrai!

POTEMKIN, cherchant à se modérer.
Quand donc, alors?

LADISLAS, souriant.
Que vous importe?... pourvu que vous soyez nommé ; et vous l'êtes... la comtesse, à qui l'on ne peut rien refuser, aura, en ma faveur, obtenu cette place de Potemkin ou de Catherine.

POTEMKIN, regardant le brevet et vivement.
Oui... oui... de Catherine... c'est sa signature ; et la comtesse n'a eu garde d'en parler à son oncle...

LADISLAS, souriant.

C'est juste! il y a de bonnes raisons pour cela...

POTEMKIN.

Des raisons... et lesquelles?

LADISLAS, le regardant en face.

Il m'est impossible de vous les dire, et même, comme avec vous, mon cher, j'en agis sans façon, je vais être obligé de vous congédier. (A demi-voix.) Car la comtesse va venir ici déjeuner avec moi...

POTEMKIN, stupéfait.

Ici?

LADISLAS.

Oui... elle m'a dit de ne pas m'impatienter... Le prince Potemkin, dont elle a peur, doit venir ce matin lui rendre visite...

POTEMKIN.

C'est vrai!...

LADISLAS.

Peut-être en ce moment est-il avec elle, ce qui ne l'amuse pas beaucoup, et dès qu'elle l'aura congédié... (Mouvement de Potemkin.) Ainsi, mon cher, vous comprenez...

AIR des Quadrilles espagnols. (*El Boléro.*)

L'amour est piquant,
Quand,
Avec mystère,
Il nous éclaire
A l'écart;
Car
Un tiers nous gêne
Et nous enchaîne;
On est bien mieux
Deux.
L'amitié tendre
Doit m'entendre,

Et sans bruit s'empresser
De s'éclipser.

POTEMKIN, à part.

Avant de frapper,
Tâchons de connaître
Qui m'a pu tromper ;
Et malheur au traître !...
Oui, de tout connaître,
Je sais le moyen ;
Adieu !... je revien.

LADISLAS.

Il part... c'est très-bien.

POTEMKIN et LADISLAS.

L'amour est piquant, etc.

(Potemkin sort par le fond.)

SCÈNE IV.

LADISLAS, puis LA COMTESSE.

LADISLAS.

Le pauvre garçon est encore tout interdit de sa nouvelle fortune... Il ne sait comment s'acquitter envers moi... je l'en dispense... Voilà qui vaut mieux... voilà mon bonheur qui revient... c'est la comtesse.

LA COMTESSE, entrant par la droite et apercevant Ladislas.

Comment, monsieur, encore ici !

LADISLAS, vivement.

D'où vient votre effroi ? est-ce que Potemkin est encore là ?... est-ce qu'il n'est pas parti ?

LA COMTESSE.

Il ne s'agit pas de lui, monsieur, mais de vous... et je ne reviens pas de votre audace.

LADISLAS.

Pourquoi donc? aucun danger, et quand il y en aurait... croyez-vous que je balancerais un instant... ce déjeuner où vous m'avez invité...

LA COMTESSE.

Le déjeuner!...

UN DOMESTIQUE, paraît à la porte du fond et dit :

Madame est servie!

LADISLAS, au domestique.

Le prince n'est donc plus au palais?...

LE DOMESTIQUE, s'inclinant.

Non, monseigneur... Il vient de sortir à l'instant.

LADISLAS, lui faisant signe de s'éloigner.

C'est bien!

LA COMTESSE, le regardant et laissant tomber ses bras de surprise.

En vérité, j'ai besoin de toute ma raison... pour m'assurer que je suis bien éveillée... quand je vous vois... vous... monsieur... dans ce palais... donnant des ordres...

LADISLAS.

Pardon... c'est à moi, je le sais, d'en recevoir... et ce déjeuner...

LA COMTESSE.

Mais, c'est qu'avant tout, monsieur, et je dois vous l'apprendre, vous n'avez reçu de moi aucune invitation.

LADISLAS.

Est-il possible?

LA COMTESSE.

Oui, monsieur...

LADISLAS.

Pour cela, madame... je puis vous assurer que vous vous trompez... Que vous ayez changé d'idée, à la bonne heure... mais bien certainement, en me quittant... vous m'avez dit très-bas : « Demain... à déjeuner... »

LA COMTESSE.

Moi ?

LADISLAS.

Mais après tout, peu importe... à quoi bon discuter?... nous y voici... cela revient au même...

LA COMTESSE.

Non pas, monsieur, non pas... car j'ai, à ce sujet, des explications à vous demander, et j'exige de vous la plus grande franchise.

LADISLAS.

Est-il une de mes pensées qui ne vous appartienne?

LA COMTESSE, s'assied et fait signe à Ladislas de s'asseoir. Ladislas prend un fauteuil et s'assied à la gauche de la comtesse.

Ce que je veux savoir, monsieur, c'est comment vous avez échappé aux dangers qui menaçaient vos jours... dangers dont j'ai été la cause involontaire... et ces soldats armés qui entouraient l'hôtel de la Trésorerie...

LADISLAS.

L'hôtel de Riclof... je ne m'en suis même pas approché ; il était inutile d'y passer pour me rendre où l'on m'attendait.

LA COMTESSE.

Quoi ! ce n'était pas là?

LADISLAS.

Vous le savez mieux que moi.

LA COMTESSE.

Mieux que vous?...

LADISLAS.

C'est tout simple... ces deux hommes qui m'ont couvert les yeux... ne m'ont pas dit où ils me conduisaient... c'est seulement arrivé à un pavillon en rotonde... éclairé à peine par une lampe d'albâtre, qu'une jolie esclave grecque, une suivante, m'a ôté mon bandeau... en me disant : « Beau chevalier, avez-vous peur? — Eh! de quoi? — Chut!... jurez d'observer le plus grand silence... de ne pas proférer un mot... et s'il faut risquer vos jours... » Vous devinez ma réponse... « Eh bien ! donc, m'a-t-elle dit, venez, la comtesse Braniska vous attend. »

LA COMTESSE, avec indignation.

Est-il possible?...

LADISLAS, se levant.

Oui, madame.

LA COMTESSE.

Elle m'a nommée !... elle a osé prononcer mon nom !

LADISLAS, vivement.

Si elle a eu tort... si elle a manqué à vos ordres, ne lui en veuillez pas... ne la punissez pas de mon indiscrétion, c'est moi qui suis coupable... moi, qui aurais dû me taire, et qui désormais me tairai... je ne dirai plus rien...

LA COMTESSE, vivement.

Si, monsieur, et j'exige, au contraire... (Se reprenant.) Plus tard, je vous dirai ce que je pense... et pour quels motifs je tiens en ce moment à connaître... achevez, de grâce, achevez ce récit.

LADISLAS, se rasseyant.

Eh ! madame, à quoi bon ?

LA COMTESSE.

Je vous en prie...

LADISLAS.

Il me semble qu'il ne doit rien vous apprendre...

LA COMTESSE.

Si je le veux... si je l'exige !... auriez-vous déjà oublié ?...

LADISLAS.

Oh ! non, madame, oh ! non... l'on n'oublie pas des moments aussi doux, et aussi cruels.

LA COMTESSE, d'un air de doute.

Si cruels !

LADISLAS.

Sans doute... ce silence que vous m'aviez prescrit, et qu'il m'a été impossible d'observer... mais auquel vous, madame, vous n'avez été que trop fidèle.

LA COMTESSE.

Ah ! j'ai gardé le silence !

LADISLAS.

Si ce n'est quand vous avez dit à mon oreille ces mots : « Demain je me ferai connaître... je serai toute à vous. »

LA COMTESSE, avec indignation.

Toute à vous !

LADISLAS, vivement.

Vous l'avez dit... c'est votre promesse... je viens la réclamer... et quel que soit désormais mon sort... Dussé-je, errant et proscrit, expirer dans les déserts de la Sibérie... je ne me plaindrai pas du ciel, ni de la part qu'il m'a faite... il y a là désormais assez de bonheur pour défier l'adversité, assez de souvenirs pour embellir ma vie entière !

(Il tombe à ses genoux.)

LA COMTESSE, se levant.

Assez, monsieur, assez... je ne veux pas en savoir davantage, ni prolonger l'erreur où vous êtes.

LADISLAS, se levant aussi.

Une erreur !...

LA COMTESSE.

Ce n'était pas moi...

LADISLAS.

Oh ! non... vous voudriez en vain me donner le change... c'est vous... c'était bien vous... on peut abuser un indifférent ; mais moi... moi qui vous aime... moi qui devinerais jusqu'à la trace de vos pas...

LA COMTESSE.

Quand je vous atteste, monsieur...

LADISLAS.

Croyez-vous que je ne vous aie pas reconnue?... croyez-vous que mon cœur ait pu s'y tromper?

LA COMTESSE, avec colère.

Oui, monsieur... oui... il s'y est trompé, voilà qui est indigne... voilà ce que je ne vous pardonnerai jamais... croyez donc aux hommes, croyez donc à la pureté, à la réalité des sentiments qu'ils éprouvent pour nous... j'ai voulu savoir jusqu'à quel point l'on avait abusé de votre étourderie... de votre folie et de mon nom que l'on a osé prendre.

LADISLAS, interdit.

Votre nom!

LA COMTESSE.

Oui, monsieur, je connais l'auteur de cette trahison qui ne restera pas impunie... mais, avant tout, et pour moi, pour mon honneur, j'ai dû vous détromper.

LADISLAS, hors de lui.

Me détromper!... moi!... Oh! ne parlez pas ainsi... plutôt que de renoncer à une pareille idée, je me tuerais de désespoir.

LA COMTESSE.

Vous en êtes bien le maître... mais j'ai dit la vérité... et je vous dirai encore plus... Depuis hier, cet amour auquel je ne pouvais me soustraire, et qui partout me poursuivait... cette passion dont je blâmais l'extravagance, mais que je ne pouvais du moins m'empêcher de croire réelle... tout cela, malgré moi, m'avait émue, m'avait touchée, m'avait inspiré pour vous un sentiment d'intérêt, de crainte, de pitié... peut-être plus encore... ou du moins cela pouvait venir... c'est possible... je n'en sais rien... mais ce que je sais, monsieur, c'est que maintenant, et après votre conduite, je n'éprouve plus pour vous que de l'indignation, de la colère, un éloignement invincible !... Oui, monsieur... c'est le mot; et la preuve, c'est que jusqu'ici, par égard, par procédé, je vous avais caché le nom de la personne... qui avait usurpé le mien... mais peu m'importe à présent de vous la faire connaître... vous pouvez courir à ses pieds et la remercier... ou plutôt... tenez... tenez, monsieur... la voici... je vous laisse avec elle.

(Elle sort par la porte à droite.)

LADISLAS, se retournant, et apercevant Alexina qui entre par le fond.

Ma cousine !... adieu toutes mes espérances !

SCÈNE V.
ALEXINA, LADISLAS.

LADISLAS, tombant dans le fauteuil.

Oh ! Dieu !

ALEXINA, l'apercevant.

C'est vous, mon cousin... Dieu soit loué... je vous cherchais.

LADISLAS, restant toujours dans le fauteuil.

Vous êtes bien bonne, je vous remercie. (Lui tendant la main sans la regarder.) Ma cousine... (A part.) car, après tout, ce n'est pas à elle que je dois en vouloir... au contraire.

ALEXINA, qui, pendant ce temps, a remonté le théâtre pour voir si personne ne venait.

Je craignais tant de ne pas vous retrouver... Écoutez-moi... (Ladislas la regarde en silence.) Eh bien ! qu'avez-vous donc à me regarder ainsi ?

LADISLAS, à part, et la regardant douloureusement.

C'était elle... (Après un soupir.) Elle est très-bien, très-gentille... et si ce n'étaient d'autres idées que j'avais... il n'y aurait pas de quoi se désespérer.

ALEXINA.

Mon cousin, voulez-vous m'écouter ? car c'est devous qu'il s'agit...

LADISLAS, froidement.

Je vous écoute... (A part, et la regardant toujours.) C'est inconcevable qu'on se trompe à ce point-là !

ALEXINA.

Je viens du palais impérial, du salon de Catherine où Potemkin est entré avec une figure sombre et soucieuse... il a fait signe à un officier des gardes qui causait avec moi, le comte Bestutchef, d'aller à lui, et il lui a parlé quelque temps à l'oreille vivement et d'un air agité, ce qui m'a donné sur-le-champ le désir de savoir ce dont il s'agissait, et je l'ai demandé à M. de Bestutchef, un charmant jeune homme, un de mes adorateurs, qui n'oserait rien me refuser... et, après s'être un peu fait prier... « Soyez discrète, m'a-t-il dit; c'est l'ordre d'arrêter un jeune Polonais... Ladislas, qui, dans ce moment, est dans le palais de Potemkin... je dois veiller à ce qu'il ne puisse en sortir ; puis, dans une heure, jeté sur un kibitch... de là en Sibérie, sans autre explication... et demain, il ne sera plus question de lui... » Vous entendez ?

LADISLAS.

Très-bien.

ALEXINA.

Et je suis alors accourue pour vous prévenir, et vous engager à fuir au plus vite...

LADISLAS, se levant.

Je vous remercie bien, ma cousine, de cette preuve de dévouement qui ne m'étonne pas après toutes celles que vous m'avez données déjà... mais je n'en profiterai pas...

ALEXINA.

Et pourquoi ?

4.

LADISLAS.

Parce qu'il y a sans doute erreur, attendu que, malheureusement pour moi, Potemkin n'a aucune raison de m'en vouloir ni d'être mon ennemi... Si c'était M. de Rielof, votre mari, je ne dis pas...

ALEXINA.

Pourquoi cela ?

LADISLAS.

Pour des raisons... que vous savez... et que maintenant je sais aussi... Oui, ma cousine, ne vous effrayez pas... vous pouvez être sûre de ma discrétion...

ALEXINA.

Sur quoi ?

LADISLAS.

Mon Dieu! je sais tout, vous dis-je, (Avec un peu d'embarras.) et je ne puis vous exprimer combien j'ai été sensible, ma cousine... Pourvu maintenant, et c'est ma seule crainte, que cette démarche ne vous compromette pas.

ALEXINA.

Me compromettre, mon cousin? de quoi donc parlez-vous ?

LADISLAS.

Eh! mais... de notre entrevue de cette nuit

ALEXINA.

Une entrevue avec moi !

LADISLAS, étonné.

Elle aussi !

ALEXINA.

Et où donc?

LADISLAS, avec impatience.

S'il faut vous rappeler encore ce pavillon vitré en rotonde... au milieu des jardins.

ALEXINA.

Ah! mon Dieu!... une lampe d'albâtre?...

LADISLAS.

Précisément.

ALEXINA.

Une esclave grecque...

LADISLAS.

C'est cela !

ALEXINA.

Qui, pour mot d'ordre, a dit à vos conducteurs : *Armide* et *Renaud*.

LADISLAS.

C'est cela même.

ALEXINA.

Et qui ensuite, au bout d'un corridor en marbre, vous a conduit...

LADISLAS.

Vous voyez bien que c'est vous.

ALEXINA, poussant un cri et vivement.

Ah! plus de doute!... et maintenant que je me rappelle... c'est bien cela. (A part.) Le billet de bal qu'on m'a dit de lui envoyer... la colère de Potemkin... l'ordre de tout à l'heure... tout s'explique... (Haut et se rapprochant de Ladislas.) Ah! mon cousin! quel bonheur pour nous!... (Geste de Ladislas.) Mais, silence!... il y va de nos jours.

LADISLAS, étonné.

Comment cela ?

ALEXINA.

C'est mon mari!

LADISLAS.

C'est juste! il faut qu'il ne soupçonne rien !

SCÈNE VI.

RIELOF, ALEXINA, LADISLAS.

ALEXINA, à Rielof.
Venez donc, monsieur, venez vite...

RIELOF.
Eh! mon Dieu!... quelle émotion!...

ALEXINA.
Ce n'est pas sans motif... Voici d'abord Ladislas, notre parent, notre ami... qu'il faut sauver...

RIELOF.
Moi?

ALEXINA.
Vous-même!... et vous n'hésiterez pas quand vous saurez ce qui est arrivé aujourd'hui.

LADISLAS, s'approchant et lui faisant signe de se taire.
Y pensez-vous?

ALEXINA.
Et s'il faut ici vous l'apprendre...

(Elle parle bas à l'oreille de Rielof.)

LADISLAS, stupéfait.
Comment! elle va lui dire...

RIELOF, avec joie.
Est-il possible?... c'est bien différent!... (Otant son chapeau avec respect.) Mon cher cousin...

ALEXINA.
Silence donc!... c'est un mystère pour tout le monde, même pour lui...

RIELOF.
J'entends... (Regardant Ladislas.) Mais je puis toujours lui offrir mes services...

LADISLAS, avec impatience.

Eh! monsieur !...

ALEXINA, à Ladislas.

Vous pouvez les accepter... il ne s'agit que de sortir de ce palais... (A Rielof.) Avez-vous votre voiture... vos gens?...

RIELOF.

Un mougik en bas, sous le vestibule...

ALEXINA.

Que Ladislas prenne sa toque et sa casaque ; qu'il vous suive négligemment... qu'il traverse avec vous la cour du palais... Et une fois qu'il en aura franchi le seuil, je me charge de le soustraire à la colère de Potemkin.

LADISLAS, passant entre Rielof et Alexina, à Rielof.

Et pourquoi, maintenant?

RIELOF.

Chut !

LADISLAS, à Alexina.

A quoi bon ?

ALEXINA.

Chut !

LADISLAS.

Depuis hier je n'entends que ce mot-là.

(Il remonte le théâtre.)

ALEXINA, se rapprochant de Rielof.

Je cours chez l'Impératrice... (Bas.) Vous, pas un mot avec lui... Le succès en dépend.

RIELOF.

Je serai muet...

AIR de la *Jota Aragonesa.*
Ensemble.

RIELOF et ALEXINA.

Ah! pour nous quel bonheur !

Sa future grandeur
Ajoute à la splendeur
Dont la famille
Brille !
S'il devient favori,
Nous le sommes aussi ;
Nous montons aujourd'hui
Avec lui.

LADISLAS.

Est-ce un rêve, une erreur ?
D'où vient donc son bonheur ?
Ce n'est point par l'honneur
Que la famille
Brille.
Il me traite en ami,
Et puis sa femme aussi,
Et ce brave mari
Est ravi.

ALEXINA.

Il croyait donc, dans son erreur extrême,
Que c'était moi ?

RIELOF.

Partez donc... hâtons-nous.

ALEXINA.

J'y vais...

(A Ladislas.)

Plus tard, songeant à qui vous aime,
N'oubliez pas ce qu'on a fait pour vous.

(Reprise de l'ensemble. — Alexina sort par le fond ; Rielof la conduit jusqu'à la porte.)

SCÈNE VII.

RIELOF, LADISLAS.

LADISLAS, à part, pendant que Rielof reconduit Alexina.

C'est trop fort !... On n'a jamais vu charger un mari de

sauver un rival!... Quelque avancée que soit, en Russie, la civilisation, je ne croyais pas que cela pût aller jusque-là.

RIELOF, revenant auprès de Ladislas.

Eh bien! mon jeune ami, partons-nous?

LADISLAS, se remettant dans le fauteuil.

Ma foi, non!

RIELOF.

L'heure s'écoule; et si Potemkin s'empare de vous... s'il vous envoie en Sibérie avant seulement que vous ayez pu réclamer... c'en est fait de vous... de votre fortune... vous ne servez plus à rien à votre famille... qui, au contraire... se trouve compromise et désolée...

LADISLAS, avec impatience.

Désolée?... vous êtes trop bon!

RIELOF.

Non, mon cher cousin, j'ai promis à ma femme de vous sauver, et vous serez sauvé...

LADISLAS, se levant.

Eh bien! non!... je ne consentirai pas à l'être par vous... parce que, si cela ne vous fait rien, moi, cela me fait quelque chose... Il y a en moi un fond de probité, absurde peut-être, mais qui me défend d'accepter vos services...

RIELOF.

Et pourquoi donc?

LADISLAS.

Vous me le demandez... après l'aveu que vous a fait ma cousine... puisqu'elle vous a tout confié, tout raconté...

RIELOF.

Certainement!... elle me dit tout...

LADISLAS, avec impatience.

Eh bien! alors?... Et quoiqu'il n'y ait rien qui puisse vous alarmer.. cette entrevue... ce rendez-vous avec elle...

RIELOF.

Avec elle?... Mais du tout... vous êtes dans l'erreur... Oser soupçonner ma femme!... Halte-là! jeune homme...

LADISLAS, vivement.

Et qui donc alors?

RIELOF.

Qui donc?... C'est juste... vous l'ignorez, et je ne puis vous le dire... Cela m'est défendu... Mais ce n'est pas Mme de Rielof... cette chère Alexina qui m'aime... en qui j'ai confiance, et que je n'ai pas quittée un seul instant.

LADISLAS.

En êtes-vous sûr?

RIELOF.

AIR du vaudeville de *Turenne.*

Oui, nous avons passé la nuit entière
Dans notre hôtel, où, de peur des larrons,
J'avais requis, par extraordinaire,
   Un double piquet de dragons
   Qui cernait tous les environs.
A la vertu toujours je me confie,
   Alors qu'elle est de toute part
   Gardée et par l'honneur et par
   Un piquet de cavalerie.

LADISLAS, avec joie.

C'est donc bien vrai!... ce n'est pas elle!... Ah! mon cher ami, que je vous remercie... Que je vous embrasse!... parce que, voyez-vous, j'en suis enchanté...

RIELOF.

Moi aussi...

LADISLAS.

Cela me rend toutes mes anciennes idées... mes idées de bonheur... Et maintenant je comprends... je devine...

RIELOF, riant.

Vous devinez?... Vous y êtes donc enfin?

LADISLAS.

Certainement... on s'est méfié de moi... de ma discrétion... et l'on a voulu avec art détourner sur une autre des soupçons qui maintenant sont une certitude, car je suis comme vous, je sais qui.

RIELOF, vivement.

Silence! alors... N'oubliez pas que je n'ai rien dit... que je n'ai trahi aucun secret... Et maintenant, hésitez-vous encore à partir?

LADISLAS, vivement.

Non, vraiment!... je conçois enfin pourquoi Potemkin m'en veut... pourquoi cet ordre de m'arrêter... de m'envoyer en Sibérie. (A part.) Il voulait punir ce rendez-vous avec sa nièce... Et la comtesse!... ah! je lui écrirai... (Haut.) Partons, mon cousin... Je vais prendre le manteau et la toque de votre domestique, et je sors avec vous de ce palais... Eh bien! venez-vous?... que je suis heureux! c'est elle!

(Il sort le premier par le fond.)

RIELOF.

Ce n'est pas sans peine... et je crois qu'il était temps... (Remontant le théâtre et s'apprêtant à sortir.) O ciel!... c'est fait de nous!... c'est Potemkin!... (Regardant avec étonnement.) Eh! mais... Ladislas lui saute au cou... il lui parle... il l'embrasse encore; et tous deux se séparent les meilleurs amis du monde... qu'est-ce que cela veut dire?

SCÈNE VIII.

POTEMKIN, paraissant à la porte du fond avec DEUX OFFICIERS; RIELOF, sur le devant du théâtre.

POTEMKIN, au premier officier.

Emparez-vous de ce jeune homme que je viens de quitter... vous le trouverez sous le vestibule, revêtu de la livrée de M. le baron.

(L'officier sort.)

RIELOF.

Moi ! monseigneur... qui a pu vous dire?...

POTEMKIN.

Ladislas lui-même qui m'a confié ses projets de fuite et l'appui généreux que vous lui prêtiez...

RIELOF, à part.

Il a donc perdu la tête?

POTEMKIN, à Rielof.

Tout à l'heure, nous compterons ensemble, monsieur, et je m'acquitterai envers vous et envers votre femme.

RIELOF, à part.

C'est fait de nous !

POTEMKIN, au deuxième officier.

Quant à vous, monsieur, je vous charge de conduire Ladislas Radzinski dans la chapelle de ce palais... vous ferez venir un prêtre, et dans un quart d'heure...

SCÈNE IX.

Les mêmes ; LA COMTESSE, sortant de la porte à droite.

LA COMTESSE, qui a entendu les derniers mots.

O ciel !

POTEMKIN, à l'officier.

Vous m'avez entendu... partez !

(L'officier sort.)

LA COMTESSE, à Potemkin.

Qui donc, monsieur, venez-vous ainsi de condamner ?

RIELOF.

Ce pauvre Ladislas... mon cousin.

LA COMTESSE, poussant un cri.

Ah !... ce n'est pas possible... il n'est pas coupable.

POTEMKIN.

Qu'en savez-vous?

LA COMTESSE, joignant les mains.

Je vous jure, monsieur...

POTEMKIN.

De quoi vous mêlez-vous? qu'est-ce qui vous amène?... que me vouliez-vous?

LA COMTESSE, troublée.

Ce que je voulais... (Regardant un papier qu'elle a à la ceinture.) Ah! cette lettre pour vous... cette lettre de l'Impératrice... que madame de Rielof vient d'envoyer par un aide-de-camp.

POTEMKIN, avec colère.

Madame de Rielof!...

RIELOF.

Ma femme?

POTEMKIN, prenant la lettre avec fureur, la décachette et la parcourt avec agitation.

Malédiction!... Voilà ce que je craignais.

AIR du Fils du Prince.

Ensemble.

LA COMTESSE.

Grand Dieu! que présage
Ce nouveau message?
Pourquoi cette rage
Et cette fureur?

POTEMKIN.

Oui, tout me présage,
Un nouvel outrage,
Ce fatal message
Double ma fureur.

RIELOF.

Ah! quel doux présage!
Cet heureux message

Est un nouveau gage
De notre grandeur.

POTEMKIN.

Que l'on suspende à l'instant même
L'arrêt que j'avais prononcé.

RIELOF.

Ma femme, avec un art extrême,
A manœuvré.
Mon cousin est placé;
Nous l'emportons, il est placé.

(Rielof sort.)

SCÈNE X.

LA COMTESSE, qui se tient à l'écart; POTEMKIN, assis dans le fauteuil, et dans la plus grande agitation.

LA COMTESSE, s'approchant de lui doucement, et après un instant de silence.

Au nom du ciel! mon cher oncle, qu'avez-vous?

POTEMKIN.

Laisse-moi... éloigne-toi!... je veux être seul... malheur à qui m'approcherait!

LA COMTESSE.

Il a raison... laissons passer l'accès.

(Elle s'éloigne de quelques pas.)

POTEMKIN, assis.

Je le savais déjà!... cette invitation de bal envoyée hier par madame de Rielof... c'était d'après un ordre supérieur... Et cette entrevue... ce rendez-vous mystérieux!... je me doutais bien... mais maintenant ce ne sont plus des doutes!... On le nomme gouverneur du palais... et c'est moi qui ce matin dois le présenter comme tel au déjeuner impérial où on l'admet... où on l'attend... C'est aux yeux de toute la cour un favori déclaré... et impossible maintenant de l'éloigner, de le bannir... ou même de le frapper dans l'ombre... On m'en demanderait compte!... ce serait me perdre!... Et ce Rielof... et sa femme, et tout leur parti qui déjà triomphe, et ces courtisans qui me détestent!... Je me verrais renversé à leurs yeux... par un jeune étourdi, un insensé... qui ignore même sa fortune... un extravagant, qui depuis hier venait à chaque instant me confier ses projets, que je n'ai pu déjouer! (Se levant avec fureur.) C'en est trop! et quoi qu'il arrive, sa perte précédera la mienne.

(Il se lève.)

LA COMTESSE, s'approchant.

Ciel!

POTEMKIN.

Encore ici!

LA COMTESSE.

Vous parlez de votre perte.

POTEMKIN.

Oui, sans doute... elle est assurée. (Avec calme, et après un moment de silence.) Ou plutôt, (Regardant la comtesse.) je m'effraie d'un obstacle que d'un souffle je puis renverser... Allons, allons, calmons-nous... j'ai gagné des parties plus désespérées... et celle-là n'est qu'un jeu.
(Il s'est remis dans son fauteuil et se retourne vers la comtesse qu'il regarde d'un air riant.)

LA COMTESSE, à part.

Ah! mon Dieu! il sourit à présent.

POTEMKIN, tendant la main à la comtesse.

Approche, Nadéje.

LA COMTESSE, à part.

Le Tartare est parti.

POTEMKIN.

Tu as eu peur tout à l'heure?

LA COMTESSE.

Sans doute... Vous disiez que votre perte était assurée... que rien ne pouvait vous sauver.

POTEMKIN.

Une seule personne... et c'est toi.

LA COMTESSE.

Moi? grand Dieu!... Parlez, que demandez-vous?

POTEMKIN.

Es-tu capable pour moi d'un grand dévouement, d'un grand sacrifice?

LA COMTESSE.

Faut-il partager vos dangers? vous suivre dans l'exil?

POTEMKIN.

Il faut plus encore.

LA COMTESSE, tremblante.

Ah! mon Dieu! qu'est-ce donc?

SCÈNE XI.

LES MÊMES; UN OFFICIER.

POTEMKIN, vivement, à l'officier.

Que voulez-vous?... qu'y a-t-il?

L'OFFICIER.

Une lettre que le prisonnier vient d'écrire, et qu'avant tout j'ai jugé convenable de vous remettre... Elle est adressée à un intendant général, un nommé Gregorief, que nous ne connaissons pas.

POTEMKIN.

Je le connais, moi... (Il déchire l'enveloppe, regarde la seconde adresse, et dit à l'officier.) Donnez à madame.

(L'officier remet la lettre à la comtesse, et sur un geste de Potemkin, il sort. Potemkin, qui est toujours auprès de la table à droite, écrit pendant que la comtesse lit.)

LA COMTESSE, lisant.

« Pour remettre à la comtesse Braniska. On m'a dit que
« j'allais mourir, et je n'y pense guère... je ne pense qu'à
« vous! qu'à vous seule! On vient de suspendre l'arrêt, et
« c'est un grand bonheur, je peux vous écrire... je peux vous
« dire que, grâce au ciel, je connais enfin la vérité... C'é-
« tait vous, madame, c'était bien vous... » Il y revient encore! c'est une idée fixe! « Ne me plaignez pas... aimé de
« vous, je meurs le plus heureux des hommes, et je ne chan-
« gerais pas ma place contre celle de Potemkin. *Signé :* LA-
« DISLAS. *Post scriptum...* »

POTEMKIN, écrivant toujours.

Ah! il y a un *post-scriptum* ?

LA COMTESSE, essuyant vivement une larme.

Oui, mon oncle... (Achevant de lire) « Consolez ce pauvre
« Gregorief, qui vous remettra cette lettre, et qui doit être
« désolé. » Qu'est-ce que cela signifie?

POTEMKIN, froidement.

Qu'il est en bas dans la chapelle du palais... à côté est
un prêtre... Iglou, mon chapelain, pour l'assister dans ses
derniers moments.

LA COMTESSE.

O ciel!... sa mort est-elle donc si prochaine?

POTEMKIN.

Oui... car je veux que tu sois vengée!... et si je tombe, il
n'en sera pas le témoin... je l'ai juré.

LA COMTESSE, timidement.

Et si vous triomphez de vos ennemis... si vous restez au
pouvoir?

POTEMKIN.

Je t'ai dit que cela dépendait de toi.

LA COMTESSE, tremblante.

Et moi, monsieur, je vous ai dit que je me dévouais...

(Vivement.) Pour vous... pour vous seul.. quelque terrible que ce fût.

POTEMKIN.

C'est bien !

LA COMTESSE.

Mais que faut-il faire ?

POTEMKIN, prenant le papier qui est sur la table.

Porter cet ordre à Iglou mon chapelain ; et quand il l'aura lu, songe à ta promesse.

LA COMTESSE, tremblante.

Oui, monsieur.

POTEMKIN.

Songes-y !

LA COMTESSE, de même.

Oui, monsieur.

POTEMKIN.

Et hâte-toi... car on vient... il ne sera plus temps.

LA COMTESSE, se précipitant par la porte à gauche.

Ah ! j'y cours.

(Elle sort.)

SCÈNE XII.

POTEMKIN, puis RIELOF.

POTEMKIN, à part.

Allons !... du courage !... (Voyant entrer Rielof.) Ciel ! déjà Rielof !

RIELOF, à part.

Je veux être le premier à jouir de son dépit et de sa fureur.

POTEMKIN, un peu ému.

Déjà de retour, baron ?... quelles nouvelles ?

RIELOF, d'un air goguenard.

Une seule qui occupe toute la cour... Je ne sais comment il se fait que ma femme vient d'être nommée par notre souveraine comtesse de Rielof.

POTEMKIN.

Ah!

RIELOF.

Et moi... comte.

POTEMKIN.

Par-dessus le marché.

RIELOF.

De plus, et par un hasard bien étonnant, Ladislas Radzinski, notre cousin, reçoit de l'Impératrice une terre en Ukraine avec dix mille paysans.

POTEMKIN, à part, et cherchant à se contenir.

O Ciel!... (Regardant la porte à gauche.) Et pas de nouvelles?

RIELOF.

On va même plus loin... Des gens qui se disent bien informés... prétendent... mais je n'en crois pas un mot...

POTEMKIN, avec impatience.

Achevez.

RIELOF.

Prétendent que dans ce moment même... le premier ministre a un successeur désigné...

(On entend tinter la cloche d'une chapelle. Potemkin fait un mouvement de joie et se retourne en riant vers Rielof.)

POTEMKIN, à part.

La cloche de la chapelle!... (A Rielof, d'un air triomphant.) Un successeur?... en vérité?

RIELOF, à part.

C'est étonnant!... ça ne lui a pas fait l'effet que j'espérais!...

5.

POTEMKIN, se penchant sur son fauteuil.

Je vous remercie, mon cher baron... je veux dire, mon cher comte... de l'heureuse nouvelle que vous m'apprenez.

AIR du vaudeville des *Frères de lait.*

Depuis longtemps j'aspire à la retraite.

RIELOF, étonné.

Votre retraite ?

POTEMKIN.

Eh! oui, mon cher ami,
De l'obtenir mon âme est satisfaite ;
J'ai grand besoin de repos... vous aussi. (*Bis.*)
Pour moi, pour vous, messieurs, il va renaître,
Vieux courtisans, je pars, relevez-vous...
    Depuis vingt ans, vous devez être
    Bien fatigués d'être à genoux.
(Il se lève vivement.)
Relevez-vous, messieurs, vous devez être
    Fatigués d'être à genoux.

RIELOF, qui s'était courbé, se relevant sur-le-champ.

C'en est trop!... vous allez nous connaître... et voici ma femme qui vous dira...

SCÈNE XIII.

Les mêmes ; ALEXINA ; puis LA COMTESSE et LADISLAS.

ALEXINA, à Potemkim.

Que l'Impératrice vous attend et trouve que l'on tarde bien à se rendre à ses ordres... Elle vous avait chargé de lui présenter ce matin Ladislas Radzinski...

RIELOF, avec fierté.

Notre cousin !

POTEMKIN, souriant.

Ladislas, dites-vous ?...

ALEXINA.

Oui, celui que vous retenez ici.

RIELOF.

Ladislas votre prisonnier.

POTEMKIN.

Hélas! il est trop tard... car, en ce moment, il n'est plus en mon pouvoir.

ALEXINA, effrayée.

Que voulez-vous dire?

RIELOF, de même.

Est-ce que vous auriez osé?...

POTEMKIN.

Oui, vraiment!... N'avez-vous pas tout à l'heure entendu cette cloche?...

RIELOF.

Cette cloche funèbre...

ALEXINA.

Qui nous annonce sa mort...

POTEMKIN, souriant.

Non, mais son mariage.

RIELOF et ALEXINA, stupéfaits.

Son mariage!...

POTEMKIN, montrant Ladislas et la comtesse qui entrent en ce moment par la porte à gauche.

Et je vais, avec vous, présenter à l'Impératrice mon neveu.

TOUS, étonnés.

Son neveu!

LADISLAS, à la comtesse.

Que dit-il?... lui, mon ami Gregorief!

LA COMTESSE.

C'est le prince Potemkin!

LADISLAS, allant à Potemkin.

En vérité... Potemkin... qui a permis, qui a signé notre mariage?...

POTEMKIN.

Cela vous étonne, mon cher?

LADISLAS.

Eh! oui... car à présent, je suis sûr que ce n'est pas elle... elle me l'a dit... elle me l'a juré.

POTEMKIN.

Vous n'y comprenez plus rien?

LADISLAS.

Si, vraiment! (A demi-voix à Potemkin.) Il paraît que décidément c'était ma cousine; ce n'est pas ma faute... (Haut et vivement à Rielof en allant à lui.) Et croyez bien, mon cher ami, que si je peux trouver quelque occasion...

RIELOF, avec humeur.

Joliment!...

ALEXINA, de même.

Le maladroit!

RIELOF.

Quand déjà j'étais comte de l'empire!

ALEXINA.

Quand il avait en Ukraine une terre de dix mille paysans!

LADISLAS, à Potemkin.

C'est trop... c'est trop, mon cher oncle... je n'en ai pas besoin. (Montrant la comtesse.) Voyez plutôt quel trésor j'ai gagné...

RIELOF.

Le malheureux! quelle belle place il a perdue!

LADISLAS.

Comment cela?

TOUS, lui faisant signe de se taire.

Chut!!!...

LE CHŒUR.

AIR du ballet de *la Somnambule*.

Gardons sur ce mystère
Un silence prudent.
Être heureux et se taire
Est un double talent.

SIR HUGUES DE GUILFORT

COMÉDIE-VAUDEVILLE EN DEUX ACTES

EN SOCIÉTÉ AVEC M. BAYARD

Théatre du Gymnase. — 3 Octobre 1836.

PERSONNAGES.	ACTEURS.
GEORGE Ier, roi d'Angleterre	MM. Saint-Aubin.
SIR HUGUES DE GUILFORT, gentilhomme campagnard	Ferville.
OSWALD, jeune officier de la maison de la reine.	Rhozevil.
LORD KOOKVILLE, courtisan.	Klein.
LAVINIA, femme de sir Hugues de Guilfort.	Mmes Moreau-Sainti.
MISS NELLY, sa fille.	Elisa Forgeot.

Un Valet de pied. — Un Domestique. — Plusieurs Courtisans.

A Londres.

SIR HUGUES DE GUILFORT

ACTE PREMIER

Un salon élégant. Porte au fond. — Portes latérales. Une table sur le devant, à gauche de l'acteur.

SCÈNE PREMIÈRE.
OSWALD, MISS NELLY.

(Au lever du rideau, miss Nelly est assise auprès de la table et brode. Oswald paraît à la porte du fond.)

OSWALD, dans le fond.

Ah! miss Nelly!... si elle était plus aimable.

MISS NELLY, à part.

C'est lui... j'avais reconnu son pas... c'est un reste d'habitude, quand je l'aimais.

OSWALD, s'approchant avec hésitation.

Miss Nelly!

MISS NELLY, feignant la surprise et se levant.

Ah! lord Oswald... je n'avais pas entendu...

OSWALD.

De grâce!... que je ne vous dérange pas.

MISS NELLY.

Non, monsieur... c'est sans doute pour ma belle-mère que vous venez... je vais la faire prévenir?

OSWALD.

AIR : Qu'il est flatteur d'épouser celle. (Le Jaloux malade.)

Ne vous dérangez pas, de grâce,
J'attendrai bien où me voilà.

MISS NELLY.

Ah! les devoirs de votre place
Vous occupent trop pour cela;
Et par la faveur souveraine
Lorsque tous vos moments sont pris,
Je comprends qu'il vous reste à peine
Du temps pour aimer vos amis.

OSWALD.

Miss Nelly!

MISS NELLY.

Vous en avez si peu à perdre!...

OSWALD.

Vous parlez de celui que je passe loin de vous.

MISS NELLY.

Monsieur... je ne vous comprends pas.

OSWALD.

Ah!... (A part, avec dépit.) Allons, comme elle voudra... (Il s'assied sur le fauteuil à droite du théâtre, et après un moment de silence.) Puis-je vous demander, miss Nelly, si vous avez reçu des nouvelles de sir Hugues Guilfort, votre père?

MISS NELLY, qui s'est assise.

Non; pas depuis quelque temps.

OSWALD.

N'a-t-il pas un procès qui doit l'amener à Londres?

MISS NELLY.

Je doute qu'il y vienne... vous le savez, monsieur, mon père accusé, je ne sais sur quels indices, d'être un partisan des Stuarts, a vu tous ses biens mis sous le séquestre, et pour ne pas être traité comme ses biens, il a jugé prudent de ne point paraître à la cour.

OSWALD.

A la bonne heure... mais je sais aussi que cette disgrâce touche à son terme... Il me semble que vous et milady Guilfort, vous êtes traitées ici avec des égards qu'on prendrait pour de la faveur.

MISS NELLY.

De la faveur!... et pourquoi?... parce que milady Suffolck, dame d'honneur de la reine... et ancienne amie de ma belle-mère, a voulu absolument nous donner un appartement dans cette résidence royale... avec la permission de Sa Majesté... Qu'est-ce que cela prouve?... que le roi George Ier, qui a de si grandes qualités, dit-on, est par dessus tout fort aimable, ce qui ne gâte rien... et il est bien fâcheux que les jeunes gens de la cour ne prennent pas exemple sur lui.

OSWALD, se levant.

AIR : J'ai vu le Parnasse des dames. (*Rien de trop.*)

Est-ce à moi que cela s'adresse?

MISS NELLY, se levant.

Eh! mais, tout comme il vous plaira.

OSWALD, allant pour sortir.

Alors, si mon aspect vous blesse...

MISS NELLY.

Monsieur, je n'ai pas dit cela.

OSWALD, revenant.

A quoi bon vouloir qu'on ignore
A qui cet avis est donné?

MISS NELLY.
A quoi bon demander encore,
Quand on a si bien deviné ?

OSWALD.

Ah ! c'en est trop !

SCÈNE II.

Les mêmes; LAVINIA.

LAVINIA, entrant par la porte à gauche de l'acteur.

Eh ! mais qu'est-ce donc ?... Ah ! lord Oswald !

OSWALD, saluant.

Milady, j'ai bien l'honneur...

LAVINIA.

Une visite ! c'est aimable à vous ; car vous êtes rare, monsieur ; on ne vous voit pas.

MISS NELLY.

Il s'est trompé de porte.

OSWALD.

Milady, ce reproche obligeant...

LAVINIA.

Ce n'est pas comme à la campagne, le voisinage était heureux... pour nous... vous veniez souvent.

MISS NELLY.

Monsieur n'avait rien de mieux à faire.

OSWALD.

Ah ! miss Nelly !

LAVINIA.

Miss Nelly est un peu sévère... pour moi, je fais la part des plaisirs qui vous réclament... du service qui vous retient chez la reine... lancé comme vous l'êtes dans tout ce qu'il y a de plus brillant à la cour, on peut bien oublier deux pauvres campagnardes comme Nelly et moi.

MISS NELLY.

Oh! deux campagnardes...

OSWALD.

Y pensez-vous, madame?... oublier les hommages que je vous dois... l'amitié de sir Hugues...

LAVINIA.

Ah! je vous en voulais un peu... miss Nelly beaucoup... nous avions compté sur vous pour nous faire les honneurs de cette grande ville... Par bonheur le ciel nous a envoyé un guide, un ami... intime... que nous ne connaissons pas!...

MISS NELLY.

C'est égal... il est fort bien!

OSWALD.

En vérité!... et cet inconnu...

LAVINIA.

C'est à Windsor... un matin... qu'il a eu pitié de notre embarras... nous étions égarées dans ces vastes jardins... il nous a remises dans notre route avec une grâce charmante... nous a offert ses services à Londres et à la cour... C'est un seigneur fort en crédit, je vous assure ; car, depuis ce jour, avec un billet de sa main, nous avons pénétré partout... nous ne formons pas un vœu qui ne soit accompli... toutes les portes nous sont ouvertes... même celle du lord chancelier, qui, jusque-là nous était toujours fermée...

OSWALD.

Et vous l'avez revu... ce protecteur?...

MISS NELLY.

Assurément... toujours empressé, affable près de milady... et pour moi d'une galanterie!... Hier, nous voulions aller à Saint-Paul, eh bien! un carrosse magnifique... un carrosse de la cour, monsieur, a été mis à nos ordres... et nous y avons trouvé un superbe bouquet pour milady... et pour moi une boîte de dragées délicieuses... je les adore!... cet homme-là devine tout.

OSWALD.

Mais, c'est un conte des *Mille et une Nuits.*

LAVINIA.

Un conte!... oui, ça y ressemble un peu... mais ce qui n'en est pas un, c'est l'heureuse issue de notre procès que nous allons gagner...

AIR du vaudeville du *Piège.*

Toujours par les soins généreux
De cette magique puissance...
Ah! quel bon génie, en ces lieux,
Nous a donné la Providence!

OSWALD.

Eh! oui, la cour, je m'y connais,
Est le séjour des bons génies...
Les femmes n'en manquent jamais,
Surtout quand elles sont jolies!

LAVINIA.

Pour moi, ce que je vois de mieux dans le gain de ce procès, c'est que mon mari viendra à Londres, où je commence à me plaire... et que nous y resterons quelque temps.

MISS NELLY.

Tant pis; j'espérais retourner à la campagne.

OSWALD.

Et les regrets que vous laisseriez à vos amis?...

MISS NELLY.

Pas à vous, sans doute... car comment supposer que vous daigniez faire attention à ce qui nous concerne, vous dont les succès sont cités partout... vous, qui n'avez qu'à vous montrer...

LAVINIA.

Miss Nelly!...

MISS NELLY.

Mais monsieur ne le nie pas... monsieur s'en vante au contraire.

OSWALD.

Eh bien! puisque vous le prenez ainsi... oui, mademoiselle, je suis aimé, recherché, fêté... c'est là mon bonheur, je n'en veux pas d'autre...

LAVINIA, les observant en souriant.

Ah!... je comprends!

OSWALD.

Je suis libre après tout... et ce soir encore, au bal que donne le père de Sa Majesté, l'électeur de Brunswick, j'espère bien paraître avec le même éclat, le même succès... Ce qui me désole, miss Nelly, c'est qu'il ne doit y avoir que les dames présentées; et le crédit même de votre tout-puissant inconnu ne pourrait faire oublier l'étiquette de cour en votre faveur.

LAVINIA.

Ah! j'en suis très-fâchée... Oh! je suis franche!... les plaisirs ont tant de charmes pour moi!

MISS NELLY.

Oh! moi, cela m'est bien égal!... un bal de plus ou de moins... je n'y tiens pas, au contraire!... Et si vous croyez que cela me fait de la peine, vous vous trompez beaucoup assurément!

SCÈNE III.

LES MÊMES; LORD KOOKVILLE.

UN DOMESTIQUE, annonçant.

Lord Kookville.

OSWALD.

Qu'entends-je?... Lord Kookville!

LAVINIA.

Je ne le connais pas.

OSWALD.

AIR du Ménage de garçon.

C'est un courtisan dont l'adresse
A fait des jaloux bien souvent,
Et dont l'esprit avec souplesse
Tourne toujours au gré du vent,
Son esprit tourne au gré du vent;
De la faveur valet fidèle,
C'est son coureur, car jusqu'ici,
Partout il arrive avant elle,
Mais avant elle il est parti!

LAVINIA.

Il est puissant, dites-vous?

(Lord Kookville entre par le fond.)

MISS NELLY.

C'est peut-être notre inconnu?... (Elle se retourne, aperçoit lord Kookville, et dit à part :) Non, non, ce n'est pas cela.

LORD KOOKVILLE.

Milady, je mets tous mes hommages à vos pieds... miss Nelly... (Apercevant Oswald.) Ah! lord Oswald... enchanté de vous rencontrer ici... (A part.) Que le diable l'emporte!

OSWALD.

Monsieur le comte... je faisais votre éloge à ces dames... je leur disais que le bonheur précède partout vos pas...

LORD KOOKVILLE.

Il les suit quelquefois, lord Oswald... Oh! je sais que je fais bien des jaloux... je suis bien avec le ministre, j'ai l'oreille du roi... que sais-je?... mon étoile m'expose à l'envie, aux sarcasmes de quelques jeunes fats... Mais est-ce ma faute à moi, si je suis toujours heureux?... comme en ce moment, par exemple, où je suis chargé de venir présenter à ces dames des lettres d'invitation pour le bal de ce soir.

MISS NELLY.

Pour ce bal!... oh! quel bonheur!

LAVINIA.

Monsieur le comte!... en vérité, je ne sais comment vous exprimer... ma reconnaissance... ma surprise...

LORD KOOKVILLE.

Eh! mais, milady, hier, dans le parc de Windsor, n'avez-vous pas laissé deviner à... quelqu'un... le désir de paraître à la fête de l'électeur?

MISS NELLY.

Ah! c'est de notre inconnu!

LAVINIA.

En effet... dans une conversation indifférente... mais j'étais loin de penser...

OSWALD, gaiement.

Décidément c'est un homme qui a du crédit.

LORD KOOKVILLE.

Beaucoup, lord Oswald, beaucoup.

LAVINIA.

Je suis très-sensible... assurément... à la haute faveur que je reçois... mais en l'absence de sir Hugues, mon mari...

MISS NELLY, vivement.

Nous acceptons!...

LAVINIA.

Miss Nelly!

OSWALD.

Mon Dieu! mademoiselle, je croyais que vous n'y teniez pas!

MISS NELLY.

Au contraire!... nous ne pouvons pas faire autrement... une invitation du prince électeur... c'est un ordre. (Regardant Oswald d'un air d'ironie.) Ce doit être si beau, ce bal où il n'y aura que des dames présentées!...

LAVINIA.

Le fait est qu'il est difficile de résister.

LORD KOOKVILLE.

La fête sera délicieuse... et puis la nouvelle qui se répand à la cour lui donnera une physionomie piquante.

OSWALD.

Quelle nouvelle, monsieur le comte?...

LORD KOOKVILLE.

Vous ne savez pas?... la disgrâce de la favorite... (Regardant Lavinia en souriant.) Une jeune dame que les bontés du roi avaient élevée jusqu'à lui.

OSWALD.

Beau choix vraiment! On ne reconnaissait pas là le goût et la fierté du roi, que les flatteurs ont quelquefois égaré.

(Mouvement de Kookville.)

AIR : Voulant par ses œuvres complètes. (*Voltaire chez Ninon.*)

A la cour régnait sans rivale
La femme d'un petit marchand,
Et quant au mari, quel scandale!
Son crédit était insolent.
Des faveurs il était l'arbitre;
Peu s'en est fallu que le roi
Ne l'ait fait duc...

LORD KOOKVILLE.

Eh! mais je crois,
Qu'il avait bien payé son titre!

MISS NELLY, qui regarde les lettres d'invitation.

Alors, s'il l'a payé, on n'a rien à dire.

LAVINIA, souriant.

Mon enfant... n'avez-vous rien à faire chez vous ?

LORD KOOKVILLE, avec intention.

Pardon !... je serais désolé de déranger quelqu'un... pour un bal qui a lieu ce soir, miss Nelly doit être pressée de s'occuper de sa toilette !...

MISS NELLY.

Vous avez raison... j'y vais.

LORD KOOKVILLE, à Oswald, de même.

Je ne voudrais pas retenir lord Oswald... il m'a semblé qu'il sortait quand je suis arrivé...

OSWALD.

Pas précisément... mais je demande à milady la permission de me retirer... j'ai quelques personnes à voir qui ne seront pas insensibles à la nouvelle que monsieur le comte nous a donnée; mesdames...

(Il salue.)

MISS NELLY.

Oh! vous pouvez rester... je m'en vais.

(Lord Oswald sort par le fond; miss Nelly par la gauche.)

LAVINIA, à part.

Toujours cet inconnu !

SCÈNE IV.

LORD KOOKVILLE, LAVINIA.

LORD KOOKVILLE, les regardant sortir.

C'est bien !

LAVINIA.

Ne puis-je savoir, monsieur le comte, quelle est la personne qui vient au-devant de nos moindres désirs ?...

LORD KOOKVILLE.

C'est à cette personne de se faire connaître, milady... je respecte son secret; mais il n'y en aura plus ce soir quand je reviendrai, avec votre permission, vous offrir la main pour vous accompagner.

LAVINIA.

En vérité, milord, vous êtes d'une bonté, d'une obligeance...

LORD KOOKVILLE.

Oh! ne m'en remerciez pas, milady... tout cela est un peu intéressé... car j'ai une grâce à vous demander...

LAVINIA.

A moi?... vous, monsieur le comte, qui avez, dites-vous, l'oreille de Sa Majesté?

LORD KOOKVILLE.

Cette oreille-là ne m'entend pas toujours, milady, et en ce moment, peut-être un mot de vous y tomberait bien à propos.

LAVINIA.

Y pensez-vous, milord? Le roi est juste, généreux, accessible à tout son peuple, comme un père, je le sais... mais encore... lui parler! moi, qu'il ne connaît pas... qui ne l'ai jamais vu... et à quel titre?

LORD KOOKVILLE.

Essayez toujours... vous pouvez tout demander.

LAVINIA.

Je ne vous comprends pas... encore si je devais voir le roi...

LORD KOOKVILLE.

Vous le verrez...

LAVINIA.

Au bal peut-être...

LORD KOOKVILLE.

Ici !

LAVINIA, troublée.

Monsieur !... monsieur !... de grâce expliquez-vous... cet inconnu dont les bontés...

(George paraît par la porte à droite.)

LORD KOOKVILLE.

Le voici !...

LAVINIA.

Grand Dieu !...

LORD KOOKVILLE, saluant.

Sire !...

LAVINIA, à part.

Le roi !...

(Lord Kookville sort.)

SCÈNE V.

GEORGE, LAVINIA.

GEORGE, s'approchant de Lavinia, qui reste détournée.

Est-ce ainsi que lady Guilfort reçoit un ancien ami ?

LAVINIA.

Sire, pardonnez à mon trouble...

GEORGE.

J'aimerais mieux que ce fut du plaisir, milady.

LAVINIA.

Cette visite que j'étais si loin de prévoir...

GEORGE.

Qu'a-t-elle donc qui doive vous surprendre... à présent que vous me connaissez ?

6.

LAVINIA.

Oh! Sire, le souvenir de tant de bonté...

GEORGE.

De la bonté?... Je suis roi, j'en dois à tout le monde... mais pour l'amitié, j'en suis avare et ne la donne qu'à ceux qui en ont un peu pour moi... Milady, me refuserez-vous la vôtre?

LAVINIA.

Moi... si loin de vous!

GEORGE.

AIR d'Yelva.

> Pourquoi trembler en ma présence?
> A l'inconnu vous aviez, je le croi,
> Promis quelque reconnaissance,
> N'en avez-vous plus pour le roi?
> Et si je perds, retrouvant ma couronne,
> Votre amitié, ce bien qui m'était dû...
> Ce qu'aujourd'hui mon rang me donne
> Ne vaut pas ce que j'ai perdu!

LAVINIA.

De l'amitié!... Ah! ce sentiment-là, Sire, vous exprimerait mal tout ce que j'éprouve.

GEORGE.

Libre à vous de m'en accorder un autre!... (Mouvement de Lavinia.) Pardon!... je suis trop ambitieux... c'est une habitude de roi... Mais, milady, pourquoi détourner les yeux... trembler?... Hier encore vous me parliez tout à votre aise... vous m'écoutiez en souriant... J'étais si heureux!... faut-il donc que je perde encore cette espérance! Faut-il qu'autour de moi, il n'y ait pas un ami, pas un cœur qui comprenne le mien... pas une femme près de qui je puisse oublier mes ennuis, ma couronne... qui me semblait plus légère auprès de vous!...

LAVINIA.

Prenez garde, Sire, je suis une pauvre femme... longtemps reléguée au fond de sa province et peu faite à ce langage... Vous allez me donner de la vanité...

GEORGE.

Et quand vous en auriez bien un peu... elle vous est permise! tant de charmes, de beauté...

LAVINIA.

Mais en vérité, c'est un rêve!... Comment penser que moi, moi, j'aie pu attirer un regard de Votre Majesté?...

GEORGE.

Vous seule pouvez vous en étonner!... Et c'est cette grâce modeste et touchante que je cherchais sans la trouver... Une fois, une seule fois, il y a quelques années... je crus avoir deviné une âme qui pût me donner le bonheur que je lui demandais... Elle était belle cette femme, milady... mais moins belle que vous!... Je l'élevai jusqu'à moi... mon amour... (Se reprenant.) mon amitié la plaça au-dessus de tout ce qui m'environnait à la cour... je lui abandonnai mon sceptre, mon cœur, ma vie tout entière... (L'observant.) Car je suis roi, milady... et quand j'aime... je ne mets pas de limites à ma faveur!... (Changeant de ton.) Mais je vis bientôt que je m'étais trompé... qu'il n'y avait là que ruse, ambition... et des caprices dont je suis las à la fin... Je repousse avec dédain la chaîne qu'on n'a pas su me faire oublier... et, ce matin même, la baronne a reçu l'ordre de partir pour sa terre.

LAVINIA.

Sire... cette confidence...

GEORGE.

Êtes-vous fâchée de la recevoir... et me refuserez-vous le plaisir de vous ouvrir mon cœur... de vous confier mes secrets... de vous demander conseil comme à une amie?... Déjà je m'y étais habitué... et s'il fallait maintenant vous voir partir...

LAVINIA.

Et pourquoi partirais-je... puisque mon mari va venir?

GEORGE.

Non; il ne viendra pas.

LAVINIA.

Pour suivre ce procès important...

GEORGE.

C'est inutile... je l'ai gagné pour lui, pour vous... Ses biens lui sont rendus.

LAVINIA.

Ses biens!... il se pourrait!...

GEORGE.

Ne me les avez-vous pas demandés?

LAVINIA.

Que de bontés!

GEORGE.

Sir Hugues est instruit de tout... son voyage serait sans but maintenant; il peut rester dans ses terres, il y restera... je l'y inviterai... (Mouvement de Lavinia.) Une charge importante doit le retenir dans le comté.

LAVINIA.

Mon devoir est de l'y rejoindre.

GEORGE.

Votre devoir!... Croyez-vous que sir Hugues vous enlève ainsi à Londres, à la cour, à vos amis?... c'est tout au plus ce que pourrait faire un mari amoureux et jaloux... mais lui, à qui son âge donne des goûts de campagne et de retraite... lui, à qui, si jeune et si belle, vous avez été sacrifiée... a-t-il le droit de vous condamner à la solitude qu'il aime, à l'ennui qui l'entoure?

LAVINIA.

Non, sans doute... ce droit... qu'il peut avoir... il ne le prendrait pas... mais je dois à sir Hugues du respect.

GEORGE.

Oui, oui... du respect... c'est bien ce que j'entends...

c'est le seul sentiment que je ne lui envie pas!... Vous resterez donc, milady... (En souriant.) pour obéir à votre roi... car lui aussi il a bien quelque droit à faire valoir!... Vous resterez pour être l'objet de nos hommages... pour briller dans nos cercles, dans nos fêtes... dont vous serez l'âme et la reine !

LAVINIA, émue.

Ah! Sire, c'est trop! c'est trop!... vous jetez dans ma tête enivrée des idées qui en feraient tourner de plus fortes!... vous êtes trop bon, trop généreux pour moi... et comment reconnaître ?...

GEORGE.

Ne vous l'ai-je pas dit?... je ne veux que votre... amitié... mais je la veux.

LAVINIA, troublée.

Ah! Sire...

GEORGE.

Oh! oui... laissez-moi croire que je ne me trompais pas... lorsque vous rencontrant sous les ombrages de Windsor, je croyais lire dans vos yeux un sentiment plus tendre!...

LAVINIA, très-émue.

Sire!...

GEORGE, lui prenant la main.

Et quand mon bras pressait doucement le vôtre... vous m'aviez compris?

LAVINIA.

Oh! j'en ai peur!..

GEORGE.

Vous m'aimez donc?

MISS NELLY, en dehors.

Milady... milady!

LAVINIA, effrayée.

Miss Nelly !

(Le roi s'éloigne

SCÈNE VI.

GEORGE, MISS NELLY, LAVINIA.

MISS NELLY, accourant sans voir le roi.

Milady, milady... si vous saviez?... que je suis contente!... mon père arrive!

LAVINIA.

Mon mari!

GEORGE.

Comment, sir Hugues!...

MISS NELLY, l'apercevant.

Ah! c'est vous!... ah! que je suis contente que vous soyez venu nous voir en ce moment surtout... j'ai tant de remerciements à vous faire!

LAVINIA, voulant l'arrêter.

Mademoiselle...

GEORGE, à Lavinia.

Oh! de grâce... laissez!...

MISS NELLY.

Oui, des remerciements! je ne vous parle pas du bal de ce soir, je vous remercierai en dansant avec vous... mais vos dragées!...

GEORGE.

Bien, mon enfant!...

MISS NELLY.

Et puisque vous voilà, je vais vous présenter à mon père...

GEORGE.

Merci... une autre fois... ce soir... on m'attend... (A Lavinia.) Milady, je suis heureux d'avoir rendu visite à Mme de Suffolk, puisque j'ai eu l'honneur de vous rencontrer chez elle!...

(Il salue et sort par la droite.)

MISS NELLY.

Ah!... ce n'était pas pour nous!... si je l'avais su...

(Elle remonte la scène et va au-devant de son père.)

LAVINIA, à part.

J'éprouve un trouble! une émotion!... sir Hugues! ah! je suis bien aise qu'il soit de retour!

SCÈNE VII.

LAVINIA, SIR HUGUES, MISS NELLY, OSWALD.

SIR HUGUES.

Venez, Oswald, venez... Lavinia, ma fille!...

AIR nouveau de M. HORMILLE.

Venez, qu'en mes bras je vous presse!
Ce beau jour rend à ma tendresse
Et ma famille et mes amis!
Ah! de bon cœur je le bénis.
Lavinia, venez de grâce!

LAVINIA.

Ce retour a comblé mes vœux.

SIR HUGUES.

Viens, ma fille, que je t'embrasse.

OSWALD, à part.

Ah! que ces pères sont heureux!

Ensemble.

SIR HUGUES.

Ah! que dans mes bras je vous presse,
Ce beau jour rend à ma tendresse,
Et ma famille et mes amis,
Ah! de bon cœur je le bénis!

LAVINIA, MISS NELLY, OSWALD.

Ah! que dans ses bras il nous presse!
Ce beau jour rend à sa tendresse

Et sa famille et ses amis !
Ah ! de bon cœur je le bénis.

MISS NELLY.

Ah ! que c'est bien de nous surprendre ainsi, mon bon père !

SIR HUGUES, tendant la main à sa femme.

Eh bien ! Lavinia... vous ne dites rien ?...

LAVINIA.

Pardon !... c'est que le saisissement, le plaisir...

SIR HUGUES.

Oui, vous êtes tous surpris de me voir à Londres, n'est-ce pas ?... ma foi ! je le suis plus que vous... mais le moyen de rester là-bas, seul, avec mes meutes, mes chevaux, après les bonnes nouvelles que j'avais reçues !... mon procès gagné, mes biens rendus, et une charge que le roi me fait annoncer !... me voilà puissant dans le comté... (Tendant la main à Oswald.) Je devine tout ce que mes amis ont dû faire pour moi !...

OSWALD.

Milord, je n'y suis pour rien... malheureusement.

SIR HUGUES.

Allons donc ! est-ce que vous êtes devenu discret, par hasard ?

OSWALD, gaiement.

Non, je ne crois pas... mais c'est quelque inconnu plus puissant que moi...

(Lavinia se détourne avec émotion.)

SIR HUGUES.

C'est égal ; je vous remercie toujours... en attendant !... Mais, milady, on dirait en vérité que cela vous chagrine !...

LAVINIA.

Moi, mon ami, pouvez-vous le penser ?... je suis heureuse de ces nouvelles que je savais déjà... et j'éprouve comme vous une reconnaissance pour tous ceux qui vous causent tant de joie!...

MISS NELLY.

Une joie que je partage assurément!... Aussi, ce soir, au bal, je danserai comme une folle!...

SIR HUGUES.

Un bal, une fête? à la cour, peut-être; j'ai bien fait de venir... vous en êtes... alors j'en suis!... je n'y danserai pas... je vous en demande bien pardon, milady... mais j'espère retrouver là de ces bonnes gens du comté qui me croyaient perdu... et qui n'en étaient peut-être pas fâchés... On m'écrivait d'attendre les ordres du roi, mais, ma foi, j'étais pressé de le remercier ce bon et excellent prince qui fait le bonheur de ses sujets... et qui me rend ma fortune. (Il passe auprès d'Oswald, Lavinia va s'asseoir à gauche auprès de la table, miss Nelly est auprès d'elle. Baissant la voix.) Ce que c'est que la prévention... voyez un peu... moi qui m'étais jeté dans un autre parti... que diable! un prince de Brunswick, qui n'était pas des nôtres... je le détestais sur parole!... mais maintenant que me voilà en faveur, je l'ai toujours aimé.

AIR du vaudeville de l'Intérieur de l'étude.

Ma conversion est complète.
Dans le comté, voisins, amis,
Vont me traiter de girouette;
Girouette... ma foi tant pis!...
De son cœur on n'est pas le maître,
Il est, pour un bon citoyen,
Impossible de ne pas être
Du parti qui vous fait du bien.

OSWALD.

A la bonne heure!... d'ailleurs, George est un prince qui aime à pardonner... et vous ne tremblerez plus pour vos beaux domaines de Guilfort.

SIR HUGUES.

Ma foi! non, mon voisin, et j'aime mieux ça!... vous aussi,

j'en suis sûr!... je puis du moins suivre le penchant de mon cœur... à présent que me voilà riche, heureux, je puis me rappeler certaine confidence pour vous faire une offre toute franche, toute amicale, que mes embarras de fortune ne me permettaient pas jusqu'à ce jour... et qui, si j'ai bien compris tout le monde... vous causera un certain plaisir...

OSWALD.

Milord!...

SIR HUGUES.

Vous aimez ma fille... ma fille vous aime... mes enfants, soyez heureux!

MISS NELLY, allant à sir Hugues et lui prenant la main.

Mon père!...

SIR HUGUES.

Je reçois d'une main et je donne de l'autre... pour que tout le monde soit content!... (A Lavinia.) avec votre permission, ma chère.

LAVINIA, distraite.

En doutez-vous?...

OSWALD.

Ah! monsieur... je voudrais en vain vous cacher la joie dont vous remplissez mon cœur!... (Regardant miss Nelly.) Je le devrais peut-être; mais non, j'aime mieux vous remercier du trésor que vous m'accordez... et si miss Nelly me rend justice...

MISS NELLY.

Oui, monsieur... et c'est pour cela que je refuse...

SIR HUGUES.

Hein! je croyais...

MISS NELLY.

Vous vous trompiez, mon père... et puisque vous êtes

heureux, vous ne voudrez pas me condamner à un mariage qui ne peut faire que mon malheur.

(Elle baise la main de sir Hugues, salue Oswald et sort.)

OSWALD, la suivant des yeux.

Ah! c'est indigne!...

SIR HUGUES.

Bah!... (A Lavinia qui est plongée dans ses réflexions.) Dites donc, est-ce que les cœurs changent si vite que cela à la cour, milady?

LAVINIA, sortant de sa rêverie.

Plaît-il?... Milord... que voulez-vous dire?..

(Elle se lève.)

SIR HUGUES.

Eh bien!... concevez-vous quelque chose au caprice de cette petite fille... qui refuse Oswald... Oswald qu'elle aimait... j'en suis sûr; elle me l'a dit.

OSWALD.

Elle vous l'a dit!...

LAVINIA.

Je ne puis comprendre... mais je la rejoins, milord, et quoi qu'elle fasse, il faudra bien que je sache son secret. (A part.) Ah! sortons!... je me sens mourir!

(Elle sort par la gauche.)

SCÈNE VIII.

OSWALD, SIR HUGUES.

SIR HUGUES.

Voilà des physionomies auxquelles je ne comprends rien!

OSWALD.

Me refuser, moi!...

SIR HUGUES.

Désolé, mon jeune ami!.. être refusé par une beauté campagnarde... c'est désagréable, c'est humiliant, j'en conviens!... et si j'eusse prévu...

OSWALD.

Le ciel m'est témoin, sir Hugues, que ce que je regrette le plus, c'est votre alliance!...

SIR HUGUES.

Il faut pardonner un caprice...

OSWALD.

Oh! mon Dieu! très-volontiers!... que voulez-vous?... il faut bien que je me console... tout le monde par bonheur n'a pas les mêmes yeux que miss Nelly.

SIR HUGUES.

Ah! si vous allez y mettre du dépit!...

OSWALD.

Pour lui rester fidèle, pour être digne d'elle et de vous, je fermais mon cœur à l'amour, à l'ambition... mais à présent!... Ah! du moins c'est elle qui l'aura voulu!

SIR HUGUES.

Allons, des folies, des extravagances, comme vous m'en contiez dans nos parties de chasse; car j'étais votre confident.

OSWALD.

Ah! si vous saviez ce que j'ai refusé pour elle!... quand je dis refusé... non pas que précisément on se soit offert... mais il était aisé de voir que si j'avais voulu... si j'avais eu de l'audace...

SIR HUGUES, souriant.

J'y suis... quelque demoiselle d'honneur...

OSWALD, d'un air de dédain.

Quelle idée!...

SIR HUGUES.

Pourquoi pas? votre place auprès de la reine... votre

place de secrétaire des commandements vous met à même de faire la cour à ces demoiselles...

OSWALD, de même.

A moi, milord, des demoiselles d'honneur...

SIR HUGUES.

Tiens! si elles sont gentilles!... mais il paraît que c'est mieux que cela... Diable! quelque baronne, quelque comtesse...

OSWALD, d'un air suffisant.

C'est possible!

SIR HUGUES.

La femme de quelque duc et pair!

OSWALD, de même.

Peut-être mieux!

SIR HUGUES, riant.

Ma foi, mon cher ami, à moins que ce ne soit quelque princesse du sang...

OSWALD, vivement et avec embarras.

Y pensez-vous! ce n'est pas là ce que j'ai voulu dire...

SIR HUGUES.

Je le crois bien!

OSWALD.

Je voulais seulement vous faire connaître que pour miss Nelly, votre fille, j'avais dédaigné ou négligé les plus brillantes espérances... mais si j'étais dupe alors, je ne le serai plus... (Avec dépit.) Je veux être désormais gai, aimable, entreprenant, me faire adorer de tout le monde... rien ne m'arrêtera, ni la naissance, ni le rang... et plus mes conquêtes seront élevées... plus il y aura d'éclat ou de péril... et plus je serai enchanté... non pas que cela me rende heureux, au contraire... mais n'importe... tant mieux... c'est ce que je désire et je prouverai du moins à votre fille... que j'avais de quoi l'oublier et me consoler...

(Il essuie une larme.)

SIR HUGUES, lui frappant sur l'épaule.

Pauvre garçon!... Hein, qui vient là?

SCÈNE IX.

LES MÊMES; LORD KOOKVILLE.

LORD KOOKVILLE.

Sir Hugues de Guilfort...

SIR HUGUES, allant à lui.

Monsieur!...

LORD KOOKVILLE.

Permettez au comte de Kookville de saisir avec empressement une occasion qui lui procure l'honneur de vous connaître.

SIR HUGUES, avec embarras.

Monsieur le comte... enchanté... surpris de recevoir un homme... un seigneur... dont la haute réputation... (Bas à Oswald.) Qu'est-ce que c'est?

OSWALD, de même.

Un ami du roi...

LORD KOOKVILLE.

Ne parlez pas de cela, milord... vous me rendez confus ; ce ne sont pas des compliments que je viens vous demander... c'est votre amitié...

SIR HUGUES.

C'est moi qui serai trop honoré, si la vôtre...

LORD KOOKVILLE.

Elle vous est acquise, milord, je viens vous en donner la preuve en accourant le premier, vous faire part d'une nouvelle qui vous concerne, et qui est encore un secret pour tout le monde.

SIR HUGUES.

Qu'est-ce donc?

LORD KOOKVILLE.

J'avais à rendre compte à Sa Majesté d'une mission particulière dont elle m'avait honoré... et j'arrivais à son cabinet par l'escalier dérobé...

OSWALD.

En vérité !

LORD KOOKVILLE.

Oui ; j'ai les petites entrées... et j'entendis, de la porte, le roi qui disait à Robert Walpole, le premier ministre : « Sir Hugues Guilfort sera chevalier de mes ordres. »

GUILFORT.

Est-il possible !... et à quel titre ?

LORD KOOKVILLE.

C'est justement ce que répondait le ministre... et le roi a répliqué : « Je le veux !... » je suis entré en ce moment, et Sa Majesté s'est écriée : « Qu'est-ce ? que voulez-vous ? »... me reconnaissant alors ; « Ah ! c'est vous, laissez-nous... nous parlons affaires !... » Je me suis retiré... parce que les affaires politiques ne sont point de mon département, mais j'avais entendu ce qui m'intéressait le plus... l'élévation d'un ami... je suis accouru vous en faire part, et précéder les félicitations qui, de tous côtés, vont vous accabler !

SIR HUGUES.

En vérité, je reste confondu, tant de bontés... que je ne puis m'expliquer... à moins que vous même... milord...

LORD KOOKVILLE.

Je puis dire du moins que je n'y ai pas nui...

SIR HUGUES.

Ah ! je l'aurais parié... et moi, qui n'ai pas encore remercié le roi de ses premières faveurs... je suis impatient de lui serrer la main... (Se reprenant.) Ah ! non... de me jeter à ses pieds, pour lui dire... pour lui exprimer... pour... je ne sais plus ce que je dis... Mon cher Oswald, conduisez-moi... présentez-moi...

OSWALD.

Je n'ai aucun titre pour cela, mais enfin, nous pouvons essayer... et si nous n'obtenons pas audience, le roi saura toujours que vous avez fait vos efforts pour parvenir jusqu'à lui !...

SIR HUGUES.

C'est cela même !... je veux qu'il le sache... j'y tiens.

AIR du vaudeville des *Blouses.*

Ah! le bon prince, ah! que son âme est grande!
 Quand d'autres font valoir leurs droits,
Il pense à moi, sans que je le demande,
Et cependant on accuse les rois.

On est pour eux d'une injustice étrange,
 Comme ingrats ils sont proclamés...
De leur côté désormais je me range ;
Moi, je défends toujours les opprimés !

(Entraînant Oswald.) Venez, venez... (A lord Kookville.) Nous nous reverrons, milord.

LORD KOOKVILLE.

Je l'espère bien... nous sommes déjà de vieilles connaissances, et pour ma part, je me regarde comme l'ami de la maison.

Ensemble.

SIR HUGUES.

Ah! le bon prince, ah! que son âme est grande! etc.

OSWALD et LORD KOOKVILLE.

Ah! le bon prince, ah! que son âme est grande!
 Quand d'autres font valoir leurs droits,
Il pense à lui, même sans qu'il demande,
Et cependant on accuse les rois.

(Sir Hugues lui serre la main, et sort par le fond avec Oswald.)

SCÈNE X.

LORD KOOKVILLE, seul.

Est-il heureux, celui-là !... il y a des gens qui sont nés... Quelle belle place !... une place que tout le monde envierait... le crédit, la fortune, la considération... et rien à faire... rien... Une sinécure... un emploi *ad honores* pour le mari... et cela paraît sérieux... C'est un règne qui commence... c'est le moment de se mettre en avant... et ce que le ministre m'a refusé, ce que le roi ne m'accorderait pas... il l'accordera à la nouvelle souveraine, ou à son mari... C'est par eux que j'obtiendrai cette compagnie de dragons, pour mon fils aîné. J'en ai sept à placer... et puisque sir Hugues est en crédit... Ah ! ça ne m'arriverait pas, à moi !

AIR du vaudeville du Premier prix.

Par moi-même il faut dans le monde
Pousser mes sept fils, je le voi,
Sans qu'aucun titre me seconde...
Lorsque je compte autour de moi
Tant de gens pour qui l'amour plaide !
D'abord je suis veuf... ô douleur !
Et puis ma défunte était laide...
Je n'ai jamais eu de bonheur !

Voici milady ; attention ; tâchons d'abord de remplir avec adresse le message dont je suis chargé.

SCÈNE XI.

LORD KOOKVILLE, LAVINIA.

LAVINIA, entrant vivement par la gauche et l'apercevant.

Ah !... milord... que je suis heureuse de vous rencontrer !

LORD KOOKVILLE.

Et moi donc !

LAVINIA.

Vous qui approchez du roi... oh ! dites-lui que je ne puis... que je ne veux pas me rendre ce soir... à ce bal... où il m'a invitée... et où je ne dois pas paraître !

LORD KOOKVILLE.

Je ne me chargerai jamais d'une commission pareille.

LAVINIA.

Il le faut pourtant.

LORD KOOKVILLE.

Il y aurait de quoi me faire disgracier à jamais... Et d'ailleurs, voudrait-il m'écouter... voudrait-il me croire?...

LAVINIA.

Oui, il vous croira... quand vous lui rendrez ce bracelet que je vais vous remettre... et que tout à l'heure j'ai trouvé sur ma toilette, où il est encore... je n'en veux pas... je n'ai pas donné à Sa Majesté le droit de m'outrager à ce point.

LORD KOOKVILLE.

Y pensez-vous !...

LAVINIA.

Oui, c'est un outrage... je le regarde comme tel.

LORD KOOKVILLE.

AIR : Va, d'une science inutile.

Oser tenir un tel langage
A la cour n'est pas sans danger;
Et d'un aussi fâcheux message,
Dieu me garde de me charger...
Nous autres, conseillers fidèles,
Par état ne pouvons porter
Aux rois que d'heureuses nouvelles,
Quand on devrait les inventer.

LAVINIA.

Mais, milord, il le faut.

LORD KOOKVILLE.

Alors, il n'y a que vous au monde...

LAVINIA.

Et comment?... je ne puis ni le voir ni lui parler... et cependant, je vous le répète... il faut que je lui rende ce bracelet... il faut que je le prévienne... que je n'ai rien dit à sir Hugues de ses visites, qu'il doit les ignorer... cela vaut mieux... qu'il n'en soit plus question... et surtout, qu'il ne s'offre pas à moi en présence de mon mari, que je ne le voie jamais; car, je le sens, son aspect ferait naître en moi un trouble dont peut-être je ne serais pas maîtresse... et donnerait lieu à des soupçons que je ne mérite pas... que je ne veux pas mériter.

LORD KOOKVILLE.

Voilà, en effet, des choses qu'il est très-nécessaire de lui faire savoir... Écrivez-lui!...

LAVINIA.

Moi!... me compromettre à ce point...

LORD KOOKVILLE.

Attendez alors, qu'au bal ou à la promenade... il se présente une occasion toute naturelle de lui adresser la parole, sans être remarquée.

LAVINIA, avec impatience.

Mais ce bal... je n'irai pas, et c'est aujourd'hui même... c'est à l'instant, qu'il faut qu'il soit prévenu.

LORD KOOKVILLE.

Voilà le difficile... car il ne pouvait pas deviner que vous aviez à lui parler... à moins que lui-même n'ait été au-devant de vos vœux, dans ce billet que j'avais à vous remettre.

LAVINIA, étonnée.

Quoi!... il vous avait chargé...

LORD KOOKVILLE.

Il m'avait fait cet honneur... un billet tout ouvert qui calmera vos craintes.

(Lavinia regarde autour d'elle avec effroi.)

LORD KOOKVILLE, la rassurant.

Personne, madame...

LAVINIA.

Donnez. (Lord Kookville lui remet le billet, qu'elle lit avec émotion.) « Pour votre intérêt... pour le mien, il faut que je vous « parle... »

LORD KOOKVILLE.

Vous le voyez !

LAVINIA.

« Deux minutes seulement et sans aucun danger. Ce soir, « en me rendant à la salle du bal, je traverserai la grande « galerie du palais où donne votre appartement... le hasard « peut vous conduire sur mon passage, et l'étiquette ne me « défend pas de vous offrir la main jusqu'à l'extrémité de « la galerie... »

LORD KOOKVILLE.

Cela se fait tous les jours.

LAVINIA, achevant de lire.

« Toutes vos démarches sont surveillées ainsi que les « miennes, et si vous consentez... je n'ai qu'un moyen de « le savoir... portez, pendant une heure... une heure seu- « lement, le bracelet que vous avez dû trouver sur votre « toilette... » (S'interrompant.) Jamais... jamais...

LORD KOOKVILLE.

S'il n'y a cependant pas d'autres moyens de le prévenir...

LAVINIA.

Non... non... je ne consens pas...

LORD KOOKVILLE, avec chaleur.

Et l'inquiétude... et les tourments... et les dangers où vous laissez Sa Majesté... car il y a des dangers... il peut y en avoir... ses démarches sont surveillées... les vôtres aussi... il vous le dit... et c'est pour votre repos... pour celui de votre mari...

LAVINIA, avec terreur.

Taisez-vous... c'est lui... je l'entends.

LORD KOOKVILLE.

Qu'importe!... si vous daignez seulement réfléchir...

LAVINIA.

Eh bien! monsieur... (Mouvement de lord Kookville.) Non... non, laissez-moi... laissez-moi... je refuse...

(Elle s'enfuit par la porte à gauche.)

SCÈNE XII.

LORD KOOKVILLE, puis SIR HUGUES.

LORD KOOKVILLE, froidement.

C'est de droit, c'est toujours comme cela... (Après un instant de silence.) Elle y viendra... dans l'intérêt même de son mari et de sa réputation... l'intention est bonne et c'est toujours par les bonnes intentions que les femmes se perdent. (Se retournant vers sir Hugues qui entre.) Eh! c'est notre ami!

SIR HUGUES.

Moi-même... encore tout étourdi de ce que j'ai vu... et pourtant je suis bien éveillé, n'est-ce pas?

LORD KOOKVILLE.

Vous avez obtenu audience?

SIR HUGUES.

Non, le roi n'était pas visible... mais tous ces messieurs

de la cour m'ont dit qu'ayant un logement ici dans le palais, chez cette excellente milady Suffolk, j'aurais à chaque instant l'occasion de me trouver sur le passage de Sa Majesté.

LORD KOOKVILLE.

Rien de plus facile!

SIR HUGUES.

Ils m'ont offert de m'indiquer l'heure des repas, l'heure de la chasse, l'heure de l'office...

LORD KOOKVILLE, à part.

Quelle bassesse!

SIR HUGUES.

AIR : Un homme pour faire un tableau. (*Les Hasards de la guerre.*)

Ils me saluaient, m'entouraient,
Tous auraient voulu me conduire;
Et ma main, comme ils la serraient!
C'était une rage, un délire!
Ils avaient tant d'égards pour moi
Que j'aurais pu croire sans peine
Avoir pris la place du roi.

LORD KOOKVILLE, à part.

Non, c'est le roi qui prend la sienne.

SIR HUGUES.

J'ai aperçu dans le nombre, des ennemis à moi qui me souriaient avec tant de grâce que toute ma haine s'est dissipée... je ne leur en veux plus!... tout est oublié, je les aime... bien plus, il y avait là de puissants seigneurs tout chamarrés de plaques et de cordons... des pairs du royaume que je n'avais jamais vus, et qui me tiraient par mon habit, en me disant : « Sir Hugues ne reconnaît donc pas ses anciens amis? »

LORD KOOKVILLE.

Ah! j'en rougis pour eux!

SIR HUGUES.

Pourquoi donc?... on a souvent des amis sans le savoir,

et dans le doute... je les ai reconnus... accueillis, embrassés...

LORD KOOKVILLE.

Vous êtes trop bon! défiez-vous d'eux... ils vous accableront d'éloges et d'embrassades...

SIR HUGUES.

C'est déjà fait.

LORD KOOKVILLE.

D'invitations de toute espèce...

SIR HUGUES.

Mes poches en sont pleines.

LORD KOOKVILLE.

Ils deviendront vos courtisans... vos flatteurs...

SIR HUGUES.

Me flatter! moi!... pauvre gentilhomme campagnard, tout franc, tout rond... Que diable!... je ne suis pas un prince.

LORD KOOKVILLE, à part.

Il ne soupçonne pas son pouvoir...

SIR HUGUES.

Ma foi, je prends les choses du bon côté... et je crois leur bienveillance désintéressée... d'autant mieux qu'elle ne peut les mener à rien.

LORD KOOKVILLE.

Voilà où est votre erreur!... (A part.) Car il ne devine rien, il ne sait rien, il ne se doute même pas de son bonheur et j'ai envie de le lui dire... (Haut.) Voyez-vous, mon cher ami, il suffit dans ce pays, d'un petit coup de vent pour vous faire tourner bien des grandes girouettes...

SIR HUGUES.

Ah! bah!... vous croyez?

LORD KOOKVILLE.

L'ombre de faveur dont le roi vous honore... car ce n'est encore qu'une ombre... qui, je l'espère pour vous, prendra de la consistance... enfin, cette apparence de crédit attire à vous une foule de gens qui cherchent déjà à l'exploiter à leur bénéfice... des gens qui veulent vous mettre en avant pour s'avancer eux-mêmes et accaparer grâce à vous des places, des honneurs, des pensions... ce sont d'adroits ambitieux, des intrigants, de faux amis...

SIR HUGUES.

Je vous remercie!... (A part.) C'est un bon homme celui-là!...

LORD KOOKVILLE.

Qu'il ne faut pas confondre avec ceux qui vous aiment pour vous-même... (Lui tendant la main.) Ceux qui ont parlé pour vous, avant votre faveur, et qui s'en réjouissent maintenant en amis sincères et désintéressés. (Tirant un placet de sa poche.) Voici un placet, que j'allais présenter au roi! il ne me refuse rien... mais je suis sûr qu'une apostille de votre part ferait le meilleur effet.

SIR HUGUES.

De ma part... vous croyez...

LORD KOOKVILLE, allant à la table.

Quand le roi s'est attaché à quelqu'un... il ne met pas de bornes à sa faveur.

SIR HUGUES.

Permettez... Sa Majesté a bien voulu réparer d'anciennes injustices à mon égard... c'est bien, c'est royal!... elle m'a traité même avec une grande bonté... à la bonne heure!... mais de là à de l'attachement et à de la faveur... il y a loin.

LORD KOOKVILLE, venant auprès de lui.

Moins que vous ne croyez, et vous ne soupçonnez pas votre crédit.

SIR HUGUES.

En vérité !... mon crédit... il paraît décidément que j'en ai !

LORD KOOKVILLE, mystérieusement.

Je le connais mieux que vous-même... et si vous voulez en avoir la preuve... signez.

(Il va à la table.)

SIR HUGUES.

Ma foi ! ne fût-ce que pour essayer...

LORD KOOKVILLE, lui présentant la plume.

Signez, vous dis-je ?... vous ne risquez rien que de ne pas réussir, et j'en cours la chance.

SIR HUGUES, à part, prenant la plume.

Au fait... il a raison !... (Haut.) C'est pour vous ?

LORD KOOKVILLE.

C'est tout comme !... c'est pour mon fils aîné... (Déployant le papier.) Une compagnie de dragons, que je demande.

SIR HUGUES.

Et vous croyez que mon apostille peut donner comme ça des dragons ?

LORD KOOKVILLE.

C'est comme si j'avais obtenu... (Sir Hugues lui rend le papier.) Votre signature vaut dans ce moment celle du roi.

SIR HUGUES, étonné.

Que dites-vous !

LORD KOOKVILLE.

Oui, mon ami, mon noble ami... ce n'est rien encore... et bientôt, je l'espère, vous arriverez au rang et au crédit que vous méritez sous tous les rapports.

SIR HUGUES.

Et comment ?... Expliquez-vous !... que je sache enfin...

LORD KOOKVILLE, voyant Oswald qui entre vivement.

Silence !... voici un importun !... je cours près du roi, et je reviens vous retrouver.

(Il sort par la droite.)

SCÈNE XIII.

SIR HUGUES, puis OSWALD.

SIR HUGUES.

En vérité, ils ont tous perdu la tête... à moins que moi-même... Ma foi ! si je n'étais pas bien sûr d'être à Windsor, je me croirais à Bedlam. Encore quelqu'un... Allons, pendant que je tiens la plume...

OSWALD, pâle, égaré.

Ah ! sir Hugues !

SIR HUGUES, le regardant.

Mon Dieu ! cet air agité !

OSWALD, regardant autour de lui.

Personne ne peut-il nous entendre ?

SIR HUGUES.

Eh ! non vraiment !... êtes-vous fou ?

OSWALD.

Ma foi ! il y a de quoi le devenir... Il y va de ma fortune ou de ma vie, et ne sachant que faire et que résoudre, ne sachant quel parti prendre... c'est à vous que je m'adresse, à vous qui êtes mon vieil ami.

SIR HUGUES.

Toujours votre conseil.

OSWALD.

Et presque mon père.

SIR HUGUES.

Parlez, vous m'effrayez.

OSWALD.

Et il y a de quoi.

AIR du vaudeville de *la Robe et les Bottes.*

Mais n'est-ce pas vous compromettre
Que vous dire un pareil secret ?

SIR HUGUES.
Ah ! vous pouvez vous le permettre ;
Car, mon cher, à ce qu'il paraît,
Pour vous s'agit-il d'une grâce ?
Parlez, je puis vous protéger ;
Si quelque péril vous menace,
Parlez encor.... je veux le partager.

OSWALD.

Vous savez que depuis un an j'ai été placé dans la maison de la reine... secrétaire intime, secrétaire des commandements... Je quitte peu Sa Majesté, et j'ai été à même d'apprécier son caractère.

SIR HUGUES.

Personne très-pieuse, à ce qu'on dit.

OSWALD.

Du tout.

SIR HUGUES.

Caractère froid et réservé.

OSWALD.

Pas le moins du monde... ardent, passionné, et d'autant plus irritable qu'elle vit dans une contrainte continuelle, surveillée par l'électeur de Brunswick, son beau-père, qu'elle ne peut souffrir, et qui la déteste.

SIR HUGUES.

Voilà un intérieur agréable, dont personne ne se doute.

OSWALD.

Excepté moi, qui étais témoin de ses chagrins... et plus d'une fois Sa Majesté me les a exprimés avec une confiance, un abandon, qui me flattaient infiniment, une princesse à peu près de mon âge, élevée par ma mère... mais en même temps cela m'effrayait, parce que malgré moi cette bienveillance extrême me donnait des idées... que je repoussais, que j'éloignais, qu'il me semblait impossible d'admettre... et aujourd'hui, tout à l'heure enfin, à la suite d'une aventure trop longue à vous expliquer, et où la reine était furieuse contre son mari...

SIR HUGUES, avec inquiétude.

Eh bien!

OSWALD.

Eh bien! que vous dirai-je?... Je crains d'avoir mal entendu, mal compris... et pourtant c'était bien clair.

SIR HUGUES, de même.

Eh bien?

OSWALD.

Eh bien!... pour ce soir, pendant le bal où elle ne va pas... elle m'a presque donné un rendez-vous!

SIR HUGUES, avec colère.

Malheureux!... et tu irais?

OSWALD.

Et voilà justement ce qui me fait perdre la tête. Maintenant que tous mes projets de bonheur sont détruits, que faut-il faire? que feriez-vous à ma place? Conseillez-moi.

SIR HUGUES.

Je n'irais pas!

OSWALD.

Manquer ainsi à tous les sentiments d'honneur envers une femme... envers une reine!... et puis elle croira que la crainte m'a arrêté... elle me regardera comme un lâche.

SIR HUGUES.

Écoute-moi!... est-elle donc si belle, si séduisante?

OSWALD.

Je ne dis pas cela. Il y a, à la cour, vingt femmes qui sont aussi bien... qui sont mieux peut-être... mais enfin, c'est une reine!

SIR HUGUES.

Et alors, tu l'aimes, tu l'adores, tu en es amoureux fou?

OSWALD.

Non, non... je ne crois pas. Mais songez donc... c'est une reine !...

SIR HUGUES.

Et sans entraînement, sans amour, sans autre mobile que l'ambition ou la vanité, tu exposerais tes jours?

OSWALD.

Ah! pour cela, peu importe!

SIR HUGUES.

Tu trahirais ton roi qui t'a comblé de bontés, qui m'accable de ses faveurs... ce roi qui a droit à nos respects, à notre reconnaissance, tu irais, par une lâche perfidie, par une action infâme, toi qu'il a reçu chez lui, qu'il admet dans ses foyers... tu irais attenter plus qu'à sa vie... à son honneur... non, non... tu n'iras pas. (Lui mettant la main sur la poitrine.) Il y a là un cœur qui m'entendra.

OSWALD, se jetant dans ses bras.

Mon père, mon père !... Ah! que ne puis-je en effet vous donner ce nom... je n'hésiterais plus.

SIR HUGUES.

Que veux-tu dire?

OSWALD.

Si par sa froideur et ses refus, votre fille ne me réduisait pas au désespoir, si elle ne repoussait pas mes vœux, si elle acceptait ma main, à l'instant même je quitterais la cour, je partirais avec vous, car je l'aime, voyez-vous, c'est elle seule que j'aime, et si vous pouviez la décider à m'écouter...

SIR HUGUES.

Nous verrons !

OSWALD.

A ne plus me haïr seulement.

SIR HUGUES.

AIR: Époux imprudent, fils rebelle. (*M. Guillaume.*)

  Oui, de la cause de sa haine
  A l'instant je vais m'informer ;
  Et, pour calmer ici ta peine,
  Je vais la prier de t'aimer...
  Je vais ordonner de t'aimer.
Pour son époux je veux qu'elle te nomme ;
  Mais tu sais quel ordre est le mien,
  Et ma fille, songes-y bien,
  Ne peut aimer qu'un honnête homme !

Tu renonceras à tes projets de rendez-vous.

OSWALD.

Oui, milord. Mais d'un autre côté... que dire ?... quelle excuse donner ?

SIR HUGUES.

Je comprends ; c'est embarrassant, et, pour mieux chercher un moyen, dis-moi d'abord comment tout cela est venu.

OSWALD.

Par la faute du roi, qui ne prend même pas la peine de cacher à sa femme ses infidélités ou ses maîtresses.

SIR HUGUES.

Ce pauvre roi !

OSWALD.

Il en avait une avec qui il vient de rompre. La reine, enchantée, a cru qu'il allait revenir à elle... ce qui surtout le lui faisait croire, c'est qu'elle avait vu hier, chez le joaillier de la couronne, un bracelet d'une richesse et d'un travail exquis, fermé par trois superbes topazes d'Orient, et ayant appris que ce bracelet avait été commandé en secret par le roi, elle ne douta pas que ce ne fût pour elle, et qu'il ne dût lui en faire une surprise pour le bal de ce soir. Point du tout, elle apprend ce matin, par John Wil, le bijoutier, que ce bracelet n'est plus chez lui, et qu'il vient d'être envoyé par le roi, chez sa nouvelle maîtresse.

SIR HUGUES, vivement et gaiement.

Il y en a donc une nouvelle?

OSWALD.

De là, la fureur de la reine qui cherche en vain quelle peut être cette rivale.

SIR HUGUES, de même.

On ne la connaît pas encore?

OSWALD.

Non; mais cela ne tardera pas. D'abord, c'est une femme mariée, et on le sait toujours par le mari.

SIR HUGUES.

Comment cela?

OSWALD.

Parce qu'il devient sur-le-champ un personnage important... qui monte rapidement en honneurs, en places et en dignité.

SIR HUGUES.

En vérité?

OSWALD.

Soyez tranquille! les courtisans l'auront bien vite deviné, et vous le reconnaîtrez vous-même aux politesses et aux basses adulations dont ils l'accableront.

SIR HUGUES, un peu ému.

Qu'est-ce que vous me dites là?

OSWALD.

C'est reçu... c'est connu... le roi lui-même leur en donne l'exemple, et la haute faveur dont il est l'objet...

SIR HUGUES, comme éloignant une pensée.

Allons donc!

SCÈNE XIV.

Les mêmes ; LORD KOOKVILLE, GEORGE et sa Suite.

LORD KOOKVILLE, annonçant.

Le roi ! messieurs.

(George entre. Les courtisans qui l'accompagnent restent dans le fond.)

OSWALD et SIR HUGUES.

Le roi !

GEORGE, saluant sir Hugues de la main.

Je suis bien aise de vous voir à la cour, sir Hugues, et j'ai voulu, en traversant le palais, recevoir vos hommages.

SIR HUGUES.

Je m'étais déjà présenté chez Votre Majesté.

GEORGE.

Je le sais ; et l'on ne vous a pas reçu, on a eu tort ; désormais vous aurez vos entrées... Je l'ai dit.

SIR HUGUES.

Sire, c'est trop de bontés.

GEORGE.

De plus, voici un de mes amis qui est aussi des vôtres... car vous avez apostillé sa demande... j'ai fait honneur à votre signature : son fils est nommé.

LORD KOOKVILLE, bas à sir Hugues.

Quand je vous le disais !

SIR HUGUES, à part et fronçant le sourcil.

Vrai Dieu !... Qu'est-ce que cela signifie ?...

GEORGE.

Je suis fâché seulement que vous n'ayez rien demandé pour vous ou votre famille.

SIR HUGUES.

Je remercie Votre Majesté... je n'ai aucune demande à lui faire.

SIR HUGUES.

GEORGE.

Et moi j'en ai une à vous adresser! je n'ai pas encore vu lady Guilfort, que l'on dit si charmante...

SIR HUGUES, à part, avec joie.

Serait-il vrai?... J'étais bien sûr!...

GEORGE.

Et je vous prie de me la présenter.

SIR HUGUES, allant au devant de Lavinia, et de miss Nelly, qui entrent par la porte à gauche.)

La voilà, Sire... ainsi que ma fille... (Aux deux femmes.) Venez, venez partager ma joie...

GEORGE, à part.

C'est elle!...

SCÈNE XV.

GEORGE, SIR HUGUES, LAVINIA, MISS NELLY, OSWALD, LORD KOOKVILLE.

SIR HUGUES.

Et remercier avec moi, Sa Majesté de l'honneur qu'elle daigne nous faire.

LAVINIA.

Le roi!

MISS NELLY.

Le roi!... Il se pourrait! (Reconnaissant George.) Ah! c'est lui.

SIR HUGUES.

Ma fille!

MISS NELLY, troublée.

Pardon... je ne croyais pas... (Bas à sir Hugues.) C'est que nous le connaissons beaucoup.

SIR HUGUES.

Comment !

MISS NELLY.

C'est singulier.

AIR : Finale des *Huguenots.*

SIR HUGUES, prenant Lavinia par la main.
 Sire, je vous présente
 Milady...

MISS NELLY, à part.
 Quel bonheur !

SIR HUGUES, à Lavinia.
 Pourquoi donc si tremblante ?

LAVINIA.
 C'est pour moi tant d'honneur !

GEORGE, saluant.

Milady !

SIR HUGUES, à part, apercevant un bracelet au bras de Lavinia.

Ce bracelet... grand Dieu !... Ces trois diamants !

GEORGE, à part.

Elle me recevra.

LORD KOOKVILLE.

Le campagnard ne se doute de rien.

Ensemble.

LAVINIA.
 O ciel ! quelle imprudence !
 Je tremble en sa présence
 Qu'une folle espérance
 Ne trahisse le roi.
 (Montrant sir Hugues.)

Je meurs s'il me soupçonne ;
La force m'abandonne,
Je frémis, je frissonne.
Mon Dieu ! protège-moi !

GEORGE.

Allons, de la prudence !
Il faut en sa présence
Admirer en silence,
Et sans faire le roi ;
A l'espoir qu'on me donne
Mon âme s'abandonne.
Malgré moi je frissonne ;
Mais ce n'est pas d'effroi.

SIR HUGUES.

Grand Dieu ! de la prudence !
Cachons en sa présence
Un doute qui l'offense,
Songeons qu'il est mon roi !
Moi, que je le soupçonne !
La force m'abandonne.
Ma femme... Ah ! je frissonne
Et de honte et d'effroi !

MISS NELLY.

Pour nous quelle espérance !
Nous irons loin, je pense ;
Voilà que ça commence,
Notre ami, c'est le roi !
   (Montrant Oswald.)
Notre faveur l'étonne,
Lui qui nous abandonne ;
Des grands airs qu'il se donne
Nous rirons bien, je croi.

OSWALD.

Ah ! que de bienveillance !
De lui, par la clémence,
On veut faire, je pense,
Un partisan au roi.
   (Montrant miss Nelly.)

Pauvre enfant, tout l'étonne,
A l'espoir qu'on lui donne
Son cœur qui s'abandonne
Reviendra-t-il à moi?

LORD KOOKVILLE.

Voilà que ça commence,
Et grâce à ma prudence,
J'aurai là, je le pense,
Un ami près du roi...
A peine s'il soupçonne
L'éclat qui l'environne :
Quelle bonne personne!
Nous en rirons, je croi.

LES COURTISANS.

Voilà que ça commence,
Et grâce à sa science,
J'aurai là, je le pense,
Un ami près du roi.
A peine s'il soupçonne
L'éclat qui l'environne :
Quelle bonne personne!
Nous en rirons, je croi.

(Sir Hugues, tremblant, les observe tous; le roi sourit d'un air de triomphe; Lavinia est très-émue et baisse les yeux; Oswald s'approche de miss Nelly qui se détourne.)

ACTE DEUXIÈME

Une pièce de l'appartement de sir Hugues. — Au fond, porte avec lucarne au-dessus. Portes latérales aux angles de l'appartement. Table sur le devant, à droite de l'acteur. Une pendule sur le mur à gauche.

SCÈNE PREMIÈRE.
SIR HUGUES, seul.

(Au lever du rideau, il est assis près de la table et paraît plongé dans une profonde rêverie.)

J'ai quitté la cour !... j'ai quitté ce palais; je ne pouvais y rester ! Au moins ici, dans cet hôtel, je suis chez moi et malheur à qui viendrait m'y insulter ! (Se levant et se promenant avec agitation.) Je l'ai vu ce bracelet... je l'ai vu !... et puis elle l'a ôté, et quand j'ai voulu savoir d'où venait ce bijou... c'était un essai, m'a-t-elle dit... un bracelet qui ne lui plaisait pas, qu'elle ne remettra jamais, qu'elle a renvoyé à l'ouvrier, au marchand... que sais-je?... (Avec force.) Mensonge !... mensonge !... ce présent vient du roi... n'est-ce pas lui qui, avant mon arrivée, les suivait partout?... Nelly me l'a dit et cette enfant ne pourrait me tromper... Elle ignorait, il est vrai, que c'était le roi... ma femme pouvait l'ignorer aussi... elle a pu, sans y être sensible, accueillir des hommages dont elle ne soupçonnait ni l'importance ni le danger !... et si je l'accuse à tort... Attendons, attendons encore. Allons, ce soir, dans une heure ou deux, à ce bal de l'électeur... oui, cela vaut mieux... allons-y ! je pourrai tout voir, tout observer... et malheur à elle !... La voici. (Se tenant à l'écart.) Dans quelles réflexions elle semble plongée !... ah ! que ne puis-je lire dans son âme !

SCÈNE II.

SIR HUGUES, se tenant à l'écart; LAVINIA, sortant de la porte à droite et s'avançant au bord du théâtre.

LAVINIA.

Mon Dieu, mon Dieu ! quel parti prendre ?... Furieux de ce que nous avons quitté le palais, il veut faire partir mon mari... l'éloigner de Londres... Kookville me l'a dit... je ne le veux pas ! il faut tout dire au roi... le dissuader... ah ! qu'il me tarde... (Se retournant vivement.) Qui va là ?... ciel ! mon mari.

SIR HUGUES.

Vous voilà bien émue, milady !

LAVINIA.

Je suis souffrante... et beaucoup.

SIR HUGUES.

C'est fâcheux pour le bal de ce soir !...

LAVINIA.

Aussi mon intention est de ne pas y aller.

SIR HUGUES, étonné.

Quoi ! vraiment ?... cette fête que donne l'électeur de Brunswick...

LAVINIA.

Si vous voulez bien me le permettre... je n'irai pas !

SIR HUGUES.

Nous y verrions toute la cour !...

LAVINIA.

J'y tiens peu !

SIR HUGUES, appuyant.

Nous y verrions le roi.

LAVINIA.

Peu m'importe !

SIR HUGUES, à part.

Ah! je le disais bien!... j'ai honte de mes soupçons!

LAVINIA.

Qu'avez-vous donc?

SIR HUGUES.

Moi?... rien!... (Avec joie.) Mais puisque vous restez, je reste aussi... je ne vous quitte pas de la soirée.

LAVINIA.

Y pensez-vous?... nous ne pouvons tous les deux manquer à ce bal!... vous devez vous y montrer, ne fût-ce que pour faire mes excuses... et puis, vous avez des amis à voir... à remercier...

SIR HUGUES, la regardant avec émotion.

Vous croyez?... oh! j'ai le temps... un autre jour...

LAVINIA.

D'ailleurs, miss Nelly, votre fille, se fait une fête d'aller à ce bal... je ne puis l'accompagner... elle compte sur vous.

SIR HUGUES.

Eh bien! elle n'ira pas.

LAVINIA.

Oh! si fait.

SIR HUGUES.

Mais non.

LAVINIA.

AIR : Connaissez mieux le grand Eugène. (*Les Amants sans amour*.)

Il le faut, je vous en supplie...

SIR HUGUES, à part.

Je comprends, on veut m'éloigner.

LAVINIA, se rapprochant de lui.

Miss Nelly sera si jolie,

Voudriez-vous la chagriner?
Vous ne pouvez la chagriner.
Pauvre enfant, je la voyais rire
Et danser devant son miroir...
Là-bas, je ne puis la conduire.

SIR HUGUES, à part.

C'est qu'ici le roi vient ce soir.

LAVINIA.

Je serais trop désolée d'être un obstacle au plaisir qu'elle espère... (Souriant.) elle m'en voudrait, et puis je lui ai parlé de lord Oswald, un fort beau parti pour elle... elle avait du dépit... mais elle est plus disposée à l'entendre. Ils se verront à ce bal... et la paix est sitôt faite quand on danse!

SIR HUGUES.

C'est bien à vous d'avoir calmé ce dépit d'enfant.

LAVINIA.

Oui, n'est-ce pas?... Ainsi vous irez?

SIR HUGUES.

Encore!... Songez donc qu'il n'est pas convenable que je vous laisse seule.

LAVINIA.

Eh! mon Dieu! que craignez-vous?

SIR HUGUES, vivement.

Moi! (Se reprenant.) Oh! rien! rien que l'ennui pour vous.

LAVINIA.

Oh! quand je souffre, vous le savez, ce qu'il me faut, c'est du calme et de la solitude.

SIR HUGUES.

Je pensais que ma présence ne pouvait jamais vous contrarier.

LAVINIA.

Ce qui me contrarie, c'est que vous refusiez pour moi d'être agréable à votre fille.

SIR HUGUES.

En vérité, voilà une impatience que je ne vous ai jamais vue, milady.

LAVINIA.

Ah! c'est que jamais vous n'avez pris à tâche de me mettre ainsi à l'épreuve.

SIR HUGUES.

Comment! si je ne veux pas sortir!

LAVINIA.

A la bonne heure! un caprice.

SIR HUGUES, se contenant.

Un caprice! non; j'ai le droit de rester chez moi, comme vous... et je ne vois pas qui pourrait m'empêcher...

LAVINIA.

Ce n'est pas moi, sans doute. Restez donc, puisque c'est votre bon plaisir... mais vous me permettrez de me renfermer chez moi, et de n'y recevoir personne.

SIR HUGUES.

Milady!

LAVINIA.

Personne... c'est un droit aussi, et vous le respecterez, comme moi, monsieur, je respecte le vôtre.

(Elle sort par la droite.)

SCÈNE III.

SIR HUGUES, après l'avoir suivie des yeux.

Elle l'attend!... Ah! j'ai failli vingt fois éclater et me trahir!... Elle l'attend! je le vois! tout me le prouve... et je ne puis le croire encore!... Ah! c'est que c'est horrible... un roi dont la faveur déshonore! un roi qui jette à plaisir l'opprobre et le désespoir dans le cœur d'un vieillard, qui, ce matin, serait mort pour lui! (Avec une fureur concentrée.) Si cela est vrai, quel châtiment lui infliger?... quelle vengeance est assez grande?... et laquelle choisirai-je?... (Apercevant Oswald.) Ah! Oswald!

SCÈNE IV.

SIR HUGUES, OSWALD.

SIR HUGUES.

Que me voulez-vous? qu'est-ce qui vous amène?
(Il s'assied sur le fauteuil auprès de la table.)

OSWALD.

Mon ami, mon seul ami, mon sort est dans les mains de votre fille... dans les vôtres.

SIR HUGUES.

Parlez.

OSWALD.

Mes tourments et mes inquiétudes redoublent. Maintenant ce ne sont plus des phrases que j'avais pu mal interpréter, c'est clair, c'est évident... il n'y a plus à en douter...

SIR HUGUES, brusquement.

De qui me parlez-vous là?

OSWALD.

Ne le savez-vous pas?

SIR HUGUES.

De la reine?

OSWALD.

Elle était, il y a une heure, au balcon du palais, et moi près d'elle, comme m'y oblige le devoir de ma charge; à quelques pas derrière nous étaient ses femmes... et elle me dit à voix basse : « Oswald, le roi a, ce soir, un rendez-vous! »

SIR HUGUES.

O ciel !

OSWALD.

« Un de ses dignes confidents me l'a avoué, et dans quelques instants, je saurai le lieu et l'heure. »

SIR HUGUES, se levant et l'amenant sur le devant du théâtre.

Achevez !

OSWALD.

« Écoutez-moi, a continué Sa Majesté, en baissant plus encore la voix, on vous remettra ce soir cette montre pour la faire raccommoder... car elle se sera arrêtée à l'heure même que le roi aura choisie pour son rendez-vous. A cette heure-là, je vous attends. » Et elle a disparu brusquement avec ses femmes, sans que j'aie eu le temps de lui répondre.

SIR HUGUES, avec une fureur qu'il cherche à modérer.

Il est donc vrai... le roi... comme tu le disais, il n'y a plus à en douter... et cet instant du rendez-vous ?

OSWALD.

Je l'ignore encore... j'attends la montre qui doit me l'indiquer... mais alors comment ferai-je ? jugez de la situation où je me trouve... c'est horrible !

SIR HUGUES, souriant avec amertume.

En quoi donc ?

OSWALD.

Après la promesse que je vous ai faite !... après la vôtre, car vous deviez parler en ma faveur à miss Nelly. Avez-vous pu la fléchir ?

SIR HUGUES.

Pas le moins du monde.

OSWALD.

O ciel ! c'est donc une haine à mort !

SIR HUGUES.

C'est probable. Il n'y faut plus penser. Aussi bien, ma

fille, à qui j'ai parlé vaguement de la faveur dont on vous honore, a paru concevoir à ce sujet quelques doutes, qu'à vous avouer franchement, je partage aussi.

OSWALD.

Que dites-vous ?

SIR HUGUES.

Je ne vous en fais pas un reproche. Il est tout naturel que pour se faire valoir auprès de celle que l'on aime, on ait l'air de lui faire des sacrifices, persuadé que plus ils paraîtront élevés et plus ils flatteront sa vanité.

OSWALD.

Quoi ! vous ne me croyez pas ?

AIR : De votre bonté généreuse.

Vous pensez donc que c'est un badinage,
Et que je cherche à me vanter ?

SIR HUGUES.

Que voulez-vous ! c'est commun à votre âge,
La jeunesse aime à se flatter.

OSWALD.

Pour vous, si j'en crois ce sourire,
Je suis un fat !

SIR HUGUES.

Ah ! sans vous offenser,
Moi, je ne puis pas vous le dire,
Mais ma fille a pu le penser.

OSWALD.

C'en est trop !... j'aurais voulu vous abuser ?...

SIR HUGUES.

Mon Dieu, non ; mais l'on s'abuse soi-même... un mot, une simple faveur d'une grande dame, prennent tout de suite une importance que notre amour-propre se charge d'accroître... On se monte la tête... on se croit destiné aux grandes aventures...

OSWALD, avec dépit.

Quoi ! celle-ci...

SIR HUGUES.

Est moins dangereuse que vous ne pensez... et, grâce au ciel, ne vous conduira à rien.

OSWALD.

Ah! vous le croyez!

SIR HUGUES.

J'en suis sûr!

OSWALD.

Mais ce rendez-vous... qu'on m'a donné... pour ce soir...

SIR HUGUES.

N'existe que dans votre imagination...

OSWALD.

Ce rendez-vous formel...

SIR HUGUES.

Vous ne risquez rien d'en profiter...

OSWALD.

Ah! vous me le conseillez!...

SIR HUGUES, lui prenant la main, et avec une fureur concentrée.

Oui... oui... je vous le conseille!...

OSWALD.

Eh bien!... nous verrons... Qui vient là?

SCÈNE V.

LES MÊMES; UN VALET DE PIED.

LE VALET

Un message pressé pour lord Oswald... et comme vos gens m'ont dit que vous étiez ici...

OSWALD.

Qu'est-ce donc?...

LE VALET.

Une montre que Sa Majesté vous envoie...

OSWALD, vivement.

Donnez... donnez... (Bas à sir Hugues.) Vous le voyez... (La portant à son oreille.) Ah!... elle est arrêtée!...

SIR HUGUES, vivement.

A quelle heure ?

OSWALD, lui passant la montre.

A neuf heures.

SIR HUGUES, avec fureur.

A neuf heures!... (Se calmant.) Ah! ce médaillon. (Examinant.) Le portrait du roi, je crois...

OSWALD.

Oui, un cadeau de Sa Majesté. (Souriant avec orgueil.) Eh bien! qu'en dites-vous?

SIR HUGUES, cherchant toujours à calmer sa colère, et retenant le portrait.

Je dis... je dis... qu'il n'y a là qu'un bijou qu'on vous charge de porter chez le joaillier de la couronne... et cela ne prouve pas autre chose à mes yeux.

OSWALD, avec dépit.

C'en est trop!... (Au valet.) Dites à la reine que ses ordres seront exécutés par moi... Elle peut y compter.

(Le valet sort.)

SIR HUGUES, à part.

A neuf heures le roi sera ici.

OSWALD, avec force.

A neuf heures j'irai.

AIR de *Léocadie.*

Ensemble.

OSWALD.

C'en est fait, ô douleur!
Je n'ai plus d'espérance;
De honte et de fureur
Je sens battre mon cœur!

SIR HUGUES, à part.
C'en est fait; son malheur
Vengera mon offense;
D'espoir et de fureur
Je sens battre mon cœur!

OSWALD.
J'irai donc par vengeance!

SIR HUGUES.
Ah! dites par amour.

OSWALD.
Vous me croirez, je pense?

SIR HUGUES, lui prenant la main.
Oui, sans doute, au retour.

OSWALD et SIR HUGUES.
A neuf heures.

(Sir Hugues sort par la gauche.)

SCÈNE VI.

OSWALD seul, se promenant d'un air agité.

Ah! l'on croit que je me vante... l'on me prend pour un fat... l'on me défie... Eh bien! nous verrons!... Le sort en est jeté... j'ai promis à la reine... elle m'attend!... il n'y a plus moyen de reculer... Et d'ailleurs je ne le veux pas!... c'est mon seul vœu, mon seul désir, et nul péril au monde ne me ferait manquer à ce rendez-vous qui, maintenant, est un rendez-vous d'honneur... J'y cours, et je voudrais pouvoir le dire à tout le monde... surtout à miss Nelly, à laquelle je renonce... et que je brave.

MISS NELLY, au dehors.
C'est bien... c'est bien...

OSWALD, en la voyant arriver par la droite.
Ah! c'est elle... Je ne m'attendais pas à la voir en robe de bal...

SCÈNE VII.

OSWALD, MISS NELLY, qui s'est avancée lentement et sans le voir.

OSWALD, à part et la regardant.

Quel dommage !... et pourquoi faut-il qu'elle soit si jolie comme cela !

MISS NELLY, se retournant et l'apercevant.

Lord Oswald !

OSWALD.

Pardon, mademoiselle, je m'en allais.

MISS NELLY.

Je ne vous retiens pas.

OSWALD, fait quelques pas vers le fond, puis revient vers miss Nelly.

Il est donc vrai... tout est fini entre nous !...

MISS NELLY.

Ah !... vous m'avez fait peur !... je vous croyais parti !...

OSWALD.

Je devrais déjà l'être en effet... puisque vous m'avez chassé... puisque tels sont vos ordres...

MISS NELLY.

Moi ! je n'ordonne rien !...

OSWALD.

C'est tout comme... vous ne répondez que par des dédains aux instances même de votre père... en ma faveur...

MISS NELLY.

Mon père... ne pense pas à vous... ni moi non plus !

OSWALD.

Quoi ! aujourd'hui encore... il ne vous a pas parlé pour moi ?...

MISS NELLY.

Pas un mot...

OSWALD.

Il ne vous a rien dit de cette passion ?

MISS NELLY, vivement.

Vous en avez donc une ?...

OSWALD.

Du tout... du tout... c'en est une au contraire...

MISS NELLY.

Que l'on a pour vous ?

OSWALD.

Non.

MISS NELLY.

J'en étais sûre.

OSWALD.

Ne m'accusez pas de vanité ou de présomption... mais quand il serait vrai, je ne suis pas coupable... je le jure... je voulais me justifier auprès de vous, et, loin de vous porter mes vœux et mes prières, tout se réunit pour me trahir et pour m'accabler.

MISS NELLY.

Vous vous trompez, monsieur, car tout-à-l'heure encore ma belle-mère me vantait votre naissance, votre mérite, votre fortune... me préserve le ciel de la contredire !... mais elle me parlait de votre amour, de votre constance... et alors je me suis fâchée... car je sais bien, moi...

OSWALD.

Vous savez ?...

MISS NELLY.

Que vous délaissez vos amis... que vous les abandonnez... (Pleurant.) que vous les faites mourir de chagrin.

OSWALD.

Que dites-vous ?...

MISS NELLY.

Qu'il en est d'autres qui ont tous vos soins... et ce doit être... ils ont de la gloire, des honneurs, de la puissance... ils doivent alors l'emporter sur ceux qui n'avaient pour vous que de l'amitié... mais une amitié bien vraie...

OSWALD.

Votre père vous a parlé!...

MISS NELLY, avec impatience.

Eh! non, monsieur; il ne m'a rien dit, je vous le répète... mais en arrivant ici à Londres... au palais où lady Suffolk nous avait donné un appartement, je lui ai d'abord parlé de vous... c'était tout naturel, j'en parlais à tout le monde et elle m'a dit, avec des larmes dans les yeux : « Mon enfant... mon enfant, n'y pensez plus... il y a ici d'autres rivales, des rivales redoutables contre qui vous ne pourriez jouter.... chacun l'ignore... mais je m'en suis aperçue, moi... » Et comme je pleurais à chaudes larmes : « Du courage, m'a-t-elle dit, de la fierté... méprisez qui ne vous mérite pas... » J'ai promis de le faire... j'ai essayé longtemps, vous l'avez vu... (Pleurant.) et aujourd'hui... voilà que j'oublie tout.

OSWALD.

AIR de *Céline.*

Ciel! Nelly, que viens-je d'entendre?

MISS NELLY.

Non; laissez-moi, je n'ai rien dit.

OSWALD.

Votre cœur veut déjà reprendre
Et sa froideur et son dépit;
Oh! oui, ce pardon... je m'abuse,
Vous refusez de l'accorder...

MISS NELLY.

Pour savoir si je le refuse
Ne faut-il pas le demander?

OSWALD.

Oh! parlez, parlez... c'est vous seule que j'aime... il n'est rien au monde que je n'abandonne pour vous, et que je ne sois prêt à sacrifier pour retrouver... non pas votre amour... mais votre amitié d'autrefois, cette amitié qui m'est si chère et sans laquelle je ne peux vivre...

MISS NELLY.

Dites-vous vrai?... Vous quitteriez la cour; vous partiriez pour le Northumberland avec nous?...

OSWALD.

Dès demain... dès ce soir... (A part.) Ah! mon Dieu... qu'ai-je dit?... que faire?

MISS NELLY.

Vous repentez-vous déjà?

OSWALD.

Non, non...

(Il va à Lavinia, qui entre par la porte de droite.)

SCÈNE VIII.

Les mêmes; LAVINIA.

OSWALD.

Ah! madame... comment vous remercier de ce que vous avez fait pour moi... vous m'avez protégé... défendu auprès de miss Nelly... et si jamais je pouvais vous prouver ma reconnaissance...

LAVINIA.

Votre reconnaissance... (A part.) O ciel!... quelle idée!... (Haut.) Eh! mais... je ne dis pas... il est possible que dès ce moment... je la mette à l'épreuve... (A part.) Cette lettre que je ne savais comment envoyer... (Haut.) Oswald, vous avez occasion d'approcher le roi?

OSWALD.

A toute heure!...

LAVINIA.

Eh bien! voici une pétition... que l'on m'a remise pour lui... une demande dont sir Hugues, mon mari... ne doit pas être instruit...

OSWALD.

Ne craignez rien... on connaît ma discrétion...

LAVINIA.

Et si vous pouviez la donner à Sa Majesté... (A part.) O mon Dieu! c'est s'exposer encore plus... mais sir Hugues ne sort pas... il reste... il reste... (Haut et vivement.) Et il faudrait... que... ce placet fût remis au roi... ce soir et le plus tôt possible.

OSWALD, à part.

Ah! diable... dans ce moment... (Haut.) Vous dites une pétition... on ne pourrait pas la remettre à la reine...

LAVINIA, avec effroi.

Non... non; ce ne serait pas la même chose.

OSWALD.

Tant pis; ce serait plus commode... parce que dans ce moment... n'importe... je cours près du roi... si je le rencontre et ensuite... (A part.) Quel parti prendre?... Ma foi, celui de la franchise... j'irai me jeter aux pieds de la reine... je lui dirai tout... mon amour, mon mariage... oui... oui... cette bonne idée me rend déjà plus léger... (Haut.) Adieu, adieu, milady; adieu, miss Nelly; à ce soir; j'espère que toutes deux, vous serez contentes de moi... A ce soir... à ce bal, et puis à toujours!...

(Il sort en courant par le fond.)

SCÈNE IX.

LAVINIA, MISS NELLY.

LAVINIA, à part, le suivant des yeux avec inquiétude.

Il s'éloigne!... c'est mon honneur... c'est ma vie peut-être que je lui confie... mais il le faut.

MISS NELLY.

Ah! vous aviez raison... de me parler pour lui, et maintenant, croyez-vous que mon père...

LAVINIA.

Oui, mon enfant, oui, je le crois, il donnera son consentement, si vous donnez le vôtre...

MISS NELLY.

Ah!... si ce n'est que cela...

LAVINIA.

Vous épouserez celui que vous aimez... vous serez heureuse...

MISS NELLY.

Ah! mon Dieu... comme vous me dites cela... des larmes... au moment de se réjouir, quand on va aller au bal...

LAVINIA.

Au bal... je ne crois pas... moi du moins... cela m'est impossible... je suis trop souffrante... et malgré mes instances, votre père refuse de vous y conduire!

MISS NELLY, à part.

Comment! il refuse! et Oswald qui doit nous y retrouver... (Haut.) Il est impossible que mon père refuse...

SCÈNE X.

LES MÊMES; SIR HUGUES, entrant par la gauche.

SIR HUGUES, qui a entendu les derniers mots.

Oui, mon enfant, tu dis vrai...

9.

LAVINIA.

O ciel!

SIR HUGUES, regardant Lavinia.

Oui!... j'ai changé d'idée!... (Cherchant à prendre un ton calme.) Parce que milady est souffrante... faut-il donc que tu sois privée de cette jolie toilette?

MISS NELLY.

Ce serait bien malheureux, n'est-ce pas?

SIR HUGUES, de même.

Nous irons ensemble à ce bal... cela me fera du bien!

MISS NELLY.

Le bal fait toujours du bien.

LAVINIA, à part.

Et ma lettre qui est envoyée!...

SIR HUGUES.

Seulement, comme je serai occupé à recevoir les félicitations de mes nombreux amis... à remercier le roi, qui sera là, des bontés dont il m'honore... je ne pourrai demeurer constamment près de ma fille, et je viens d'écrire à lady Suffolk, que je lui confierai miss Nelly.... Elle vient nous chercher...

MISS NELLY, avec joie.

En vérité!...

SIR HUGUES.

Sa voiture est en bas... il ne faut pas la faire attendre.

MISS NELLY, prenant la main de son père.

Partons!...

SIR HUGUES.

Désolé, milady, de vous laisser seule...

LAVINIA.

Ne faites pas attention, de grâce!

SIR HUGUES.

Mais vous allez rentrer chez vous...

LAVINIA.

Oui... tout à l'heure !

SIR HUGUES.

Tout de suite.

LAVINIA.

Permettez !...

SIR HUGUES.

Ah! je vous en prie... je ne serais pas tranquille, si je ne savais pas que vous êtes retirée dans votre appartement... et que... quoi qu'il arrive... vous n'en sortirez pas !

LAVINIA, le regardant.

Non, sans doute.

SIR HUGUES.

Rentrez donc.

LAVINIA.

Je rentre, monsieur.

MISS NELLY, qui les observe, à part.

Mon Dieu !... quelles figures !... si le bal est aussi gai que cela...

SIR HUGUES, à miss Nelly.

Venez, miss Nelly.

MISS NELLY, en sortant, à Lavinia.

Milady...

(Sir Hugues sort par le fond avec miss Nelly.)

LAVINIA, au moment d'entrer dans l'appartement à droite.

Qu'a-t-il donc?... se douterait-il?... heureusement, le roi a reçu ma lettre...

(Lavinia rentre. A peine est-elle rentrée que sir Hugues rouvre la porte du fond, parcourt de l'œil l'appartement, et se précipite vers la porte de Lavinia, pour s'assurer qu'elle est fermée.)

SCÈNE XI.

SIR HUGUES, seul.

Je suis seul enfin!... il viendra... et je l'attends!... (Il se jette dans un fauteuil à gauche.) Qu'il m'a fallu de courage pour me contenir... pour ne pas jeter cette femme à mes pieds... Oswald ne se trompait pas... c'est à neuf heures le rendez-vous... cet homme enveloppé d'un manteau, que j'ai vu rôder autour de la maison... un affidé sans doute... il attend mon départ... Et cette voiture qui vient de s'éloigner avec lady Suffolk et ma fille... devait m'emmener aussi... il le croira du moins... et il va venir sans crainte... (Se levant vivement.) Ah! j'entends enfin... (Il écoute et reprend.) Non, rien... je me trompais... (Se promenant.) Il peut venir... mes gens sont éloignés... il ne trouvera personne... personne que moi!... et... (Écoutant.) C'est lui!...

(Il monte vivement et entre dans la chambre à gauche. Le roi entre doucement par le fond.)

SCÈNE XII.

GEORGE, SIR HUGUES.

GEORGE, jetant le manteau qui l'enveloppe.

Personne!... on dirait que tout le monde est parti avec cette voiture qui mène sir Hugues au bal... jamais rendez-vous ne fut mieux ménagé... mais jamais aussi on n'y vint avec un amour plus vrai, plus tendre!... mon cœur bat! je suis heureux déjà!... (Écoutant à gauche.) Ah! du bruit... c'est elle!...

SIR HUGUES, il est descendu lentement à la droite du roi, et se trouve tout près de lui pour lui dire.

C'est moi, Sire!

GEORGE, surpris, à part.

Comment!... le mari!... il n'est pas au bal!...

SIR HUGUES.

On vient de me prévenir que vous arriviez... et j'accours... heureux de recevoir Votre Majesté...

GEORGE, se remettant.

Bien!... bien!... je savais que je vous trouverais ici!

SIR HUGUES.

Ah! Votre Majesté savait...

GEORGE.

Oui... un roi sait tout... et je n'étais pas fâché d'attendre le départ de votre famille... de milady...

SIR HUGUES.

Milady est chez elle.

GEORGE.

Ah! chez elle... voilà ce que je ne pouvais deviner... n'importe... vous êtes seul... et je venais vous parler d'une importante affaire... (A part, regardant à droite.) Elle est là!

SIR HUGUES.

A moi?... quelque nouvelle faveur sans doute... et je serai heureux de la reconnaître par une confidence que j'ai à faire aussi à Votre Majesté. (A part, regardant l'horloge.) Pas neuf heures!

GEORGE.

Une confidence!... soit... mais quelque affaire d'État peut-être... ce lieu n'est pas sûr... on peut nous surprendre... (A part.) Éloignons-le!

SIR HUGUES.

Soyez sans crainte, Sire... je réponds de tout.

(Il remonte la scène.)

GEORGE, à part.

Ayez donc une police pour être si mal instruit!... allons, ferme! cela devient piquant. (Pendant qu'il dit cet aparte, sir

Hugues va dans le fond et ferme les portes, George se retourne et s'en aperçoit.) Eh! mais que faites-vous, sir Hugues?...

SIR HUGUES.

Cette salle basse n'a pas d'autre issue au dehors... et j'empêche que personne ne vienne nous déranger... voici la clef...

(Il la jette par la lucarne qui se trouve au-dessus de la porte du fond.)

GEORGE, à part.

Qu'est-ce que cela veut dire?

SIR HUGUES, sans l'écouter.

Maintenant, Sire, je suis à vos ordres...

GEORGE, avec un peu d'embarras.

Oh! je ne vous retiens qu'un instant... voici ce que c'est, sir Hugues... j'ai cherché autour de moi... qui je pouvais charger d'une importante négociation... avec la cour de Saint-Germain... Le prétendant, m'a-t-on dit, moyennant une pension... renoncerait à ses droits... et j'ai pensé... vous comprenez?...

SIR HUGUES.

Pas encore, Sire.

GEORGE.

Vous pourriez l'y déterminer... vous, que d'anciens rapports...

SIR HUGUES, avec émotion.

Je comprends, Sire... mais ces rapports n'existent plus... Anglais soumis et loyal, je n'ai vu que mon pays, et je vous ai juré fidélité... à vous que j'ai cru le plus honnête homme de votre royaume.

GEORGE, embarrassé.

Aussi, j'ai compté sur vous...

SIR HUGUES.

J'en suis fâché, Sire... mais je ne puis accepter cette nouvelle marque de votre estime royale... je ne puis quitter l'Angleterre... Londres même... car j'ai découvert qu'on en voulait à mon honneur!...

GEORGE.

A votre honneur?... quelle idée!...

SIR HUGUES.

Oui, Sire, à mon honneur!... j'apprends qu'en ce moment un piège affreux est ouvert sous mes pas... on veut me ravir ce que j'ai de plus cher au monde...

GEORGE, le regardant fixement.

Votre fille?...

SIR HUGUES, de même.

Ma femme!...

GEORGE.

Ah! votre femme!... vous croyez?

SIR HUGUES.

J'en suis sûr!... et je voulais demander à Votre Majesté quelle vengeance je pourrais tirer d'un pareil outrage?

GEORGE, s'efforçant de rire.

Allons donc! sir Hugues... parce qu'on s'avise de trouver votre femme charmante... et de l'aimer peut-être!... Vous auriez fort à faire si vous vouliez tirer l'épée contre tous ceux qui vous outragent ainsi!... et moi tout le premier...

SIR HUGUES.

Vous savez bien, Sire, que je ne puis tirer l'épée contre le roi!...

GEORGE.

Et contre celui que vous soupçonnez?...

SIR HUGUES.

Il est aussi d'un rang trop élevé... et voyez combien un crime peut en amener d'autres... désolé, furieux, hors de moi... je voulais l'amener ici, l'attirer chez moi, pour l'assassiner!...

GEORGE, reculant.

Monsieur!... ah! c'eût été infâme!...

SIR HUGUES.

Oui, infâme, n'est-ce pas? infâme comme son amour... comme ses projets!... porter le désespoir dans le cœur d'un loyal gentilhomme... mettre l'honneur d'un vieil Anglais à la merci d'une cour insolente et sans pitié!... c'est affreux, n'est-ce pas?... et j'aurais dû... (George fait un pas en arrière.) Mais pardon! je m'égare... Votre Majesté a raison... un gentilhomme a des devoirs à remplir... aussi, j'ai cherché une autre vengeance.

GEORGE.

Et vous avez bien fait!

SIR HUGUES.

Je l'ai trouvée!

GEORGE.

Ah! qu'est-ce donc?... (A part.) Diable! c'est sérieux...

SIR HUGUES.

Et je venais d'avance vous prier de me le pardonner!..

GEORGE, se rassurant tout à fait.

Soit... je pardonne... mais vous feriez mieux, sir Hugues, de repousser des idées... auxquelles je ne crois pas... il faut qu'un mari méprise tout cela.

SIR HUGUES.

Et croyez-vous qu'un pareil parti soit si facile à prendre?

GEORGE.

Eh! sans doute... si tout le monde se mettait martel en tête comme vous!... et prenait les choses aussi tragiquement...

SIR HUGUES.

Je comprends... tout dépend de la manière d'envisager un outrage.

GEORGE.

Il faut en rire!

SIR HUGUES.

Votre Majesté rirait-elle?

GEORGE.

Certainement...

SIR HUGUES.

En pareil cas?

GEORGE.

Eh! oui, vous dis-je, pour donner l'exemple à mon peuple... il faut être philosophe.

SIR HUGUES.

Eh bien! soyez-le donc, George, car aujourd'hui, ce soir, dans quelques instants, à neuf heures, la reine recevra un amant!

GEORGE.

Sir Hugues!...

SIR HUGUES.

Un amant à qui elle a donné rendez-vous... comme lady Guilfort!... à l'heure du bal où elle a refusé de se rendre, comme lady Guilfort!

GEORGE.

Sir Hugues, vous en avez menti!...

SIR HUGUES.

Je le jure, sur l'honneur! Moins coupable que lady Guilfort, la reine ne trahit qu'un époux infidèle, qui donne à la fois en spectacle à sa cour et la douleur de l'épouse qu'il délaisse et la honte des maris qu'il déshonore!

GEORGE.

La reine!...

SIR HUGUES.

Vous ne riez pas, Sire...

GEORGE.

Ah! c'en est trop... je ne crois pas à une telle imposture.

SIR HUGUES, lui montrant un bijou.

Et ce bijou... ce portrait... muet consentement à ce rendez-vous?

GEORGE, hors de lui.

Ah! je cours moi-même...

SIR HUGUES.

Vous l'essaieriez en vain... vous ne pouvez sortir.

GEORGE.

Cette porte... cette porte... ou je la briserai!

SIR HUGUES.

Elle est doublée en fer.

GEORGE.

Ouvrez-moi!

SIR HUGUES.

N'y comptez pas!

GEORGE.

Ouvrez-moi, je l'exige, je le veux!... ou craignez ma colère!

SIR HUGUES, s'asseyant.

Je suis chez moi!... le domicile d'un Anglais est sacré!

GEORGE.

Malheureux!...

SIR HUGUES, qui a regardé la pendule.

Neuf heures!... tuez-moi maintenant si vous voulez; la vie que vous m'ôterez ne sauvera pas votre honneur!

GEORGE, hors de lui.

Malédiction!... Monsieur... je suis gentilhomme... prenez votre épée.

SIR HUGUES.

Vous savez bien que je ne puis tirer l'épée contre le roi.

GEORGE.

Ah! votre conduite est d'un traître, et vos jours m'en répondront.

(Il se jette dans un fauteuil.)

SIR HUGUES.

Vous ne riez pas, Sire!... (Se levant et se tenant devant le roi.) Eh bien! concevez-vous enfin, vous qui vous faites un jeu de notre honneur et de nos peines... concevez-vous tout ce qu'éprouve de rage et d'angoisses un mari trompé, déshonoré, avili ! Concevez-vous tout ce qu'il souffre au fond du cœur, et ce n'est rien encore quand il perd la femme qu'il délaissait ou qu'il n'aimait plus!... mais lorsque cette femme, il l'adorait; lorsqu'il avait placé en elle ses espérances, sa joie, son avenir... ah! ce sont les tourments de l'enfer !... ce spectacle, vous avez voulu en jouir; vous êtes venu ici pour contempler un époux outragé, pleurant en larmes de sang son bonheur perdu !... ce plaisir-là vous pouvez le prendre, Sire... et moi aussi!... Il faut rire, dites-vous!... (Avec force.) Debout, George; debout !

GEORGE, hors de lui, se lève vivement.

Monsieur !...

SIR HUGUES.

A nous deux maintenant... Regardons-nous en face, et voyons qui des deux fera baisser les yeux à l'autre!

GEORGE, pâle de colère.

Qui êtes-vous donc enfin?... Un fou, un insensé... car c'est une affreuse calomnie, vous dis-je... lady Guilfort est innocente !...

SIR HUGUES.

Et qui me l'atteste?

GEORGE.

Moi!

SIR HUGUES.

Vous me donneriez votre foi royale que je ne vous croirais pas...

(On entend du bruit en dehors.)

GEORGE.

Écoutez .. écoutez., on vient à mon aide!

SIR HUGUES, s'asseyant froidement.

Peu m'importe!

VOIX, en dehors.

Ouvrez! ouvrez!...

SCÈNE XIII.

Les mêmes; LAVINIA.

LAVINIA, sortant de la porte à droite.

Quel est ce bruit?... Ah! mon mari! (Se retournant et poussant un cri.) et le roi!... (Restant immobile d'effroi.) le roi!...

SIR HUGUES.

Que j'ai reçu à votre place, milady!

LAVINIA.

Ah! sir Hugues... je vous jure...

LORD KOOKVILLE, en dehors.

Le roi!... le roi!...

GEORGE, près de la porte.

A moi, milord! forcez cette porte.

SIR HUGUES.

Non, non; la clef est à vos pieds; cherchez!... Ils peuvent entrer maintenant.

LAVINIA, debout, près du fauteuil, et cachant sa tête dans ses mains.

Ah! mon Dieu!

SCÈNE XIV.

Les mêmes; LORD KOOKVILLE, MISS NELLY, plusieurs Seigneurs de la cour.

LORD KOOKVILLE, entrant le premier.

Ah! Sire, je venais, vous sachant ici.

MISS NELLY, courant à sir Hugues.

Mon père!...

LORD KOOKVILLE, apercevant sir Hugues.

Sir Hugues!

(Le roi, après avoir jeté un regard de courroux sur sir Hugues, s'apprête à sortir.)

MISS NELLY, à son père.

Le roi! oh! alors, nous allons peut-être savoir ce qui s'est passé... quel est cet homme qui a été blessé sous les fenêtres de la reine.

GEORGE, redescendant le théâtre.

Que dites-vous?

SIR HUGUES, avec effroi, et se levant.

Blessé!

MISS NELLY.

Mort peut-être... C'est une nouvelle qui vient de se répandre dans le bal. Aussitôt, les quadrilles se sont dispersés, la musique a cessé, tout le monde est parti... et lady Suffolk m'a fait conduire jusqu'ici où j'ai rencontré monsieur le comte qui m'a donné la main.

GEORGE, regardant lord Kookville.

Et qui sans doute est au fait de ce qui vient d'arriver.

LORD KOOKVILLE.

Oui, Sire, je regardais de loin l'ancienne favorite, lady Rennelord... que tout le monde fuyait et qu'on saluait à peine.

LAVINIA, atterrée.

O ciel!

GEORGE.

Vous tairez-vous!

LORD KOOKVILLE.

Lorsque j'ai vu ces dames saisies d'une terreur facile à dissiper, car c'était moins que rien... je tiens tous les détails du capitaine de service.

GEORGE, avec impatience.

Dites-les donc alors.

LORD KOOKVILLE.

Il paraît que sur les neuf heures... les uns disent un conspirateur... d'autres un voleur... ce qui est plus probable... un voleur donc cherchait à se glisser par un balcon, dans les appartements de la reine.

GEORGE.

Achevez!

KOOKVILLE.

Lorsque, sur son silence, le factionnaire a tiré.

GEORGE, vivement.

C'est bien... il est mort!

LORD KOOKVILLE.

On l'a cru d'abord; mais un instant après, et malgré la nuit, on l'a vu courir si vite dans le jardin, qu'on aurait pu le croire sans la moindre blessure, si ce n'étaient plusieurs traces de sang.

SIR BUGUES ; il est pâle et défait ; il respire à peine, quand tout à coup il aperçoit Oswald qui paraît par la porte du fond ; sa figure prend l'expression de la joie, et il étouffe un cri.

Ah!

SCÈNE XV.

Les mêmes; OSWALD.

(Il porte un autre habit que celui qu'il avait au commencement de l'acte, et s'approche lentement de sir Hugues, qui dans le commencement de cette scène, est le seul qui l'ait remarqué.)

GEORGE, avec colère.

Les maladroits !... il leur est échappé. (S'approchant de sir Hugues, et à voix basse.) Mais vous qui le connaissez... son nom, son nom!

SIR HUGUES, de même.

La tête sur l'échafaud, je ne vous le dirais pas.

(Il serre la main de lord Oswald qui en ce moment se trouve placé près de lui, à sa gauche.)

GEORGE, à part.

Tant d'audace ne restera pas impunie. (A voix haute.) Je ne reprendrai point les biens que je vous ai rendus.

SIR HUGUES, fièrement.

Ils m'appartenaient... mais vous n'avez qu'à dire... j'y renonce, Sire.

GEORGE, avec dignité et émotion.

Sir Hugues, vos amis ont dû vous apprendre que le roi George méprise la vengeance. (Avec colère.) Votre présence me le ferait oublier. (Avec calme.) Partez, monsieur, partez dès demain pour le Northumberland. Vous quitterez à jamais Londres.

SIR HUGUES.

J'allais vous le demander, Sire.

GEORGE.

Quant à vous, milady, vous avez droit à des hommages que tous les cœurs ne sont pas dignes de vous offrir... restez près de la princesse, ma sœur.

LORD KOOKVILLE, d'un air triomphant.

La place de lady Rennelord!

GEORGE, voyant le geste d'indignation de Lavinia.

Vous êtes libre, milady.

LAVINIA.

C'est parce que je suis libre que je refuse un affront que je n'ai point mérité, et que je ne puis comprendre, après la lettre que sir Oswald a dû remettre à Votre Majesté.

OSWALD.

La voilà, Sire. N'ayant pas rencontré Votre Majesté de la soirée...

GEORGE, prenant la lettre.

Il suffit. (Il lit la lettre avec émotion; puis la donnant à sir Hugues.) Tenez; lisez, et jugez-nous. (A lord Kookville.) Milord, suivez-moi.

(Il salue Lavinia et sort avec sa suite, pendant que sir Hugues, sur le devant du théâtre, lit la lettre.)

SIR HUGUES, lisant.

« Si je suis coupable en vous écrivant, Votre Majesté me
« pardonnera la nécessité qui m'y oblige. Ne venez pas ce
« soir, ne venez plus jamais, car je veux toujours rester digne
« de mon mari. Oui, Sire, c'est là ce que je voulais vous de-
« mander, et que je suis bien forcée de vous écrire. Évitez
« ma présence... respectez le repos de sir Hugues, le mien...
« et, du sein de ma retraite, je bénirai l'honneur et la loyauté
« de mon souverain. LAVINIA. »

(Sir Hugues reste un instant la tête dans ses mains.)

OSWALD.

AIR d'Aristippe.

Qu'est-ce donc?

MISS NELLY.

Quel trouble l'agite?

SIR HUGUES, tendant la main à Lavinia d'un air de reconnaissance.

Lavinia, ma femme!

LAVINIA, se jetant dans ses bras.

Mon ami!

SIR HUGUES.

Loin des lieux que l'intrigue habite,
Dans le comté tu suivras ton mari;
(A miss Nelly, montrant Oswald.)
Avec le tien tu partiras aussi...

MISS NELLY, saisissant le bras d'Oswald.

Quel bonheur!

OSWALD, poussant un cri de douleur.

Ah!

NELLY, parlant.

Qu'est-ce donc?

SIR HUGUES, lui mettant la main sur la bouche.

Silence!

(A part.)

Par un traître,
Par un ingrat, je me crus outragé;
Il l'osait du moins, et peut-être
De lui je me suis trop vengé.

(Lavinia se jette dans les bras de sir Hugues, qui l'embrasse avec transport. Miss Nelly donne la main à lord Oswald.)

AVIS AUX COQUETTES

ou

L'AMANT SINGULIER

COMÉDIE-VAUDEVILLE EN DEUX ACTES

EN SOCIÉTÉ AVEC M. A. DECOMBEROUSSE

Théatre du Gymnase. — 29 Octobre 1836

PERSONNAGES.   ACTEURS.

VAN-BROOK, négociant hollandais. . . . . MM. Allan.
ALFRED DE LUCENAY . . . . Davesne.
LISTOU, domestique de l'hôtel. . . . . . . Sylvestre.

CAROLINE D'EMERY, jeune veuve . . . Mmes Allan-Despréaux.
Mme DESNELLES, sa tante . . . . Julienne.
ÉDOUARD SENNEVAL . . . . . . Eugénie Sauvage.

À Bagnères de Bigorre, dans la maison des bains au premier acte ; — dans une cabane de la montagne au deuxième acte.

AVIS AUX COQUETTES
ou
L'AMANT SINGULIER

ACTE PREMIER

Un salon de la maison des bains, à Bagnères. — Il est ouvert par le fond et donne sur les jardins. Porte latérale à gauche, croisée à droite. Une table sur le devant à gauche; à droite et sur le même plan, un guéridon, sur lequel sont des brochures et des journaux.

SCÈNE PREMIÈRE.

VAN-BROOK, étendu dans un fauteuil auprès de la table; LISTOU, debout près de lui.

LISTOU.

Voilà qui est prêt... j'ose dire qu'il n'y a pas mon pareil à Bagnères de Bigorre, pour la vivacité et l'intelligence... (Faisant le geste de tourner un robinet.) Ça coule de source... (A Van-Brook.) Si monsieur veut prendre son bain?

VAN-BROOK.

Non !

LISTOU.

Je viens de le préparer.

VAN-BROOK.

Je ne le prendrai pas !

LISTOU.

Monsieur aime mieux déjeuner ?

VAN-BROOK.

Non !...

LISTOU.

Monsieur aime mieux faire avant une promenade dans la vallée de Campan ?

VAN-BROOK.

Non, laisse-moi tranquille, je suis heureux... je me porte bien et je pense !

LISTOU.

C'est que tout à l'heure monsieur était à bâiller.

VAN-BROOK.

Parce que je pense !... c'est toujours l'effet que me produisent mes pensées... Va-t'en, ne les dérange pas.

LISTOU, à part.

Diable de Hollandais, qui s'ennuie pour s'amuser... il est lourd comme son or.

ALFRED, en dehors.

Eh bien ! les garçons !...

LISTOU, de même, voyant entrer Alfred.

Ah ! en voici un qui n'a pas l'air de peser autant.

SCÈNE II.

Les mêmes ; ALFRED.

ALFRED.

Le maître de l'hôtel, les filles, les garçons, n'y-a-t-il personne ?... Ah ! qui es-tu ?

LISTOU.

Listou, paysan Basque, garçon baigneur, surnommé Col-de-cygne par les Parisiens qui font toujours des gorges-chaudes.

ALFRED.

Ah! tu es montagnard?

LISTOU.

Autrefois, j'avais une cabane à la montagne.

ALFRED.

AIR : De sommeiller encor ma chère. (Arlequin Joseph.)

C'est là, sans que rien vous enchaîne,
Que l'on peut vivre indépendant !

LISTOU.

Oui, mais il fallait tout' la s'maine,
Travailler... c'est humiliant !
Moi, d'être libre je me pique ;
Car, voyez-vous, j'ai d' la fierté !
Et je me suis fait domestique,
Afin de vivre en liberté !

ALFRED, souriant.

Vraiment !

LISTOU.

Comme ça, je suis mon maître, à vos ordres, à votre service... Monsieur vient-il pour se baigner ?

ALFRED.

Non.

LISTOU, à part.

Et lui aussi !... il paraît qu'aujourd'hui personne ne vient ici pour ça.

ALFRED.

Une chambre... un appartement s'il y en a.

LISTOU.

Le numéro 9 est vacant... la petite porte, en retour sur le jardin.

ALFRED.

Je le prends... mais je ne vois personne au salon, où sont donc ces dames?

LISTOU.

Dans leur lit... à cette heure-ci, tout le monde dort... excepté ce monsieur Hollandais, qui n'a pas d'heure, et qui dort toute la journée.

(Il sort.)

ALFRED, s'avançant et le regardant.

M. Van-Brook!

VAN-BROOK, levant la tête.

Mon jeune officier!... M. Alfred de Lucenay!

ALFRED.

Qui ne vous avait pas vu depuis notre rencontre à Bruxelles... où sans moi, et en votre qualité de Hollandais...

VAN-BROOK.

Ils me brûlaient vif, moi et mes marchandises, ça m'a dégoûté du commerce!

ALFRED.

Il y a de quoi!

VAN-BROOK.

J'ai cédé mes fabriques, réalisé quelques millions et je me suis mis à rien faire.

ALFRED.

Un bel état!

VAN-BROOK.

Pas tant! ça m'a ennuyé... l'ennui m'a rendu malade, m'a dégoûté de tout, m'a donné le spleen... l'hiver dernier en arrivant à Paris, j'étais décidé à me tuer, j'avais même arrangé tout pour cela...

ALFRED.

Ah! mon Dieu! et qui donc, grâce au ciel, vous en a empêché?

VAN-BROOK.

Les journaux! je lisais tous les jours : « Un tel, commis voyageur, s'est asphyxié avec Mlle Joséphine, couturière!... Un tel, garçon apothicaire, s'est brûlé la cervelle parce qu'il ne pouvait pas faire de pilules... Un tel, cordonnier, s'est pendu, parce que sa femme rentrait trop tard! »

ALFRED.

C'est ma foi vrai, je l'ai lu aussi!

VAN-BROOK.

Alors, quand j'ai vu que tout le monde s'en mêlait, ça m'a paru si commun, si vulgaire, si peu comme il faut... autrefois, je ne dis pas, c'était distingué, c'étaient des sénateurs romains, des lords, des philosophes, des sages... on était du moins en bonne société; il y avait du plaisir.

AIR du vaudeville du *Piège*.

>Mais à présent et sur sa barque, hélas!
> Caron passe, à chaque voyage,
>De pauvres niais, ou des gens qui n'ont pas
> De quoi lui payer leur passage!
>Rien que les voir partir pour l'autre bord
> D'y descendre m'ôte l'envie...
>Car en restant sur terre... on est encor
> En moins mauvaise compagnie!

C'est ce qui fait que je suis resté.

ALFRED.

Et vous avez bien fait de renoncer à votre dessein.

VAN-BROOK.

Pas tout à fait... d'abord j'ai pris un médecin!...

ALFRED.

C'est égal! c'est toujours moins dangereux.

VAN-BROOK.

Il m'a conseillé d'aller aux eaux de Cauterets... le postillon qui s'est trompé m'a conduit à celles de Bagnères.

ALFRED.

Qui vous ont guéri ?

VAN-BROOK.

Précisément, quoique je n'en aie pas pris.

ALFRED.

Comment donc cela ?

VAN-BROOK.

J'ai rencontré ici une Parisienne, une grande dame du faubourg Saint-Germain, jolie et coquette à elle seule comme toute la Chaussée d'Antin... ça m'a été agréable ! je me suis mis à l'aimer, ça m'a ranimé, elle a reçu mes hommages, ça m'a fait prendre goût à l'existence ; j'ai vu qu'elle recevait de même les hommages de tout le monde, ça m'a rendu jaloux, et une fois jaloux, ça m'a fouetté le sang, ça m'a rendu de la vivacité, de l'impatience, de la colère... j'ai vécu, j'ai tenu à la vie. J'y tiens comme un enragé, car je suis malheureux comme un diable, mais en même temps je suis guéri ; voilà où j'en suis.

ALFRED.

Je vous en fais compliment... et du côté de votre inhumaine, vous avez cependant quelque espoir ?

VAN-BROOK.

Sans doute, elle ne désespère personne et j'ai cru ces jours-ci que j'étais décidément le préféré, mais avant-hier, par malheur, est arrivé un petit jeune homme, que toutes ces dames ont trouvé charmant, un jeune vicomte, un lycéen qui a déjà eu, dit-on, deux ou trois aventures, et qui, avant d'entrer à Saint-Cyr, commence ses voyages par Bagnères de Bigorre... Il est resté toute la soirée au salon, sans faire attention à elle, et depuis ce moment c'est sur lui qu'elle a dirigé ses attaques... le croirait-on ? un écolier...

ALFRED.

Ce qui vous rend furieux ?

VAN-BROOK.

Non pas! comme on dit dans vos comédies, « Je dissimule, » je prends patience et je prends des notes... Chaque impertinence, chaque caprice, chaque coquetterie, je l'inscris, et quand nous serons mariés, je lui ferai payer tout cela d'après mon registre qui forme déjà un in-folio tenu en partie double, par doit et avoir!

ALFRED.

Mais cela fera un ménage à la diable !

VAN-BROOK.

C'est ce qu'il me faut... on m'a conseillé les irritants ! une bonne femme de ménage, une bonne Hollandaise me ferait périr de bonheur et d'ennui.

AIR du *Ménage de garçon*.

Mais ici quelle différence!
De fureur toujours agité,
Le sang circule avec aisance...
Seul moyen, par la Faculté,
De me maintenir en santé.
Pour moi, spéculateur dans l'âme,
C'est sur-le-champ un double gain...
Chez moi, j'ai de plus une femme,
Et j'ai de moins un médecin.

ALFRED.

C'est différent... si c'est pour raison de santé...

VAN-BROOK.

Certainement... dès aujourd'hui je fais ma demande en mariage... pas de vive voix... c'est trop difficile, mais par écrit, on est plus sûr de ses idées, et si elle accepte, je vous invite à ma noce.

ALFRED.

Et moi, à la mienne qui, je le crois, précédera la vôtre...

VAN-BROOK.

C'est juste! j'oubliais de vous faire mes compliments... je

vois que mes lettres de recommandation pour Bordeaux vous ont porté bonheur, et la maison Van-Open à qui je vous avais adressé...

ALFRED, à part.

O ciel!

VAN-BROOK.

Le vieil ami et ancien associé de mon père, maître Van-Open, nous écrivait il y a quelques mois qu'il regardait comme à peu près sûr votre mariage avec sa seconde fille, la petite Emma... et l'affaire n'est pas mauvaise pour vous, mon gaillard, car le père Van-Open est au moins aussi riche que moi, et il n'a que deux filles... l'aînée déjà mariée à M. Delmar. Une femme de tête et d'esprit, à ce que tout le monde dit; car je ne la connais pas... et la seconde qui promet d'être charmante... aussi je m'en vais dès aujourd'hui envoyer ma lettre de félicitations.

(Il passe à droite.)

ALFRED, avec embarras.

Non... non... je vous en prie... n'en faites rien.

VAN-BROOK.

Et pourquoi donc?

ALFRED.

Le mariage n'a pas lieu!... tout est rompu! par moi, par ma faute!... ce n'était là qu'un mariage de raison, et depuis, une inclination... un amour véritable...

VAN-BROOK.

Qu'est-ce que vous me dites là?

ALFRED.

Tout était convenu et arrêté, il est vrai... et j'étais venu à Paris demander au ministre de la guerre la permission de me marier, lorsque j'ai vu une personne... je ne vous en parlerai pas... parce que ce sont de ces rencontres qui décident de la destinée... de ces femmes qu'on était appelé à aimer et dont le premier regard vous enchaîne pour la vie... et si bonne, si gracieuse, si aimable... ce n'est pas celle-là qui est coquette... ce n'est qu'à moi seul qu'elle voudrait plaire... Du reste, une haute naissance, mais une fortune fort modeste... ainsi l'on ne dira pas du moins que l'intérêt m'a guidé... mais ce changement, cette rupture, il fallait l'annoncer à M. Van-Open. Je suis parti pour Bordeaux ; mais arrivé à leur porte, je n'ai pas osé en franchir le seuil, je suis rentré à mon hôtel et, après de nouvelles hésitations, j'ai écrit à M. Van-Open que l'honneur, la délicatesse me faisaient un devoir de lui avouer... enfin vous vous doutez de ce que l'on dit en pareil cas, et je suis parti sans regarder derrière moi, sans réfléchir... je suis retourné à Paris... j'ai couru chez celle que j'aimais et j'apprends qu'elle a été obligée d'accompagner aux eaux une vieille parente qui l'a élevée, qu'elle me supplie de l'attendre... Ah! bien, oui, dans mon dépit, dans mon impatience, je repars de nouveau.

VAN-BROOK.

Vous connaîtrez la route, car de bon compte voilà...

ALFRED.

Eh! qu'importe? pourvu que je la retrouve... que je la revoie...

VAN-BROOK, regardant par la fenêtre à droite.

Taisez-vous donc! c'est ma passion qui descend au jardin avec sa tante.

ALFRED, un peu ému.

Sa tante...

VAN-BROOK.

Tous les matins... j'ai l'habitude de lui offrir des fleurs, qu'elle accepte. Je suis en retard, et je vais remplir mes fonctions de soupirant...

(Il sort par le fond à droite.)

SCÈNE III.

ALFRED, seul, s'approchant de la croisée qui donne sur le jardin.

Ce pauvre M. Van-Brook amoureux, et d'une coquette ! O ciel ! qu'ai-je vu ? c'est Caroline et sa tante... c'est elle qu'il ose calomnier ainsi... ah ! je ne le souffrirai pas... Ah ! mon Dieu, il l'aborde, il la salue, elle l'accueille de l'air le plus gracieux, ah ! c'en est trop ! (Il veut courir vers la porte du fond et s'arrête.) Qu'allais-je faire ? une scène... un éclat qui me couvrirait de ridicule... et que peut-être elle ne me pardonnerait jamais... car, après tout, faut-il adopter sans examen tout ce qu'il a plu à M. Van-Brook de me débiter ? un Hollandais qui ne comprend pas le français et qui aura pris pour des coquetteries ou des avances de l'amabilité et des politesses ! ils n'y sont pas habitués en Hollande et peuvent se tromper... Mais cet autre petit jeune homme... je le saurai... j'examinerai... oui, cachons encore mon arrivée, ne nous montrons pas et d'ici à ce soir... (Regardant par le fond.) On vient... c'est elle... ah ! le numéro 9.

(Il s'élance par le fond à gauche, au moment où Caroline paraît, arrivant du jardin.)

SCÈNE IV.

CAROLINE, à la porte du fond, puis Mme DESNELLES.

CAROLINE, regardant du côté où elle a vu sortir Alfred.

Eh bien ! ma tante, arrivez donc.

Mme DESNELLES.

Encore faut-il le temps, vous me laissez là avec M. Van-Brook, et vous vous élancez seule dans l'allée...

CAROLINE.

J'avais cru apercevoir une certaine personne... qui, à mon aspect, a disparu comme une ombre.

Mme DESNELLES.

C'est ce que tout homme devrait faire à votre approche, ma nièce.

CAROLINE.

Vous n'avez pas bien dormi cette nuit, ma tante?

Mme DESNELLES.

Si, si, parfaitement.

CAROLINE.

Est-ce que vous allez recommencer à me gronder?

Mme DESNELLES.

Je n'avais pas encore fini, quand M. Van-Brook nous a interrompues.

CAROLINE.

Le temps est bien beau, ma tante; si vous vouliez attendre un jour de pluie!

Mme DESNELLES.

Attendre, mademoiselle...

CAROLINE.

Pardon, je ne suis plus demoiselle; et vous oubliez que je suis veuve.

Mme DESNELLES.

Raison de plus pour rougir de vos étourderies, de vos inconséquences, au moment de contracter un mariage qui vous plaît et que vous avez désiré de tous vos vœux.

CAROLINE.

Il vous sied bien de m'accuser, quand c'est pour vous que j'ai quitté Paris où mon prétendu allait revenir, quand, pour vous accompagner aux eaux de Bagnères, j'ai fait un sacrifice...

Mme DESNELLES.

Qui, dans ce moment, ne paraît guère vous coûter.

CAROLINE.

Et c'est pourtant la vérité! je pense toujours à ce pauvre Alfred, qui m'inquiète horriblement, j'ai une peur terrible qu'il n'arrive.

Mme DESNELLES.

Bah! l'aveu est naïf, et pourquoi?

CAROLINE.

C'est qu'une fois ici, je crains bien...

Mme DESNELLES.

Qu'il ne soit jaloux!

CAROLINE.

Oh! non, il n'aura pas occasion de l'être, ce n'est pas pour lui que ça m'effraye... c'est pour moi... quand il sera là, bon gré, malgré, il faudra ne plaire qu'à lui tout seul, c'est fort ennuyeux! tandis que maintenant, au lieu d'aimer, être aimée, faire tourner mille têtes, lancer un regard qui va porter le trouble dans un cœur qui se croyait inaccessible, voir une victime se débattre longtemps avant de tomber à vos pieds, et quand elle est là... rire aux éclats et lui offrir la main pour se relever, c'est charmant.

Mme DESNELLES.

C'est indigne.

CAROLINE.

En quoi donc? c'est pourtant bien calculé; une fois mariée, plus de coquetterie, car j'aime Alfred, je n'aime que lui; mais d'ici là je veux profiter du peu de temps qui me reste, et faire bien des malheureux, avant de faire un ingrat.

Mme DESNELLES.

Des malheureux! vous n'en faites que trop... et ce pauvre M. Van-Brook, cet honnête Hollandais...

CAROLINE.

Lui! ne vous y fiez pas! avec son air simple et bonhomme, il est très-content de son gros mérite et ne doute pas du succès... car il a comme un autre sa fatuité... une fatuité néerlandaise, la plus lourde du monde à supporter et dont il m'est permis de me venger... D'ailleurs, je ne lui dois aucun égard et c'est de bonne guerre, la Hollande n'est pas déjà si bien avec la France!

Mme DESNELLES.

A la bonne heure ! je vous abandonne celui-là, il peut se défendre, mais il en est d'autres qui ne méritent pas votre colère et avec qui la victoire ne serait pas digne de vous; ce jeune homme qui est descendu avant-hier à l'hôtel...

CAROLINE, riant.

Ah! vous l'avez remarqué, ce jeune vicomte, qui nous arrive du collège sans son précepteur! il connaît fort bien, sans doute, le grec et le latin ; mais fort peu les lois de la politesse, car il ne parle à personne.

Mme DESNELLES.

Il est peut-être timide, et son extrême jeunesse...

CAROLINE.

Mon Dieu, ma tante, c'est la jeunesse d'à présent qui a surtout besoin de leçons! voyez-vous tous ces petits messieurs, qui, au lieu de danser, jouent à la bouillotte, et qui, au lieu de nous faire la cour, font de la politique ! les voyez-vous, tristes, graves et taciturnes... pour nous persuader qu'ils pensent ! mais si on les laisse faire, ils tourneront tous au Hollandais... ils en ont déjà la légèreté, la grâce... et la fumée... car ils fument, je l'oubliais ! la jeunesse actuelle qui fume !

AIR du vaudeville de *l'Apothicaire*.

> Ma tante, il faut en convenir,
> C'est déjà d'un triste présage !
> Comment veut-on que l'avenir
> Ne se couvre pas d'un nuage ?
> Jadis, la jeunesse, rêvant
> Combats, victoire et renommée,
> Tenait à la gloire ; à présent,
> Elle ne tient qu'à la fumée !

Oubliant la gloire, à présent,
Elle ne tient qu'à la fumée!

Mme DESNELLES.

Celui dont je parle n'en est pas là, il a l'air distingué, et de bonnes manières.

CAROLINE.

Il ne m'a jamais saluée.

Mme DESNELLES.

Peut-être ne vous a-t-il pas remarquée...

CAROLINE.

Le compliment est flatteur!

Mme DESNELLES.

Voici M. Van-Brook.

CAROLINE.

Tant mieux, j'ai l'idée, aujourd'hui, de le tourmenter terriblement.

Mme DESNELLES, souriant.

Parce que ce jeune homme ne l'a pas saluée.

SCÈNE V.

CAROLINE, VAN-BROOK, Mme DESNELLES.

VAN-BROOK, tenant un bouquet dans du papier.

Pardon, mesdames, de vous avoir si brusquement quittées... c'était pour m'occuper de vous, j'aurais voulu vous offrir nos belles tulipes de Harlem.

Mme DESNELLES.

Que les amateurs paient, dit-on, cinq ou six mille francs.

VAN-BROOK.

Celles-là, du moins, eussent été dignes de vous; mais, dans ces montagnes, nous n'avons guère que la rose des Alpes, le *rhododendrum ferrugineum*.

CAROLINE.

Ah! si vous allez parler hollandais...

VAN-BROOK.

C'est du latin.

CAROLINE.

En vérité! (Regardant le bouquet dont Van-Brook a ôté le papier.) Ah! le joli bouquet!

VAN-BROOK, le lui offrant.

Le plus joli revient de droit à la plus belle.

CAROLINE.

Y pensez-vous, monsieur! et ma tante?...

VAN-BROOK, embarrassé.

Vous ne m'avez pas laissé achever... à la plus belle des blondes, je présume que madame votre tante a été brune.

CAROLINE, riant.

« A été! » voilà un passé... (Montrant son bouquet.) qui gâte le présent.

Mme DESNELLES.

Non, ma nièce, je me console d'avoir été jolie, si mes amis pensent que je suis bonne!

VAN-BROOK.

Parfaitement bien répondu! charmant! charmant! charmant!

CAROLINE.

Comment, charmant! c'est une épigramme contre moi, une manière de me dire que je suis méchante.

VAN-BROOK, avec humeur et à part.

Ah! qu'est-ce qu'elle a donc, aujourd'hui?

(Il passe à la droite de Caroline.)

Mme DESNELLES, bas à Caroline.

Le voilà tout déconcerté.

CAROLINE, de même.

Le grand mal!

VAN-BROOK, à part.

Ah! si jamais elle est ma femme, comme elle me paiera tout cela! (Haut.) Pouvez-vous, madame, me supposer une pareille idée? moi qui fais votre éloge à tout le monde; moi qui, tout à l'heure encore, parlais de vous...

CAROLINE.

A qui?

VAN-BROOK.

A ce petit jeune homme... M. Édouard.

CAROLINE.

Le jeune lycéen.

VAN-BROOK.

Avec qui j'avais lié conversation.

CAROLINE.

Ah! il parle!... vous l'avez entendu!... vous êtes bienheureux!

VAN-BROOK.

Oui, ma foi!

Mme DESNELLES.

AIR : Sur tout ce que je vous dirai.

C'est un garçon qui n'est pas mal!

VAN-BROOK.

Charmant d'esprit et de visage,
Mais diablement original,
Car déjà, malgré son jeune âge,
Si sérieux est son abord,
Sa gravité paraît si grande...

CAROLINE.

Que monsieur a cru tout d'abord,
Qu'il arrivait de la Hollande!

VAN-BROOK, s'inclinant.

Vous êtes bien bonne!

CAROLINE.

Et puisqu'il vous a honoré de ses idées, oserais-je vous demander ce qu'il pense de moi?

VAN-BROOK, s'excusant.

Je ne puis vous le dire.

CAROLINE, gaiement.

Du bien?

VAN-BROOK.

Non, madame!

CAROLINE, vivement.

Du mal?

VAN-BROOK.

Non, madame; il ne m'en a pas dit un seul mot!

CAROLINE, piquée.

Ah! c'est encore pis!

VAN-BROOK.

Mais il m'a laissé parler tout le temps sans me contredire.

CAROLINE.

C'est trop honnête à lui, et je suis désolée de n'avoir pas assisté à une conversation, ou plutôt à un monologue aussi intéressant, puisque c'était vous, monsieur, qui en faisiez les frais. (A Mme Desnelles.) Dites-moi, ma tante, est-ce que nous ne sortirons pas ce matin? il fait un si beau soleil.

VAN-BROOK.

Mais nous devons aujourd'hui aller à Gripp, voir les cascades de Trémesaigues et descendre jusqu'à Barèges par le Tourmalet.

CAROLINE.

Moi!... y pensez-vous? faire un pareil chemin dans vos affreuses montagnes...

VAN-BROOK.

C'était convenu depuis hier. (A Mme Desnelles.) N'est-il pas vrai?

11.

Mme DESNELLES.

Je crois, en effet, me rappeler...

VAN BROOK.

A telles enseignes que j'avais invité d'autres personnes des bains, retenu des guides, des conducteurs, commandé des chevaux, des mulets.

CAROLINE.

Eh bien! monsieur, vous décommanderez tout votre monde! ou vous irez sans moi; car, à coup sûr, je ne me déciderai jamais à une pareille expédition, pour me fatiguer, pour avoir la migraine.

VAN BROOK, à part, tirant un carnet de sa poche.

Ah! morbleu!

AIR nouveau de M. HORMILLE.

CAROLINE.

Eh! mais, qu'avez-vous donc, de grâce?

VAN-BROOK.

Rien!

(A part.)

N'oublions pas celui-là;

(A part, écrivant sur son carnet.)

Je prends des notes et j'amasse,
Tout cela se retrouvera!
C'est un capital qui s'augmente;
Et vienne l'hymen, je promets
Que ma femme en paira la rente
Et l'intérêt des intérêts.

Ensemble.

CAROLINE.

Le Hollandais fait la grimace;
Mais qu'importe; il obéira,
Et dans un instant, quoi qu'il fasse,
Son courroux s'évanouira.

Mme DESNELLES.

Le pauvre homme fait la grimace;

Mais à coup sûr, il cédera ;
Un seul regard, et quoi qu'il fasse,
Son courroux s'évanouira.

VAN-BROOK.

Obéissons de bonne grâce ;
Mais n'oublions pas celui-là.
Je prends des notes et j'amasse,
Tout cela se retrouvera.

(Il sort par le fond à gauche.)

SCÈNE VI.

Mme DESNELLES, CAROLINE.

Mme DESNELLES.

En vérité, ma nièce, c'est trop abuser de l'empire que vous avez sur lui.

CAROLINE.

Je vous avais promis de le maltraiter.

Mme DESNELLES.

Et vous tenez vos serments avec une fidélité désespérante.

CAROLINE.

Vous en convenez donc ! et cette fois, il ne l'a que trop mérité ; vous n'avez pas vu avec quel air malin il me parlait de M. Édouard.

Mme DESNELLES.

Je n'ai pas vu cela !

CAROLINE.

Vous n'avez pas remarqué avec quelle apparente bonhomie il arrangeait ce récit où il n'y a pas un mot de vrai.

Mme DESNELLES.

Pas un mot...

CAROLINE.

Pas un seul ! croyez-vous bonnement que ce jeune homme

l'aura écouté sans lui répondre?... ce n'est pas possible... fût-ce pour m'attaquer, il aura parlé, j'en suis certaine... et alors M. Van-Brook se serait bien vite empressé de me communiquer ses observations critiques; or, comme il ne l'a point fait, c'est que ces remarques ne sont point défavorables... au contraire!

Mme DESNELLES, riant.

Ce sont peut-être des éloges !

CAROLINE.

C'est probable ! voilà pourquoi M. Van-Brook s'est bien gardé de m'en faire part, et moi, qui d'abord ai été sa dupe... (Édouard paraît au fond du jardin.) Car, tenez, tenez, que vous disais-je?... ce jeune homme, qui évite même de parler de moi, le voilà qui nous cherche.

Mme DESNELLES.

Vous croyez?

CAROLINE.

Regardez plutôt... comme il s'avance doucement... et à peine a-t-il fait quelques pas que déjà il s'arrête ! que c'est amusant un élève de Saint-Cyr, un petit jeune homme si timide... et puis ce n'est pas commun. Il ne sait comment nous aborder et nous saluer... enfin il s'approche !

(Au moment où elle se retourne pour faire la révérence, croyant qu'elle va être saluée par Édouard, celui-ci s'assied à une table et prend un journal.)

Mme DESNELLES.

Il paraît que ce monsieur gardera encore sa timidité pour aujourd'hui, ma nièce.

CAROLINE, à part.

Ah! c'est trop fort! il devient réellement prodigieux, et j'avoue qu'une telle indifférence finit par me piquer. (Voyant qu'Édouard se lève.) Ah!... pourtant il se décide !

(Édouard regarde l'heure à sa montre, fait quelques pas pour sortir, aperçoit Caroline et sa tante qu'il n'avait pas encore vues, les salue respectueusement, et s'éloigne.)

Mme DESNELLES, riant.

Eh bien ! ma bonne amie, il se décide à s'en aller; et cette fois, il nous a vues, il nous a saluées très-respectueusement... il n'y a pas le moindre reproche à lui faire; seulement il paraît que notre société n'a pas pour lui une vertu attractive.

CAROLINE.

Après tout, je ne vois pas que ce soit une grande perte pour nous d'être privées de sa compagnie, et je m'en console aisément.

Mme DESNELLES.

De mon temps, ma chère Caroline, il y a trente ou quarante ans :

AIR du vaudeville de *Jadis et aujourd'hui*.

Dix amants nous rendant les armes
Avaient à nos yeux moins de prix
Qu'un seul qui dédaignait nos charmes;
Du moins c'était ainsi jadis!
Notre dépit, notre colère,
Se cachaient sous un air riant ;
Et si je m'y connais, ma chère,
C'est encor de même à présent.

CAROLINE.

Ma tante, voilà une méchanceté qu'il faudra que quelqu'un me paie ! j'aurais bien du malheur si ce n'était pas ce petit monsieur-là. Mais d'abord, comme il est important que je sache ce qu'il fait ici, j'ai envie d'interroger le domestique de cet hôtel.

(Elle va pour sonner.)

Mme DESNELLES, l'arrêtant.

Vous n'y pensez pas, ma nièce... une jeune dame qui s'informe d'un jeune homme, mais c'est de la dernière inconvenance !

CAROLINE.

Vraiment?... alors ma petite tante, ce sera vous...

Mme DESNELLES.

Moi !... par exemple, je serais bien fâchée !

CAROLINE, qui a sonné très-fort.

Voyons, décidez-vous, il n'y a plus à reculer d'abord... vous ou moi.

Mme DESNELLES.

Ah ! mon Dieu ! mon Dieu ! me mettre dans un pareil embarras !... m'exposer...

SCÈNE VII.

LES MÊMES; LISTOU.

CAROLINE, à Listou qui reste à la porte.

Approchez, mon ami; ma tante veut vous demander quelques renseignements sur une personne, un jeune homme, qui est ici depuis deux jours.

Mme DESNELLES, bas à Caroline, passant entre elle et Listou.

Allons, puisqu'il faut céder à toutes vos fantaisies, je questionnerai ce garçon moi-même. (A Listou.) Vous le nommez ?

LISTOU.

Qui donc ?

Mme DESNELLES.

Mais apparemment celui dont on vous parle.

LISTOU.

Ah ! M. Édouard Senneval, madame... un beau garçon qui va entrer à Saint-Cyr, un jeune homme bien joliment élevé... il donne toujours aux domestiques, il paie toujours quatre fois plus que ça ne vaut; oh ! il est d'une justice...

CAROLINE, à Listou; elle passe entre Mme Desnelles et Listou.

Et sans doute ce monsieur Édouard connaît beaucoup de monde ici ?

LISTOU.

C'est possible, c'est même probable, madame, oui ! mais il ne voit personne, ne parle à personne et n'a d'autre distraction qu'une promenade qu'il fait tous les jours...

CAROLINE, vivement.

Et de quel côté ?

LISTOU.

Oh ! de tous les côtés ; ça varie, car il ne manque jamais de sortir quelques minutes après madame et de prendre toujours par le même chemin.

CAROLINE, avec joie.

Ah ! vous avez remarqué...

LISTOU.

C'est positif; du reste, il passe sa vie dans son appartement.

Mme DESNELLES.

Par ordonnance du médecin?

LISTOU.

Lui ! il se porte comme un charme ; mais il déteste la société... quand je dis la société, ce n'est pas toutes les sociétés, car la mienne, par exemple, lui est fort agréable, depuis quelques jours qu'il est arrivé, il ne m'a pas quitté... il veut même m'acheter à Tremesaigues une petite cabane que je n'habite plus et qui est à vendre ; en attendant, il me fait gravir toutes les montagnes des environs qu'il connaît maintenant aussi bien que moi, et chemin faisant, il est si heureux de me faire causer...

CAROLINE.

Vraiment, et sur quoi ?

LISTOU.

Oh ! sur bien des choses, il s'informe de tous ceux qui sont ici, de vous par exemple ; hier encore...

CAROLINE, vivement.

De moi... il est bien curieux, ce monsieur Édouard, ah ! il s'informe de moi, et comment?

LISTOU.
Comme madame le fait en ce moment... Madame n'a plus rien à me demander ?

CAROLINE.
Non, mon ami, non, vous pouvez vous retirer.

LISTOU.
Je n'en suis pas fâché, parce que j'ai à faire... je vais apprêter le bagage de M. Édouard qui va ce matin à Gripp.

CAROLINE, vivement.
Vous en êtes sûr ?

LISTOU.
Il me l'a dit, son intention est de partir après déjeuner.

CAROLINE, avec joie et préoccupée.
C'est bon, c'est bon, je ne vous retiens pas.

LISTOU, qui a tendu la main et qui voit qu'on ne lui donne rien; à part.
Décidément, cette petite femme-là ne me revient pas du tout, et je dirai à M. Édouard de s'en méfier.

(Il sort.)

SCÈNE VIII.

Mme DESNELLES, CAROLINE, puis ALFRED.

CAROLINE, avec joie.
Je savais bien, moi, que M. Van-Brook n'avait pas le sens commun. Et voyez, ma tante, comme on est injuste, quelquefois !... tout à l'heure, j'ai regardé ce jeune homme avec une sévérité qui certainement n'a pas dû l'encourager... Ah ! mon Dieu ! comme je suis mal habillée ! en vérité, j'ai dû lui faire peur, de toutes les manières.

Mme DESNELLES.
Ah ! ma nièce, c'est à vous que vous devriez faire peur, car ce que vous méditez là est bien épouvantable !

CAROLINE, riant.

Allons, allons, ma petite tante, ne me regardez donc pas avec cet air de désespoir, il s'agit seulement de me faire bien belle aujourd'hui... (S'approchant de la fenêtre.) Voyez donc quel temps, quel beau soleil... ah !... (Venant prendre Mme Desnelles par la main et l'entraînant à la fenêtre.) Tenez, tenez, ma tante !...
(Alfred paraît dans le jardin et s'avance jusqu'à la porte du salon.)

ALFRED, à lui-même.

Caroline !... j'avais bien reconnu sa voix.

CAROLINE.

Là-bas... au bout de cette allée...

ALFRED, à lui-même.

Qu'examine-t-elle ainsi?

CAROLINE, continuant.

Le voyez-vous?

Mme DESNELLES.

Qui donc ?

CAROLINE.

Mais celui dont nous parlions, M. Édouard.

ALFRED, de même.

Édouard !

CAROLINE.

Il fait semblant d'être bien occupé du livre qu'il a dans les mains... nous allons voir... il approche... le voilà au pied de la terrasse... je le forcerai bien à lever la tête... (Poussant un cri.) Ah ! mon bouquet !

Mme DESNELLES.

Eh bien ! que faites-vous donc ?... ce jeune homme va s'imaginer que vous l'avez laissé tomber exprès pour qu'il vous le rapporte.

CAROLINE.

Mais, j'y compte bien !

ALFRED, à part.

Elle ose l'avouer!... oh ! je n'y puis plus tenir, et je vais...

Mme DESNELLES, à la fenêtre.

Grâce au ciel, il passe à côté sans daigner le regarder.

CAROLINE, près de la fenêtre et avec incrédulité.

Laissez donc !

ALFRED, à part.

C'est moi, madame, moi, qui vais vous le rapporter.

(Il sort vivement.)

Mme DESNELLES, avec joie.

Il continue son chemin en lisant et comme si de rien n'était.

CAROLINE.

Parce qu'il vous aura aperçue... et tout à l'heure, quand vous n'y serez plus, il reviendra sur ses pas pour le ramasser... c'est un calcul, et je ne crois plus à son indifférence; car vous sentez bien que ce matin, s'il va à Gripp, c'est dans l'intention de nous voir, de nous rencontrer; nous devions faire une promenade, il l'aura su, ce n'était pas difficile : une partie convenue et arrangée depuis hier soir !

SCÈNE IX.

Les mêmes; VAN-BROOK.

CAROLINE, vivement.

Eh bien ! monsieur, tout est-il prêt ? partons-nous ?...

VAN-BROOK.

Pour où ?

CAROLINE.

Pour Gripp !

VAN-BROOK.

Je viens de tout décommander !

CAROLINE.

Est-il possible ! par un temps pareil... une partie superbe !

VAN-BROOK.

Mais vous m'avez dit tout à l'heure...

CAROLINE.

Moi !...

VAN-BROOK, montrant Mme Desnelles.

Je m'en rapporte à madame, vous avez affirmé que cela vous ennuierait.

CAROLINE.

Certainement !... mais quand on est aux eaux, ce n'est pas pour son plaisir, c'est pour sa santé, et j'aurais refusé, que par intérêt pour moi, vous deviez m'y contraindre ; mais vous ne devinez rien... vous ne comprenez rien.

VAN-BROOK.

J'ai compris que vous aviez peur de la migraine.

CAROLINE.

Comme c'est probable !... dans les montagnes et au grand air, la migraine ! mais c'est vous, monsieur, c'est vous qui me la donneriez... avec votre gravité, et votre sang-froid... Hâtez-vous, donnez des ordres.

VAN-BROOK.

C'est ce que je vais faire, au risque de passer ici pour atteint d'aliénation mentale.

CAROLINE.

Comment, monsieur !...

VAN-BROOK.

Ça me regarde, madame, ne vous inquiétez pas, c'est sur moi que cela tombera, et d'ici à une demi-heure, j'espère bien que tout sera prêt.

CAROLINE.

A la bonne heure ! à cette condition-là, je vous pardonne.

VAN-BROOK.

Que de bontés !

CAROLINE, avec abandon et lui donnant la main.

Et je vous offre la paix, car en vérité, vous êtes si aimable, si complaisant, que j'ai quelquefois des remords d'abuser ainsi...

VAN-BROOK, avec amour.

Jamais ! jamais !... et je suis trop heureux quand vous êtes assez bonne pour accepter mes services...

CAROLINE.

Eh bien ! pour aujourd'hui, j'en ai encore un à vous demander...

VAN-BROOK.

Parlez, madame, ma vie... mon bras...

CAROLINE.

Justement... c'est votre bras que tantôt à cette promenade... je vous prierais d'offrir à ma tante.

VAN-BROOK, à part, avec dépit.

O ciel ! (Haut et s'efforçant de sourire.) Comment donc !... ravi, enchanté... et j'allais de moi-même...

CAROLINE.

Nous allons prendre nos ombrelles.

Mme DESNELLES.

Que vous avez laissées hier au pavillon, étourdie que vous êtes.

CAROLINE.

C'est vrai... Adieu, monsieur, je compte sur vous, et ma tante aussi.

(Elle sort avec sa tante par le fond à gauche.)

SCÈNE X.

VAN-BROOK, tirant avec fureur son carnet de sa poche.

En voilà une... que j'ai soin d'enregistrer... et qu'elle ne pourra jamais assez me payer... Me charger de sa respectable tante, qui s'appuie toujours quand elle a peur... et elle s'effraie à chaque pas!... et puis elle, pendant ce temps-là... (Voyant Alfred et Édouard qui traversent le jardin.) Ah! voilà mon petit jeune homme de ce matin... un brave garçon celui-là, il ne pense pas à elle.

SCÈNE XI.

VAN-BROOK, ÉDOUARD, entrant par le fond avec ALFRED.

ALFRED, lui serrant la main.

A demain, monsieur, à demain...

ÉDOUARD, froidement.

Si cela peut vous être agréable...

ALFRED.

Je compte sur vous!

ÉDOUARD, de même et s'inclinant.

Vous me faites trop d'honneur!

(Alfred rentre dans la chambre n° 9.)

VAN-BROOK, regardant Alfred avec étonnement.

Eh bien! il passe sans me parler, et même sans me voir!... (A Édouard.) Vous connaissez, comme moi, M. Alfred de Lucenay?

ÉDOUARD.

Non, monsieur, je ne l'avais jamais vu!

VAN-BROOK.

Mais vous venez de faire connaissance.

ÉDOUARD.

A l'instant même... c'est un très-aimable jeune homme !

VAN-BROOK.

Aux eaux, on se lie aisément, et je vois qu'il vous a proposé quelque partie de plaisir.

ÉDOUARD, froidement.

De me brûler la cervelle avec lui.

VAN-BROOK.

Ah ! mon Dieu... et pourquoi ?

ÉDOUARD.

Il y a ici une dame qu'il aime !

VAN-BROOK.

Je le sais !... une femme charmante, qu'il doit épouser.

ÉDOUARD, avec émotion.

Ah ! vraiment, je l'ignorais ! et voyant dans mes mains un bouquet à elle, que je venais de ramasser par hasard et que j'allais jeter, il m'a ordonné de le lui rendre, ce qui m'a décidé à le garder...

VAN-BROOK.

Est-il possible !

ÉDOUARD.

Alors, il m'a défié...

VAN-BROOK.

Vous ! qui n'êtes pas encore entré à Saint-Cyr ?

ÉDOUARD.

Oui, il s'est conduit en jeune homme et moi en homme raisonnable... « Si vous vous trompiez, lui dis-je, si l'on vous aime, c'est inutile de vous battre... si on ne vous aime pas, c'est bien absurde ! »

VAN-BROOK.

C'est parfaitement juste, et cela a dû le convaincre.

ÉDOUARD.

Du tout, mais j'ai obtenu, du moins, qu'il attendrait un jour, qu'il observerait en secret, qu'il s'assurerait de la vérité, et s'il lui est bien prouvé que sa maîtresse est infidèle... demain au point du jour...

VAN-BROOK.

Vous vous battrez?

ÉDOUARD, froidement.

Comme vous dites.

VAN-BROOK.

Et vous êtes d'un sang-froid... savez-vous qu'il se bat bien!...

ÉDOUARD.

J'en suis persuadé.

VAN-BROOK.

Que je l'ai vu en Belgique, au milieu du feu et de la mitraille, et qu'il allait comme un enragé.

ÉDOUARD.

Qu'importe?

VAN-BROOK.

Et vous, à votre âge?

ÉDOUARD.

A tout âge, on peut bien lâcher la détente d'un pistolet, ça n'est pas difficile!...

VAN-BROOK.

Oui, mais il s'agit de viser juste.

ÉDOUARD.

Ça se donne, et je l'ai appris; quant à avoir du cœur, cela ne se donne pas; mais je crois que j'en ai... ainsi, soyez tranquille.

VAN-BROOK.

Non, morbleu! je ne le suis pas... parce que je m'intéresse à vous deux, et j'arrangerai cela.

ÉDOUARD.

Je ne demande pas mieux, car, pour ma première affaire, il me paraît si absurde de me battre pour une femme, et surtout pour un bouquet...

(Il le tire de son sein.)

VAN-BROOK.

Ah! mon Dieu!... la rose des Alpes, le *rhododendrum ferrugineum*... (A part avec colère.) Encore un rival... (Haut.) Monsieur !

ÉDOUARD.

Qu'y a-t-il?

VAN-BROOK, à part.

Qu'allais-je faire? le défier aussi, lui qui ne songe à rien, qui ne l'aime pas! car jusqu'ici, il s'est bien conduit, il n'a pas fait attention à elle... il est gentil, ce jeune homme! et si je pouvais seulement l'éloigner!...

ÉDOUARD.

Que dites-vous?...

VAN-BROOK.

Je dis... qu'en ami... et dans votre intérêt, je ne conçois pas ce qui peut vous retenir dans ce mauvais village des Pyrénées... Que diable, jeune homme, à votre âge... on ne reste pas aux eaux à ne rien faire; voilà le moment de vous lancer dans le monde, de commencer votre état, votre carrière... et si je peux vous y aider, disposez de mon crédit, de ma fortune... M. Van-Brook, autrefois dans le commerce.

ÉDOUARD.

Je le sais, monsieur... j'ai entendu parler de vous depuis longtemps... bien plus, j'ai mille raisons pour vous rendre service, et j'espère bien vous le prouver... plus tard, nous en causerons, mais ce matin, je vous demande pardon, je pars à l'instant pour Gripp.

VAN-BROOK, vivement et le retenant.

Vous partez pour Gripp, ce matin ?

ÉDOUARD.

Oui, vraiment!...

VAN-BROOK, à part.

Ah! mon Dieu!... est-ce pour cela qu'elle n'a plus la migraine? elle qui ne voulait plus et qui veut maintenant... mais je serai là, je connaîtrai ses projets... oui, oui, c'est le meilleur moyen d'observer et de savoir à quoi m'en tenir... Je vais tout commander... (Haut.) Adieu, adieu, monsieur Édouard, bientôt nous nous reverrons!

(Il sort en courant.)

ÉDOUARD.

Il sort, il me laisse!... si je pouvais... Il me semble entendre du bruit dans la chambre de ces dames.
(Il s'approche de la porte de l'appartement de Caroline et regarde par le trou de la serrure.)

SCÈNE XII.

ÉDOUARD, regardant par le trou de la serrure de la porte à droite; CAROLINE et Mme DESNELLES, entrant par le fond.

CAROLINE, apercevant Édouard.

Tenez, tenez, ma tante! le voyez-vous?

Mme DESNELLES.

Que fait-il là?

CAROLINE.

Il regarde.

Mme DESNELLES, souriant.

C'est qu'il est curieux!

CAROLINE.

Ou mieux que cela! (Allant à Édouard qui regarde toujours par la serrure.) Pardon, monsieur.

ÉDOUARD, à part.

Ah!

CAROLINE.

Désolée de vous déranger! je désire rentrer dans mon appartement, et nous ne pouvions deviner, ma tante et moi, ce que vous faisiez si près de cette porte.

ÉDOUARD, embarrassé.

Moi!... mon Dieu, madame, rien du tout... je... je... me promenais...

CAROLINE, d'un air triomphant.

En vérité! c'est une singulière habitude que vous avez là, de vous promener à travers les serrures...

(Mme Desnelles s'assied auprès du guéridon à droite, et prend un journal qu'elle parcourt.)

ÉDOUARD, à Caroline.

Vous ne m'avez pas laissé achever, madame... je voulais dire que je me promenais dans ce salon, examinant s'il ne venait personne pour me surprendre ou me déranger... attendu que je voulais écrire...

CAROLINE, d'un air moqueur.

Un thème... ou une version?...

ÉDOUARD, piqué.

Non, madame, je ne suis plus au collège.

CAROLINE.

Je l'aurais cru à vos manières.

ÉDOUARD.

Qui sont en effet bien gauches et bien innocentes... mais je me formerai peut-être, j'étudie les bons modèles... Pardon, madame, j'ai là une réponse très-pressée, une lettre à écrire à ma sœur...

CAROLINE, à part.

A cet âge-là, ils ont toujours des sœurs.

ÉDOUARD.

Et si je ne craignais d'être indiscret, je vous demanderais la permission...

CAROLINE.

Comment donc, monsieur ! ce salon est commun à tous les habitants de l'hôtel, liberté entière... (Pendant qu'Édouard s'assied à la table à gauche, et se met à écrire, Caroline qui est allée auprès de Mme Desnelles lui dit tout bas.) Eh bien !... qu'en pensez-vous ?

Mme DESNELLES.

Qu'il a peut-être dit la vérité, car il écrit pour tout de bon, et sans faire attention à nous.

CAROLINE.

Laissez-donc ! je sais maintenant à quoi m'en tenir sur ses airs d'indifférence... Ah ! monsieur Édouard, quand vous croyez n'être pas aperçu, vous me suivez, vous épiez mes moindres démarches ! et maintenant... (A Mme Desnelles.) Soyez tranquille, il a beau faire... seulement dix minutes de conversation, et je l'amène à mes pieds.

Mme DESNELLES.

A quoi bon, et pourquoi ?

CAROLINE.

Cette question !... pour me moquer de lui, pour lui apprendre à vouloir jouter.

Mme DESNELLES.

Y pensez-vous, ma nièce ?

CAROLINE.

Oui, ma tante, dans l'intérêt général ; si on le laissait faire, si on n'y mettait pas ordre de bonne heure, il deviendrait le séducteur le plus dangereux... d'autant qu'il n'est vraiment pas mal... dans ce moment, surtout, regardez-le donc, ma tante.

Mme DESNELLES.

Moi !

CAROLINE.

Pourquoi pas ?

Mme DESNELLES.

Ma nièce, si le feu du ciel ne tombe pas sur vous, ce sera une grande injustice, car vous l'avez bien mérité.

CAROLINE, riant.

Comme Don Juan.

Mme DESNELLES.

Dans votre genre!..., certainement.

SCÈNE XIII.

Mme DESNELLES et CAROLINE, à gauche, VAN-BROOK et LISTOU, entrent par le fond, ÉDOUARD, à la table.

CAROLINE, à Van-Brook.

Qu'y a-t-il ? que venez-vous nous annoncer ?

VAN-BROOK, à Caroline.

Que tout est prêt.

LISTOU, de l'autre côté, à Édouard.

Voilà nos mulets qui s'impatientent.

ÉDOUARD, cachetant sa lettre.

J'ai fini, et nous partons.

CAROLINE, jouant l'étonnement.

Comment ?... est-ce que monsieur va aussi à Gripp?
(Édouard s'incline en signe d'assentiment.)

LISTOU.

Sans doute! c'est moi qui le conduis; madame le sait bien !

VAN-BROOK.

Comment cela ?

LISTOU.

Parce que madame me l'a demandé ce matin.

ÉDOUARD, à part avec joie.

Est-il possible !

VAN-BROOK, avec reproche.

Comment, madame ?...

CAROLINE, riant.

C'est juste ! (Montrant Listou.) Il me l'avait dit et je l'avais oublié ; je m'en accuse !... (A Édouard.) Monsieur vient-il avec nous par la vallée de Campan ?

ÉDOUARD.

Non, madame, par un autre côté.

CAROLINE, étonnée.

Ah !...

ÉDOUARD.

Par les montagnes que je ne connais pas encore, et comme je pars demain...

VAN-BROOK, avec joie.

Demain !...

Mme DESNELLES, bas à Caroline.

C'est bien fait !

CAROLINE, avec crainte.

Ce n'est pas possible, vous changerez d'idée.

ÉDOUARD.

Demain au point du jour.

VAN-BROOK, à part.

Le brave jeune homme !

Mme DESNELLES, bas à sa nièce dont elle remarque le dépit.

Ah ! si j'osais, je l'embrasserais !

ÉDOUARD, à part.

Elle veut que je reste ! c'est bon signe.

CAROLINE, bas à Mme Desnelles.

Patience ! il n'est pas encore parti.

Mme DESNELLES, étonnée.

Et comment ?

CAROLINE.

Cela me regarde !

AIR : finale du 1er acte du Cheval de Bronze.

Mme DESNELLES, ÉDOUARD, VAN-BROOK.

Partons, la matinée est belle,
Et dans ce pays enchanté
C'est le plaisir qui nous appelle,
Le plaisir donne la santé.

CAROLINE.

Il n'a de salut qu'en l'absence ;
Je vois quels projets sont les siens,
Mais pour qu'il tombe en ma puissance
Un jour suffit, et je le tiens.

VAN-BROOK.

Un des rivaux est en retraite,
Et pour éloigner l'autre, hélas !
Je ne quitte pas la coquette.

(Il offre son bras à Caroline, qui lui montre sa tante.)

CAROLINE.

Ma tante accepte votre bras.

(Van-Brook s'empresse d'offrir son bras à Mme Desnelles qui l'accepte.
En ce moment, Alfred paraît à la porte de la chambre à gauche.)

ÉDOUARD.

Du courage, et de l'espérance !
Je vois quels projets sont les siens.
Pour qu'elle tombe en ma puissance,
Un jour suffit, et je la tiens.

TOUS.

Partons, la matinée est belle,
Et dans ce pays enchanté
C'est le plaisir qui nous appelle,
Et le plaisir rend la santé.

(Van-Brook sort en donnant le bras à Mme Desnelles, et en regardant toujours Caroline. — Caroline sort par la droite, en regardant Édouard. — Édouard sort par la gauche avec Listou. — Alfred sort de sa chambre et les suit de loin.)

ACTE DEUXIÈME

Une cabane dans les montagnes des Pyrénées. — Porte au fond et porte à droite. Une mauvaise table et quatre vieilles chaises ; dans un coin un tas de broussailles. — Une cheminée, à droite, auprès de la porte.

SCÈNE PREMIÈRE.

LISTOU, seul.

Il ne vient pas ! et il ne fait pas chaud à cette heure-ci... Quelle diable d'idée a-t-il eue de m'envoyer comme ça en avant ?... nous avons aperçu au-dessous de nous, dans un ravin, toute la société qui gravissait lentement la montagne... alors, il a souri d'un air qui semblait dire : ça va bien puis il m'a dit : « Listou, va m'attendre dans ta cabane, et n'y laisse entrer personne que moi »... J'ai répondu : je pars ! mais je suis resté encore un peu... parce que je voulais voir... ça m'amusait ! et caché derrière une touffe de sapins... je l'ai aperçu qui descendait de rocher en rocher comme un isard... et puis tout à coup cet étonnement qu'il a fait en apercevant Mme d'Emery... comme si c'était par hasard qu'il se trouvait là... et puis, ils ont marché l'un près de l'autre pendant quelque temps avec toute la société... et puis la dame a fait... comme si elle trébuchait, alors... il lui a offert son bras qu'elle a accepté... le sentier était rude, elle s'appuyait sur lui... ils allaient d'abord lentement... et ensuite plus vite... plus vite,.. je les ai perdus de vue...

j'ai gravi tout d'une haleine par la Gorge d'enfer... il y fait un froid du diable... et me voilà ! voilà trois quarts d'heure que j'attends et que je souffle dans mes doigts. (On entend au dehors appeler Listou.) C'est lui qui appelle !

(Il va ouvrir.)

SCÈNE II.

LISTOU, ÉDOUARD.

ÉDOUARD.

Te voilà fidèle au rendez-vous !

LISTOU.

Sans vous le reprocher, vous m'avez fait attendre assez longtemps.

ÉDOUARD.

On ne va pas vite dans vos montagnes, avec une dame sous son bras... surtout quand on est occupé à perdre son chemin... et j'en suis venu à bout.

LISTOU.

Vraiment !

ÉDOUARD.

Tout à fait égarés... impossible de rejoindre sa tante et la société... que nous appelions en vain... j'avais eu soin seulement de m'égarer dans la direction de ta cabane... et comme ma compagne de voyage ne voulait plus marcher... je l'ai laissée se reposer quelques instants au pied du grand rocher ; il y a là une grotte où elle est à l'abri, et je suis venu à la découverte... Tout est-il disposé pour nous recevoir ?

LISTOU.

Dame ! monsieur, vous voyez... c'est simple.

ÉDOUARD.

Mais, c'est bien laid... le mobilier surtout... quatre chaises et une table.

LISTOU.
J'ai vendu tout le reste... voulant quitter l'habitation.

ÉDOUARD.
C'est bien ! (Regardant autour de lui.) Seulement, je crois qu'un peu de feu et de lumière ne gâterait rien.

LISTOU, lui montrant des broussailles dans un coin.
Oh ! avec ce tas de broussailles, vous auriez de quoi brûler la maison... et pour de la lumière, voilà.
(Il prend son briquet, fait du feu, et allume une chandelle qui est sur la table.)

ÉDOUARD.
Cela suffira ! tu n'as ici aucun voisin ?

LISTOU.
Pourquoi donc ?

ÉDOUARD.
Je te le demande.

LISTOU.
Est-ce que vous auriez en tête quelque mauvais dessein ?

ÉDOUARD.
Imbécile !

LISTOU.
Dame ! les amoureux d'à présent sont si drôles ! ils se tuent seuls ou en compagnie par partie de plaisir.

ÉDOUARD.
Sois tranquille, je n'en ai pas envie, ni elle non plus ! As-tu quelque voisin ?...

LISTOU.
Il y a bien, près d'ici, le vieux Pierre, qui m'a loué une espèce de grange où il met ses bestiaux ; il n'y est pas aujourd'hui, il est à Bagnères pour le marché.

ÉDOUARD.
Ainsi, tu es sûr que je serai seul avec Mme d'Émery ?

LISTOU.

Oui, monsieur; vous avez un air si décidé que vous me faites peur pour elle...

ÉDOUARD.

Toi, qui ce matin tremblais pour moi !

LISTOU.

Je crois maintenant que vous êtes de force !... je vous conseille cependant de prendre garde à vous; j'ai rencontré en vous quittant un monsieur qui était à l'arrière-garde et qui avait l'air de vous suivre.

ÉDOUARD.

Qui donc ?

LISTOU.

Celui qui est arrivé ce matin, ce jeune homme qui a des moustaches...

ÉDOUARD.

Alfred de Lucenay...

LISTOU.

Justement, il m'a demandé le chemin qu'avait pris Mme d'Emery.

ÉDOUARD.

Et tu lui en as indiqué un autre ?

LISTOU.

Je crois bien ! avec les renseignements que je lui ai donnés, il est capable de marcher toute la nuit sans trouver une maison, ni une figure humaine; et comme voilà justement un petit orage qui se prépare...

ÉDOUARD, lui mettant de l'argent dans la main.

AIR : Moi je connais une maîtresse. (*Les Chaperons blancs.*)

J'estime l'esprit et le zèle.

LISTOU.

C'est trop pour un tel rendez-vous !

ÉDOUARD.

L'amour, qui dans ces lieux m'appelle,
Me réserve un prix bien plus doux.
Mais sans pitié que tout le monde,
Par toi, soit chassé de ces lieux ;
L'éclair brille ! l'orage gronde !
Le beau temps pour des amoureux !

Ensemble.

LISTOU.

Oui, monsieur, comptez sur mon zèle ;
J'éloignerai tous les jaloux.
L'amour, qui dans ces lieux l'appelle,
Lui réserve un prix bien plus doux.

ÉDOUARD.

Oui, je compte ici sur ton zèle,
Éloigne bien tous les jaloux.
L'amour, qui dans ces lieux m'appelle,
Me réserve un prix bien plus doux.

(Édouard sort et on entend gronder le tonnerre dans le lointain.)

SCÈNE III.

LISTOU, seul.

Là ! voici la pluie et le tonnerre à présent ; il va être joliment arrangé, cela lui est égal... il descend en courant au bord des précipices....je n'y conçois rien... si jeune, si intrépide... et si malin... malin comme un démon... C'en est peut-être un !... c'est possible ! dans les montagnes surtout où il y a, dit-on, des farfadets, des esprits follets... et je le croirais presque, si ce n'étaient ces pièces de cent sous qui n'ont rien de fantastique, comme ils disent, et qui me rassurent complètement ; trente francs, pour passer une nuit sur une chaise, dans une cabane !

AIR : Un homme pour faire un tableau. (*Les Hasards de la guerre.*)

C'est qu'elle est ouverte à tout vent...
Et cette méchante chaumière

N'offre rien de bien attrayant ;
Il me semble même, au contraire,
Qu'il y sera joliment mal ;
Et pour séduir' celle qu'il aime,
N'pouvant compter sur le local,
Il faut qu'il compt' bien sur lui-même !

(Il met l'une après l'autre les pièces de cent sous dans une bourse de peau.)

SCÈNE IV.

LISTOU, ALFRED.

ALFRED, entrant, il est tout mouillé.

Quel temps épouvantable !... impossible de faire un pas de plus, ou de songer à retrouver Caroline ; il faut que je demande un abri dans cette cabane. (Frappant Listou sur l'épaule.) Camarade !...

LISTOU, laissant tomber sa bourse.

Au voleur !

ALFRED, riant.

Rassurez-vous ! je ne suis point un voleur, et loin de prendre votre bourse, je vous offre la mienne, si vous voulez me donner un gîte.

LISTOU, à part.

Oh ! là ! là !... c'est bien pis qu'un voleur ! l'officier que je croyais au diable !

ALFRED, le reconnaissant.

Le garçon de l'hôtel !... dites donc, mon gaillard, vous m'avez drôlement indiqué le chemin.

LISTOU, à part.

Trop bien encore ! qu'est-ce que je vais en faire à présent de c't' homme ? (Haut.) Je suis sûr, monsieur, que vous vous êtes égaré.

ALFRED.

Parbleu! vous m'apprenez là quelque chose de nouveau; mais à qui la faute?

LISTOU.

Dame! je vous avais bien expliqué, pourtant..

ALFRED.

Joliment! toujours à gauche, m'as-tu dit.

LISTOU.

C'est vrai!

ALFRED.

Et à gauche, il n'y avait que des précipices.

LISTOU, à part.

J'ai voulu trop bien faire.

ALFRED.

As-tu rencontré ces dames? sais-tu où elles sont?

LISTOU, vivement.

J'allais partir au-devant d'elles, et si vous voulez venir avec moi...

ALFRED, à part.

Décidément, ce garçon n'est pas franc! il m'a perdu à dessein, et maintenant, il veut m'éloigner, raison de plus pour que je reste. (Haut.) Eh bien! qu'as-tu donc?... tu allais partir à la découverte, que je ne te retienne pas, cela te vaudra une bonne récompense.

LISTOU.

Oui, monsieur; mais vous laisser seul ici...

ALFRED, s'asseyant.

N'as-tu pas peur qu'on vole le mobilier?

LISTOU.

Ça m'est égal, il est assuré; mais vous mourrez de faim.

ALFRED.

Je fumerai un cigare!

LISTOU.

Et dormir?

ALFRED.

Je ne dors jamais. (Avec impatience.) Ainsi, je te le répète, vas-t'en... ou je penserai que tu t'es joué de moi, et je te jette alors dans le premier précipice.

LISTOU, à part.

Est-il brutal et entêté! (Haut.) Je m'en vais. (A part.) Faut avoir l'air de m'en aller, ça le décidera peut-être à en faire autant. (Haut.) Je m'en vais, monsieur, vous le voyez bien.

(Il sort par la porte du fond.)

SCÈNE V.

ALFRED, seul.

Oui, Listou avait un motif pour me renvoyer... s'entendrait-il avec un rival... avec ce jeune Édouard?... non, non, je m'étais trompé sur son compte et j'ai été le provoquer, le défier, lui qui ne songeait même pas à Caroline; c'est elle seule qui est coupable, et Van-Brook avait raison; oui, elle est coquette, elle le sera toujours! et malgré moi, je l'aime encore! et c'est pour elle que j'ai renoncé à un ange, à celle qui possédait toutes les vertus... pauvre Emma! mais, n'importe, et quoi qu'il arrive, le sort en est jeté, je poursuivrai mon dessein : Caroline sera à moi, je ne la céderai à personne, je la disputerai à tous mes rivaux, et jusqu'à ce que j'aie la preuve évidente de sa trahison... Qui vient là? encore ce paysan; non, Van-Brook.

SCÈNE VI.

VAN-BROOK, ALFRED.

VAN-BROOK.

Au diable les montagnes, et surtout la nuit! des rochers, des précipices, et personne pour vous dire : casse-cou!

(Apercevant Alfred.) Est-il possible? monsieur Alfred, égaré comme moi!

ALFRED.

Précisément! mais vous, du moins, vous n'étiez pas seul.

VAN-BROOK.

Je le crois bien! j'en ai là une fatigue au bras droit, sans compter celle des jambes; une lieue entière sans nous apercevoir que nous nous étions trompés; et revenir sur nos pas, et des chemins affreux, et le tonnerre, et la pluie qui tombe toujours... Enfin, à deux cents pas d'ici, nous avons rencontré une espèce de grange où étaient des bestiaux, et sans demander permission aux locataires, toute la société s'y est installée, enchantée de trouver un abri, et j'ai cru que j'allais me reposer un instant; mais madame Desnelles qui me criait sans cesse : « Et ma nièce, monsieur, et ma nièce, qu'est-elle devenue? »

ALFRED.

Comment? Caroline n'est pas avec vous!

VAN-BROOK.

Eh! non, vraiment!

ALFRED.

Et qu'en avez-vous fait?

VAN-BROOK.

Allons, le voilà comme les autres! est-ce qu'on me l'a confiée? c'est elle, au contraire, qui m'avait confié sa tante, et j'en suis venu à mon honneur, j'ai rempli ma tâche...une tâche difficile, j'ose le dire!

ALFRED.

Mais, Caroline! où est-elle?

VAN-BROOK.

Parbleu! c'est justement là la question, et si je le savais, je ne vous le dirais pas!... j'irais moi-même!...

ALFRED.

Et je ne vous quitterais pas! car celle dont je vous ai parlé ce matin, celle que j'aime et que je veux épouser, c'est Caroline!

VAN-BROOK.

Eh! monsieur! je ne le sais que de reste!

ALFRED.

Et, malgré cela, vous continuez à lui faire la cour?

VAN-BROOK.

Je lui ai remis, tantôt à la promenade, la lettre où je demande sa main.

ALFRED.

Quand elle a reçu mes serments!...

VAN-BROOK.

Si elle ne recevait que les vôtres... s'il y avait exception en votre faveur, je ne dis pas, parce que j'ai toujours respecté les droits et privilèges, mais quand c'est le caprice seul qui la décide, et souvent le caprice le plus extravagant... il me semble, alors, que j'ai des titres, j'en ai peut-être plus qu'un autre, et je me mets sur les rangs...

ALFRED.

Pour l'épouser?

VAN-BROOK.

Oui, vraiment!

ALFRED.

Monsieur! après ce que j'ai fait pour vous!

AIR de la valse du ballet de Cendrillon.

Ce procédé me prouve en ce moment...

VAN-BROOK.

Que je vous sers en ami véritable!
En l'épousant, vous seriez... c'est probable...

ALFRED, avec colère.

Et vous, monsieur?...

VAN-BROOK.

Oh! moi, c'est différent!
Quoique j'en sois, comme un autre, irrité,
Ce doute qui vous met en peine,
Serait pour vous nuisible à la santé;
Il est favorable à la mienne.

ALFRED et VAN-BROOK, se menaçant.

Je défendrai, fût-ce au prix de mon sang,
Mes droits d'amant et d'époux véritable!
Je suis, monsieur, entêté comme un diable,
Craignez l'effet de mon ressentiment.

SCÈNE VII.

VAN-BROOK, assis sur la chaise à droite; ALFRED, près de la table à gauche; LISTOU, paraissant à la porte du fond.

LISTOU, à part.

Voyons s'il est parti... ah! mon Dieu!... il y en a deux maintenant... c'est le diable qui s'en mêle!

VAN-BROOK, et ALFRED, se retournant.

C'est Listou!

LISTOU.

Oui, messieurs... (A part.) et M. Édouard qui me suit... qui sera ici dans quelques minutes.

ALFRED.

D'où vient cet air d'effroi?

LISTOU.

Du tout! c'est un air de joie!... un air joyeux! j'ai de bonnes nouvelles à vous annoncer, j'ai retrouvé tout le monde.

VAN-BROOK, à Alfred.

Est-il possible!

LISTOU.

Madame Desnelles et les autres dames... et le petit substitut, et les deux officiers, enfin, toute la société de Bagnères est à deux cents pas d'ici, dans une étable que j'ai louée à maître Pierre.

VAN-BROOK.

Nous le savons!

LISTOU.

Et, quoiqu'ils soient bien mal, personne n'ose sortir, parce qu'il pleut toujours.

ALFRED.

Que nous importe!... et Caroline, as-tu de ses nouvelles?

LISTOU, avec intention.

Oui, monsieur, et elle est bien mieux; j'ai rencontré un chevrier qui l'a vue avec M. Édouard qui lui donnait le bras.

ALFRED, vivement.

Édouard!... ce jeune homme...

VAN-BROOK.

Eh! oui, sans doute, nous les avons perdus tous les deux!

ALFRED, passant au milieu.

Et vous ne me le dites pas... vous êtes d'une sécurité...

LISTOU.

N'ayez pas d'inquiétude, le chevrier les a vus entrer tous les deux et avant l'orage dans le moulin qui est sur le Gave, à un quart de lieue d'ici, une maison seule... ils y seront à merveille...

ALFRED.

Tu vas m'y conduire.

VAN-BROOK.

Moi de même.

LISTOU.

A cette heure-ci, par un temps affreux!

AIR : Bonheur de la table. (*Les Huguenots*.)

ALFRED et VAN-BROOK.
Rien ne m'intimide,
Viens, sois notre guide,
D'un pas intrépide
Nous t'escorterons !
Le dépit, la rage,
Doublent mon courage,
Et malgré l'orage
Nous arriverons.

VAN-BROOK, donnant une bourse à Listou.
Prends cette somme.
Marche... obéis !
Ou je t'assomme !...

ALFRED.
Allons, choisis.

LISTOU.
Loin que j'hésite,
Je prends l'argent...
Mais passez vite...
Passez devant.

ALFRED et VAN-BROOK.
Rien ne m'intimide,
Viens, sers-nous de guide, etc.

(Listou ouvre la porte à droite, fait passer devant lui Alfred et Van-Brook et au moment où il va les suivre, paraît Édouard à la porte du fond ; Listou lui fait signe qu'ils sont partis ; il sort, et tire la porte sur lui.)

SCÈNE VIII.

ÉDOUARD, CAROLINE.

ÉDOUARD, paraissant le premier.
Entrez, entrez, madame ; voici le seul abri que j'aie découvert.

CAROLINE.

Où sommes-nous donc?

ÉDOUARD.

Dans une cabane abandonnée, qui est devenue, je crois, une espèce de rendez-vous de chasseurs.

CAROLINE.

Mais c'est affreux!

ÉDOUARD.

Je le sais bien.

CAROLINE.

Et vous m'y avez conduite?

ÉDOUARD.

Je n'avais pas le choix.

CAROLINE, à part.

Quelle tranquillité! il est vraiment insupportable... (Haut.) Quel horrible pays!

ÉDOUARD.

Je ne dis pas non.

CAROLINE.

Au fait, il faut bien souffrir un peu, pour avoir quelque chose à dire de ses voyages... Oh! quand je serai de retour à Paris, dans mon petit boudoir, et auprès d'un bon feu, comme je vais en raconter!... comme je vais mentir!... c'est là le seul plaisir, après les grands dangers, et nous en avons couru d'épouvantables.

ÉDOUARD.

Lesquels?

CAROLINE.

Mais d'abord, celui d'une fluxion de poitrine... vous surtout, qui vous êtes privé pour moi de votre manteau, ce qui ne m'a pas empêchée d'avoir bien froid.

ÉDOUARD.

Si nous pouvions faire du feu... les chasseurs dont je

13.

vous parlais, ont dû laisser quelques provisions... du bois, par exemple... (Voyant les broussailles qui sont auprès de la porte.) Tenez, voilà justement ce qu'il nous faut.

(Il les met dans la cheminée, prend la chandelle qui est sur la table et y met le feu.)

CAROLINE, pendant qu'Édouard fait du feu.

Si attentif, si dévoué... et malgré cela, il ne parle pas... ces petits jeunes gens, si timides, c'est amusant; mais c'est terrible, car il ne dit rien... rien dont on puisse tirer avantage... même dans les moments de dangers, qui, d'ordinaire, rendent si communicatif.

ÉDOUARD, qui vient d'allumer le feu.

Tenez, tenez, voyez-vous comme ces broussailles prennent vite, dans un instant, vous aurez un feu magnifique... regardez déjà.

CAROLINE.

Je vous donne une peine... combien vous êtes bon!

ÉDOUARD.

Pas tant, c'est pour moi ce que j'en fais... je serais trop malheureux si cette promenade devait vous rendre malade... Allons, maintenant approchez-vous, ce bon feu va vous remettre... (Plaçant une bûche devant la chaise.) Vous mettrez vos pieds là-dessus, ils sècheront mieux.

(Il lui prend la main pour la faire asseoir.)

CAROLINE, avec douceur.

Mais vous, monsieur, votre main est glacée, pauvre jeune homme! il est tout tremblant!

ÉDOUARD, appuyé sur le dos de la chaise de Caroline.

C'est de froid, madame!... (Vivement.) Mais qu'importe? je ne m'en aperçois pas, parce qu'il y a là quelque chose qui me réchauffe et m'anime, une bonne pensée qui me donne du courage, un espoir qui me soutient.

CAROLINE, vivement.

Lequel?

ÉDOUARD, avec hésitation.

Celui de vous défendre et de vous protéger, c'est ma seule idée.

CAROLINE, le regardant avec expression.

Pas d'autre?

ÉDOUARD.

Non, madame, et si je peux vous ramener auprès de votre tante...

CAROLINE.

Ah! mon Dieu! vous avez raison, cette pauvre tante doit être d'une inquiétude! elle va s'imaginer que je suis perdue, que je suis morte... Oui, monsieur, c'est votre faute, on ne se charge pas de conduire les gens, quand on ne connaît pas les chemins, et à moins vraiment que vous ne l'ayez fait exprès...

ÉDOUARD.

Peut-être bien, je n'en voudrais pas répondre.

CAROLINE.

Comment, monsieur, dans quel but, quelle intention? je ne resterai pas un instant de plus...

ÉDOUARD, timidement.

Vous en êtes la maîtresse; mais vous ne pouvez partir seule, la nuit, au milieu des précipices; d'ailleurs, la pluie qui redouble vous retient près de moi, et vous pouvez rester sans crainte, je jure, par ce qu'il y a de plus sacré au monde, de vous respecter comme un frère!...

CAROLINE.

Je vous crois.

ÉDOUARD.

Ah! il est des gens qui ne laisseraient pas échapper une si belle occasion... qui, se trouvant ainsi seuls auprès de vous, la nuit, et dans un désert, oseraient vous parler d'amour; ils en seraient capables... mais moi, je vous l'ai dit... moi qui n'ai que des idées pures et désintéressées, je suis prêt, s'il le faut, à m'éloigner de vous, et je vous promets, si vous l'exigez, de ne pas même vous adresser la parole.

CAROLINE, à part.

La belle avance!

ÉDOUARD.

Me craignez-vous encore?

CAROLINE.

Oh! non, monsieur.

AIR : Mire dans mes yeux tes yeux.

Vraiment, je n'y conçois rien,
Mais prenons courage;
Si timide est son maintien
Qu'on ne risque rien,
Non, rien,
Avec lui, je gage,
Non, rien,
L'on ne risque rien.
(A part.)
J'ai juré que le coupable
A mes genoux tomberait.
(Haut.)
Une conduite semblable
Doit cacher quelque projet.

ÉDOUARD, timidement.

Peut-être est-ce véritable...
Mais si c'était mon secret...

CAROLINE, le regardant.

Ah! quel regard est le sien!
Allons, du courage,
Si timide est son maintien
Qu'on ne risque rien;
Avec lui, je gage,
L'on ne risque rien.

(S'approchant d'Édouard.)
Ce secret, peut-on l'apprendre ?

ÉDOUARD.
Pourquoi le dirais-je ici
A qui ne peut me comprendre ?

CAROLINE, le regardant avec expression.
Qui vous fait parler ainsi ?

ÉDOUARD, timidement.
Ah ! si l'on savait m'entendre !

CAROLINE.
Pourquoi donc trembler ainsi ?

Ensemble.

ÉDOUARD.
Ah ! quel regard est le sien !
Allons, du courage !
Maintenant, je le vois bien,
Je ne risque rien,
Non, rien !
Allons du courage,
Non, rien,
Je ne risque rien !

CAROLINE.
Grand Dieu ! quel trouble est le sien !
Allons du courage !
Si timide est son maintien,
Qu'on ne risque rien,
Non, rien,
Avec lui, je gage,
Non, rien,
L'on ne risque rien !

ÉDOUARD.
Eh bien ! puisque vous me forcez à vous dire ce que j'avais juré de cacher, à vous, et au monde entier... je vous aime.

CAROLINE, avec joie.

Ah! c'est donc là ce secret, si terrible, dont vous ne vouliez pas convenir! bien plus, vous vouliez me persuader le contraire... c'était une trahison. Oui, monsieur, demandez-m'en pardon... là! à genoux... (Édouard tombe à ses genoux.) Et maintenant, (D'un air tendre et confiant.) pour tenir ma promesse, pour que, moi, vous ne puissiez jamais m'accuser de fausseté, pour que ma franchise égale la vôtre, je vous dirai la vérité tout entière, c'est que... je ne vous aime pas...

(Elle part d'un grand éclat de rire.)

ÉDOUARD, toujours à genoux.

Ah! vous riez... eh! bien, j'en suis fâché, madame; mais, vous l'avez voulu, je vous aime, et je suis très-entêté.

(Il se lève.)

CAROLINE.

Comment, monsieur, que signifie?...

ÉDOUARD.

Nous sommes entrés tous les deux dans une route dont nous ne pouvons plus sortir... ce n'est pas volontairement que j'y ai fait les premiers pas, vous m'y avez entraîné, maintenant j'y marcherai plus vite que vous.

CAROLINE.

Mais sans moi!...

(Elle se dirige vers la porte.)

ÉDOUARD, l'y devançant et en ôtant la clef.

C'est ce que nous allons voir.

CAROLINE.

Comment, monsieur!...

ÉDOUARD, mettant la clef dans sa poche.

J'ai toujours vu qu'on prenait son parti des choses irrémédiables.

(Au moment même, on frappe aux deux portes.)

VAN-BROOK, frappant en dehors à la porte du fond.

Il y a du monde dans cette cabane, car je vois de la lumière.

CAROLINE.

M. Van-Brook !

ALFRED, frappant en dehors à la porte à droite.

Qui que vous soyez!... ouvrez-nous !

CAROLINE.

O ciel !... cette autre voix... à peine je respire...

ALFRED, en dehors.

Ouvrez, ou j'enfonce la porte !

CAROLINE, avec désespoir.

C'est Alfred!... c'est lui... et M. Van-Brook de l'autre côté !...

(Pendant ce dialogue, Alfred et Van-Brook chantent en dehors.)

AIR : Bonheur de la table. (*Les Huguenots.*)

Rien ne m'intimide, etc.

ÉDOUARD, qui s'est relevé et est allé s'asseoir sur la chaise à droite, à Caroline qui le supplie.

Que voulez-vous que j'y fasse?

CAROLINE, à Édouard.

Répondez, monsieur... répondez...

ÉDOUARD.

Et que leur dire?...

CAROLINE.

Que vous êtes seul !... qu'on n'entre pas !

ÉDOUARD, froidement et sans remuer.

Pourquoi donc? je n'ai aucune raison de me cacher...

(Au même moment, Van-Brook et Alfred enfoncent les deux portes.)

SCÈNE IX.

VAN-BROOK, entrant par le fond ; ALFRED, par la droite ; CAROLINE, près de la chaise d'Édouard qui reste assis ; LISTOU, entrant après Alfred.

VAN-BROOK et ALFRED.

Caroline !...

CAROLINE, s'élançant près d'Alfred.

Monsieur !... monsieur, daignez m'entendre !

LISTOU, bas à Édouard.

Je les ai promenés pendant une heure... c'est tout ce que j'ai pu faire.

ÉDOUARD, bas.

C'est bien !

ALFRED.

En tête à tête avec monsieur !

VAN-BROOK, tirant son calepin de sa poche.

Et depuis trois heures !

CAROLINE.

Quand vous saurez...

ALFRED.

Je ne veux rien entendre...

VAN-BROOK.

Ni moi non plus...

ALFRED.

Tous nos nœuds sont rompus, mais c'est à monsieur que je demanderai raison...

VAN-BROOK.

Oui, monsieur, nous exigeons une explication.

ÉDOUARD, toujours sur sa chaise.

Et sur quoi, s'il vous plaît ? je n'ai rien à vous dire !

VAN-BROOK.

C'est juste! les faits parlent d'eux-mêmes.

ÉDOUARD, se levant.

C'est moi à mon tour qui vous demanderai de quel droit vous venez ainsi faire un éclat... dans un logis que j'ai loué... qui m'appartient, et où je suis le maître.

ALFRED, avec colère.

De quel droit!

VAN-BROOK.

Vous le savez bien...

ALFRED.

Et si vous l'ignorez, je me charge de vous l'apprendre.

ÉDOUARD.

Quand vous voudrez...

ALFRED.

Ici-même.

ÉDOUARD.

Vous êtes deux, messieurs...

ALFRED, allant à Édouard.

Un seul suffira, et c'est moi.

VAN-BROOK.

Non, morbleu!

ALFRED.

Je l'exige.

VAN-BROOK.

Et je ne le souffrirai pas...

ÉDOUARD.

Je vous mettrai d'accord, car c'est à tous les deux que je m'adresse.

LISTOU, à part.

Est-il enragé, ce petit-là!

ÉDOUARD.

Quant à l'ordre du combat, le sort en décidera, mais je suis sans armes.

ALFRED.

Les officiers qui sont avec ces dames nous prêteront leurs épées... je cours les chercher...

VAN-BROOK.

Et moi j'ai vu chez le meunier du Gave de vieux pistolets que je lui emprunterai.

ÉDOUARD.

Soit, je vous attends.

(Van-Brook et Alfred sortent.)

SCÈNE X.

CAROLINE, qui est tombée anéantie sur la chaise à gauche auprès de la table, ÉDOUARD, LISTOU.

LISTOU, bas à Édouard.

J'en suis encore tout tremblant... et il n'est pas possible qu'à votre âge...

ÉDOUARD, souriant.

Tu crois cela? laisse-nous un instant... mais ne t'éloigne pas! j'aurai besoin de toi.

LISTOU, à part.

Je reviens à ma première idée... c'est quelque lutin.

(Il sort par la porte à droite.)

SCÈNE XI.

ÉDOUARD, CAROLINE.

ÉDOUARD.

Eh bien! madame, la leçon ne s'est pas fait attendre, seulement je ne l'aurais pas crue si prompte ni si forte... voilà trois hommes qui, pour vous, vont s'égorger dans un instant.

CAROLINE, avec effroi.

Ah!

ÉDOUARD.

Vous en êtes désolée! je le crois bien, non pour des rivaux qui probablement vous sont fort indifférents, mais pour vous qu'un pareil éclat va perdre à jamais...

CAROLINE.

Et voilà qui est indigne, car mieux que personne vous savez que j'en aimais un autre et que je ne suis point coupable!

ÉDOUARD.

Vous en aimiez un autre! mais c'est bien pire encore! vous en aimiez un autre! et vos regards, vos paroles ont sollicité mon amour... vous lui avez été infidèle de cœur et de pensée... et vous croyez n'être pas coupable!

CAROLINE.

Monsieur...

ÉDOUARD.

Vous l'avez été... vous avez été perfide et cruelle envers moi qui vous avais épargnée, envers moi qui avais été généreux et veux l'être plus encore...

CAROLINE.

Que dites-vous?

ÉDOUARD.

Votre honneur compromis, votre réputation, je puis tout vous rendre d'un seul mot.

CAROLINE, se levant.

Après un éclat pareil... un duel!

ÉDOUARD.

Il dépend de vous de l'empêcher, il y a ici deux rivaux... je ne parle pas de moi, je me retire du concours... eh bien! madame, il faut en épouser un; vous allez me demander lequel? attendez... j'ai cru voir... j'ai pu me tromper, et peut-être vous-même n'en savez-vous rien... j'ai cru voir que vous préfériez Alfred...

CAROLINE.

Oh! oui, monsieur, c'est lui que je préfère.

ÉDOUARD.

Alors, c'est celui-là que vous n'épouserez pas.

CAROLINE.

Et vous vous imaginez, monsieur, que je vous laisserai ainsi disposer de mon sort? que d'un mot, vous briserez ma volonté, mes sentiments?

ÉDOUARD.

Eh! mon Dieu! vous obliger à être millionnaire, à briller au premier rang... la punition est-elle donc si rigoureuse?... M. Van-Brook, c'est le mari qu'il vous faut.

CAROLINE.

Jamais.

ÉDOUARD.

Ah! prenez garde, c'est la condition expresse que je vous impose; sinon, je me tais; sinon, ce double duel, et toutes ses suites; vous avez sur vous une lettre de M. Van-Brook, qui demande votre main; un mot de réponse, au bas de sa lettre; réponse affirmative.

(Il lui présente un crayon.)

CAROLINE.

Ah! monsieur, c'est affreux! c'est indigne! parce que vous voyez une pauvre femme bien effrayée, bien malheureuse, vous croyez pouvoir l'humilier, la tyranniser, me faire renoncer à celui que j'allais épouser!

ÉDOUARD.

Eh! ne vous a-t-il pas donné l'exemple? ne vous a-t-il pas dit tout à l'heure qu'il renonçait à vous? et quant à moi...

(Avec malice.)

AIR : Mire dans mes yeux, tes yeux.

Oh! moi, vous le savez bien,
Sans peine on m'oublie!
Avec moi, vous savez bien,
Qu'on ne risque rien!
Non, rien,
Ma belle ennemie,
Non, rien,
L'on ne risque rien !
Pour moi, loin d'être alarmée
Sur le destin des combats,
Que votre âme soit calmée ;
Car, s'il faut le dire, hélas!
Je ne vous ai pas aimée.

CAROLINE, étonnée.

Comment, monsieur? qu'est-ce que cela signifie?

ÉDOUARD, achevant l'air.

Et je ne vous aime pas.

Ensemble.

CAROLINE.

Ah! quel complot est le sien!
Quelle perfidie!
Vraiment, je n'y comprends rien,
Je ne comprends rien
Non, rien,
A sa perfidie ;
Non, rien,
Je n'y comprends rien !

ÉDOUARD.

Ce secret-là, c'est le mien ;
Mais, dans cette vie,
En ne disant jamais rien,
On ne risque rien.
Non, rien,
Ma belle ennemie ;
Non, rien,
L'on ne risque rien.

LISTOU, entrant en tremblant.

M. Alfred, avec deux épées sous le bras.

CAROLINE.

Alfred! et ce duel, et pas d'autre moyen de l'empêcher! Tenez, tenez, monsieur. (Elle écrit vivement, et donne la lettre à Édouard.) Il ne sera pas dit que quelqu'un s'est exposé pour moi... Ah! je suis bien malheureuse!

(Elle sort par la porte à droite.)

ÉDOUARD.

Listou, conduis madame auprès de sa tante.

(Listou sort avec Caroline.)

SCÈNE XII.

ALFRED, entrant par le fond, ÉDOUARD.

ALFRED.

Voici des armes... et maintenant, je suis à vos ordres.

ÉDOUARD.

C'est bien!

ALFRED.

Vous pouvez choisir.

ÉDOUARD.

Un instant... il faut attendre M. Van-Brook.

ALFRED.

A quoi bon?

ÉDOUARD.

Je lui ai promis que le sort déciderait... et si vous me tuez, j'aurai privé cet honnête homme d'une satisfaction à laquelle il avait droit.

ALFRED.

Mais, monsieur...

ÉDOUARD.

Il y compte... je le lui ai dit... je tiens à ma parole.

ALFRED.

Nous devions nous battre ce matin, si je découvrais que vous fussiez aimé... et maintenant que j'en ai la preuve... maintenant qu'il ne me reste aucun doute...

ÉDOUARD.

Vous êtes bien bon; moi, j'en ai encore, et si je n'avais l'air, à vos yeux, de vouloir éviter un combat, je vous dirais que dans ce moment, nous nous disputons tous les deux une conquête que nous enlève un troisième.

ALFRED.

Que dites-vous?

ÉDOUARD.

Que Caroline épouse aujourd'hui M. Van-Brook.

ALFRED.

Ce n'est pas possible.

ÉDOUARD.

Je vous l'atteste, j'ai vu la demande et la réponse.

ALFRED.

Il se pourrait!... Caroline...

ÉDOUARD.

Et c'est pour cette femme que vous avez abandonné une pauvre fille qui vous aimait tant!

ALFRED, tressaillant.

Monsieur...

ÉDOUARD.

C'est au moment d'un mariage, quand elle vous attendait, que, sans égards, sans pitié, sans la préparer à ce coup fatal, vous écrivez qu'un autre hymen...

ALFRED.

Ah! qui vous l'a dit?

ÉDOUARD.

Ce billet où vous renonciez à elle, ce billet qui l'aurait tuée si elle l'avait reçu... mais il est tombé entre les mains de sa sœur, que vous ne connaissez pas... et qui, joyeuse, arrivait pour ce mariage.

ALFRED.

Ah! s'il était vrai? quoi, sa sœur?...

ÉDOUARD.

Oui, sa sœur aînée, madame Delmar, qui, voyant le désespoir d'Emma, est partie pour veiller sur vous, et lui a promis de vous ramener près d'elle.

ALFRED.

Il serait vrai!

ÉDOUARD.

Eh bien! ai-je tenu parole?

ALFRED.

Quoi! c'est vous... vous seriez...

ÉDOUARD.

Eh! oui...

ALFRED, se jetant à ses pieds.

Ah! madame!...

SCÈNE XIII.

VAN-BROOK, ÉDOUARD, ALFRED.

(Van-Brook entre, tenant sous son bras deux énormes pistolets.)

VAN-BROOK.

Madame!... une femme!

ALFRED.

Eh! oui... la fille de M. Van-Open.

VAN-BROOK.

L'associé de mon père, et moi qui voulais la tuer... Ah! madame!...

(Il se jette aux genoux d'Édouard.)

SCÈNE XIV.
ALFRED, VAN-BROOK, ÉDOUARD, CAROLINE, Mme DES-NELLES et LISTOU, entrant par la droite.

CAROLINE, apercevant Van-Brook et Alfred aux genoux d'Édouard.

Tous deux à ses pieds!

LISTOU, à part.

C'en est un, j'en suis sûr! c'est un diable!

ÉDOUARD, relevant Van-Brook.

Vous, l'ancien ami de ma famille, vous, que j'estime et que j'aime, je vous disais bien hier que je vous défendrais... que j'étais de votre parti... et en voici la preuve... vous épousez madame, qui y consent.

VAN-BROOK.

Est-il possible!... (A Caroline.) Quoi! vous consentiriez?...

CAROLINE, avec humeur.

Eh! oui, monsieur.

VAN-BROOK.

Que vous êtes bonne!... et Alfred?

ÉDOUARD.

Alfred y consent aussi.

ALFRED.

Je pars dès ce soir... pour Bordeaux.

ÉDOUARD.

Où il va épouser Emma.

VAN-BROOK, montrant Édouard.

La sœur de madame!

II — XXVIII.

CAROLINE et Mme DESNELLES.

C'est une femme?

ÉDOUARD, à Caroline.

Oui, vraiment... et vous voyez bien que d'un mot, vous voilà justifiée.

LISTOU, regardant Édouard.

Une femme! eh bien! au fait... il y avait bien quelque chose de ce que je disais!

Mme DESNELLES, à Édouard.

Votre main, mon beau monsieur... c'est-à-dire ma belle petite... enchantée de la leçon que vous avez donnée à ma nièce.

CAROLINE, à part.

C'est égal, si ça n'avait pas été une femme!...

TOUS, excepté Caroline.

AIR : Pour passer doucement la vie.

C'en est fait, sa coquetterie
Reçoit une juste leçon ;
Désormais pour toute sa vie
Elle revient à la raison.

LE
FILS D'UN AGENT DE CHANGE

COMÉDIE-VAUDEVILLE EN UN ACTE

EN SOCIÉTÉ AVEC M. H. DUPIN

Théatre des Variétés. — 30 Novembre 1836.

PERSONNAGES.	ACTEURS.
DALOGNY, agent de change............	MM. DAUDEL.
THÉOPHILE, ébéniste	ADRIEN.
DUMONT, valet de chambre de Dalogny	ÉDOUARD.
HORTENSE, femme de Dalogny.........	Mmes JOLIVET.
JOSÉPHINE, femme de chambre d'Hortense. .	HÉBERT-MASSY.

A Paris, dans la maison de M. Dalogny.

LE
LE FILS D'UN AGENT DE CHANGE

Une chambre avec porte au fond et portes latérales au premier plan. A gauche, une table recouverte d'un tapis; à droite, une barcelonnette; au fond, un buffet.

SCÈNE PREMIÈRE.

JOSÉPHINE, assise près d'une barcelonnette.

AIR de l'Oiseau bleu.

(Se levant.)
Il se tait heureusement.
C'est que ce vilain enfant,
Aujourd'hui, me pousse à bout;
Il est méchant comme tout!

Dans ton lit, (*Bis.*)
Dors, cher petit;
Les enfants sont si gentils
Quand ils sont bien endormis!

(Elle va regarder dans la barcelonnette.)
Par une rare faveur,
Il repose... quel bonheur!

Pour me reposer aussi,
Songeons à mon bon ami.

Dans ton lit, etc.

Toute la journée il faut être à ses ordres; et, comme si ce n'était pas déjà assez dans la maison, d'obéir à monsieur et à madame, voilà un troisième petit bourgeois, qui va encore plus crier que les deux autres; d'autant plus qu'il y a division dans le ménage... Monsieur veut que son fils ait une nourrice, madame ne le veut pas; et voilà un héritier qui, avec trente mille livres de rente, est menacé de mourir de faim. (Courant à la barcelonnette.) Ah! mon Dieu!... j'ai cru qu'il se réveillait... non, non, grâce au ciel!... On n'a pas un moment à soi.

AIR de l'Ave Maria.

Dodo, l'enfant dodo,
Nuit et jour, c'est ma d'vise.
Il faut que je dise :
L'enfant dormira tantôt.

Quels soins sont les nôtres!
Chaque jour bercer
Les enfants des autres,
Ça donne à penser.

Dodo... l'enfant dodo, etc.

SCÈNE II.

JOSÉPHINE, THÉOPHILE, entrant rapidement.

JOSÉPHINE.

Qui vient là?... Est-il possible!... monsieur Théophile dans cette maison!...

THÉOPHILE, d'un ton résolu.

Oui, mamzelle; j'ai quitté le faubourg Saint-Antoine, j'ai quitté ma boutique, mon état de tourneur-ébéniste.

JOSÉPHINE.

Et pourquoi?...

THÉOPHILE.

Pour vous voir... je ne peux pas y tenir.

AIR : A l'âge heureux de quatorze ans.

Aussi j'arrive ; me voici...

JOSÉPHINE.

Ah çà ! vous perdez donc la tête?
Quoi! vous présenter un mardi !...
Mais ce n'est pas un jour de fête.

THÉOPHILE.

C'est plus fort que moi ; chaque jour
Il faut que ma flamme s'épanche ;
Est-ce ma faut' si mon amour
Ne peut pas attendre au dimanche?

C'est trop loin... et encore le dimanche... on ne vous voit pas... Est-ce que vous êtes venue avant-hier?... est-ce que je ne vous ai pas attendue toute la soirée au Colysée?

JOSÉPHINE.

Est-ce que je le pouvais?... le petit n'a fait que crier... je n'ai pas pu le quitter...

THÉOPHILE.

Le petit !... le petit... qu'est-ce que ça me fait, le petit?... est-ce que vous croyez que je me laisserai mener par lui?... non, morbleu !...

JOSÉPHINE.

Taisez-vous donc !..

THÉOPHILE, élevant la voix.

S'il ne s'agit que de crier... je crierai... plus haut que lui... je ne le crains pas...

JOSÉPHINE.

Y pensez-vous?...

THÉOPHILE.

Que voulez-vous, Joséphine?... c'est plus fort que moi!... vous, qui êtes froide et indifférente, vous ne savez pas ce que c'est que la passion dans la tête d'une jeunesse et dans le cœur d'un ouvrier ébéniste... La passion, voyez-vous, c'est un sentiment qui fait qu'on est là, dans sa boutique, comme un ahuri... sans savoir si on tient un bras de fauteuil ou un col de cygne... on croit qu'on travaille, et on ne travaille pas... et on se dit : Cette petite Joséphine, que je connais depuis si longtemps... avec qui j'ai été élevé au pays... qui est femme de chambre chez un agent de change de la Chaussée-d'Antin... et qui a peut-être une dizaine d'amoureux qui tournent autour d'elle, tandis que je tourne ici des pieds de table ou des secrétaires à colonnes... A cette idée-là, le cœur vous bat... le sang vous monte à la tête... la main se dérange, et on brise les meubles...

JOSÉPHINE.

Un joli bénéfice!

THÉOPHILE.

Aussi, le samedi, mon maître ne me donne jamais rien; mais, en revanche, et toute la semaine, il me donne des coups...

JOSÉPHINE.

Mon pauvre Théophile...

THÉOPHILE.

Est-ce que je les sens?... je pense à vous... ça m'empêche de les lui rendre... Mais... un jour que je n'y penserai pas... je le tuerai... c'est sûr!... j'en suis capable...

JOSÉPHINE.

Ah! mon Dieu!...

THÉOPHILE.

C'est pour éviter ce désagrément-là que je veux quitter mon état.

JOSÉPHINE.

Quelle folie !..

THÉOPHILE.

Il ne vaut plus rien... l'ébéniste moderne est enfoncé... ce qu'on demande à présent.... c'est des buffets moyen âge et des lits Pompadour.

JOSÉPHINE.

C'est du nouveau...

THÉOPHILE.

C'est du vieux !... les lits Pompadour surtout, je n'sais pas ce qu'on en a fait, il n'y a pas de meubles usés comme ceux-là... Aussi, j'y suis décidé... je donne ma démission, et je fais comme vous, mamzelle... j'entre en maison.

JOSÉPHINE.

Sacrifier votre liberté...

THÉOPHILE.

Tiens, ma liberté... qui m'oblige à mourir de faim... et à recevoir des coups !... qui est-ce qui en veut? je la donne... pour des bons gages... des bons dîners, et une place auprès de vous.

JOSÉPHINE.

Auprès de moi?

THÉOPHILE.

Certainement... il faut que vous me fassiez nommer ici garçon de caisse... valet de chambre... chasseur... si vous voulez... vous m'avez dit que madame avait renvoyé le sien... Un chasseur qui a un plumet... et une épée... c'est si beau !... si séduisant !... ça vous séduirait, j'en suis sûr.

AIR du vaudeville de *Fanchon la Vielleuse.*

L'air altier,
L'épaulette,
Le plumet, l'aiguillette...
C'est presque un officier...

Officier débonnaire,
Qui, pour la prudence cité,
Reste toujours en arrière,
Une épée au côté.

(Prenant la position d'un valet derrière une voiture.)

JOSÉPHINE.

Oui, sans doute... ce serait une belle place... mais pas dans cet hôtel.

THÉOPHILE.

Et pourquoi donc ?

JOSÉPHINE.

Monsieur ne voudra jamais de vous, Théophile...

THÉOPHILE.

Il ne me connaît pas... vous m'avez toujours défendu de venir ici.

JOSÉPHINE.

Pour de bonnes raisons...

THÉOPHILE.

Et lesquelles?... je suis bon à voir... je suis gentil... j'ai bonne tournure...

JOSÉPHINE.

Que trop...

THÉOPHILE.

Est-ce que c'est un tort?

JOSÉPHINE.

Quelquefois...

THÉOPHILE.

Qu'est-ce que cela signifie?

JOSÉPHINE.

Je ne peux vous le dire... mais, dans mon intérêt, et peut-être aussi dans le vôtre, ne cherchez pas à entrer dans cette maison... il y a déjà même trop longtemps que vous y êtes... et si vous m'aimez, Théophile...

THÉOPHILE.

Si je vous aime!...

JOSÉPHINE.

Vous vous en irez tout de suite...

THÉOPHILE.

M'en aller!... Prenez garde, Joséphine... il y a là-dessous quelque manigance que je découvrirai... vous ne me connaissez pas... vous ne savez pas ce que c'est que le faubourg Saint-Antoine... quand il est amoureux... je suis capable de m'installer ici... malgré vous... et malgré vos maîtres... j'en trouverai les moyens.

JOSÉPHINE.

Si vous l'osiez...

THÉOPHILE.

Certainement que j'oserai... j'oserai tout... parce que pour l'audace et l'imaginative... je suis là, et quand une fois la tête n'y est plus... qu'est-ce qu'on risque?...

JOSÉPHINE.

Et les dangers?...

THÉOPHILE.

Ça m'est égal...

JOSÉPHINE.

Et mon honneur?...

THÉOPHILE.

Ça me regarde... puisque je vous épouse!...

JOSÉPHINE.

Si je veux...

THÉOPHILE.

Vous le voudrez... ou je me jette par la fenêtre!...

JOSÉPHINE.

A-t-on jamais vu?... Ah mon Dieu! l'on vient... sortez, monsieur.

THÉOPHILE.

Je ne sors pas que vous ne m'ayez répondu... (Appuyant.) La porte ou la fenêtre... choisissez —!...

JOSÉPHINE.

Mais c'est affreux... d'imposer ainsi aux gens...

THÉOPHILE.

L'imposition des portes et fenêtres... choisissez.

JOSÉPHINE.

Eh bien! la porte.

THÉOPHILE.

Je respire...

(Il va pour sortir par le fond.)

JOSÉPHINE, l'arrêtant.

Pas celle-là!... vous seriez vu par les gens de l'office... (Lui montrant la gauche.) mais par ici, un escalier dérobé... qui conduit dans la rue Taitbout.

THÉOPHILE.

Où j'ai ma tante qui est portière... la maison à côté... je m'installe chez elle...

JOSÉPHINE, qui a passé près de la porte à gauche.

Mais partez donc!... (Regardant.) Ce n'est plus possible... voilà monsieur qui monte par là... qu'il ne vous aperçoive pas! (Elle va au fond.) Et Germain, qui est dans l'antichambre... où vous cacher?...

THÉOPHILE.

Où vous voudrez... ça m'est égal... Ce berceau?...

JOSÉPHINE, avec colère.

Le berceau du petit...

THÉOPHILE, montrant une table à gauche.

Là... sous cette table...

JOSÉPHINE.

Impossible...

THÉOPHILE, s'y mettant.

M'y voilà!... une table d'acajou!... je suis ici chez moi*.

JOSÉPHINE, baissant le tapis de la table.

Taisez-vous donc...

(Elle s'assied près de la table et brode.)

SCÈNE III.

THÉOPHILE, sous la table, JOSÉPHINE, DALOGNY.

DALOGNY.

J'ai eu le temps de faire une course et mes emplettes du matin... personne ne m'a seulement vu sortir... Ah! te voilà, ma petite Joséphine...

JOSÉPHINE, troublée.

Oui, monsieur.

DALOGNY.

Ma femme est-elle levée?

JOSÉPHINE, troublée.

Non, monsieur... c'est-à-dire... je ne sais pas... si vous passiez chez elle...

DALOGNY.

Ah! bien, oui... je n'aurais qu'à la réveiller... ça serait une scène.

AIR : J'en guette un petit de mon âge. (*Les Scythes et les Amazones.*)

    Réveiller une jeune mère
    Qui nourrit et n'a pu dormir...
    Ce seraient des larmes, ma chère,
    Et des cris à n'en plus finir;
    Ce qu'il m'en coûte, hélas! je puis le dire :

---

* L'acteur est censé sous la table; mais il sort par une trappe, ce qui lui donne plus de temps pour s'habiller et reparaitre en femme à la scène VI.

Pour essuyer ces pleurs, en pareil cas,
Un mouchoir, cela ne suffit pas,
Il faut au moins un cachemire.

Il n'y a rien de cher comme les jeunes mères... la tendresse maternelle a tant de caprices... Quant à toi, ma petite Joséphine... tu n'as malheureusement pas de caprices.

JOSÉPHINE, avec pruderie.

Que voulez-vous dire?

DALOGNY.

Je dis que tu es la femme de chambre la plus gentille... la plus piquante... et que, si tu voulais m'aimer encore un peu plus que tu ne fais...

JOSÉPHINE, très-haut, pour être entendue de Théophile.

Mais je ne vous aime pas du tout...

DALOGNY.

Laisse donc... tu le dis aujourd'hui...

JOSÉPHINE.

Je le dis toujours...

DALOGNY.

Jusqu'à présent... mais ça ne durera pas... Tu sais, mon enfant, que je t'ai promis une dot... si tu restais sage...

JOSÉPHINE, poussant la table vers la porte à droite.

Et vous savez mieux que personne si je la mérite.

DALOGNY.

C'est selon!...

JOSÉPHINE.

Comment, monsieur... c'est selon!...

DALOGNY.

Eh! oui, sans doute...

JOSÉPHINE, à part.

S'il pouvait s'esquiver...

DALOGNY.

Mais que diable as-tu donc à repousser toujours cette table vers la porte ?... on ne pourra plus entrer... ni sortir !... Viens ici, écoute-moi... Tu sais, Joséphine, que j'aime les mœurs... surtout dans mes domestiques... et je n'entends pas que personne, ici, à l'office, te fasse les doux yeux...

JOSÉPHINE.

Et qui donc oserait se permettre ?...

DALOGNY.

Anatole, mon dernier chasseur, que j'ai renvoyé à cause de ça...

JOSÉPHINE.

Fi donc !... je vous jure bien que vous vous êtes trompé !...

DALOGNY.

C'est possible... mais dorénavant... je ne veux plus chez moi de jeunes gens... à tournure... ces gaillards-là font du tort à une maison... souvent on les confondrait avec les maîtres... si ce n'étaient les gants jaunes... il n'y a plus maintenant que les gants jaunes qui établissent quelque hiérarchie dans la civilisation !... (Otant ses gants.) Otez-les... tout est nivelé... confondu... c'est ce que je disais tout-à-l'heure au café Tortoni... Pour en revenir à toi... ma petite Joséphine... dont je connais les principes, nous n'aurons ici que des vieux comme Dumont, le valet de chambre... ou des gens de la seconde jeunesse... quarante-cinq à cinquante ans...

JOSÉPHINE, à part.

Ce pauvre Théophile...

DALOGNY.

Et si tu continues à être bien sage... je tiendrai ma parole... je te donnerai une belle dot... cinq à six mille francs...

JOSÉPHINE.

Vraiment !...

DALOGNY.

A une condition...

JOSÉPHINE.

Laquelle?...

DALOGNY.

C'est que tu ne te marieras pas...

JOSÉPHINE.

Eh bien! par exemple...

DALOGNY.

Dans ton intérêt... parce qu'une femme de chambre qui est... demoiselle, c'est mieux... c'est meilleur genre... mademoiselle Joséphine... c'est distingué... mais madame Dumont... ou madame Dubois... c'est bourgeois... c'est rue Saint-Denis... moi, je n'en voudrais pas... ni ma femme non plus... mais, en revanche, ma chère enfant, tu trouveras dans l'affection de tes maîtres des dédommagements...

JOSÉPHINE.

Vous croyez?...

DALOGNY.

Et pour te le prouver, (Lui montrant un paquet qu'il a posé sur une chaise en entrant.) tiens!... voilà...

AIR du vaudeville de *La Famille de l'Apothicaire.*

Une robe en soie...

JOSÉPHINE, ouvrant le paquet.

Oui, vraiment

DALOGNY.

Récompensant ton zèle habile,
Pour toi je viens, ma chère enfant,
D'aller l'acheter chez Delille.

JOSÉPHINE.

Eh mais, c'est du satin lilas...
(A part, avec finesse.)
Lorsque nous irons par la ville,

Et qu'il me donnera le bras,
Ça f'ra plaisir à Théophile.

DALOGNY.

Mets aussi cette bague-là
A ton doigt, petite sournoise!

JOSÉPHINE.

Non, non, monsieur, qu'est-c' qu'on dira?
(Regardant.)
C'est, je le crois, une turquoise.

DALOGNY.

Avec des brillants.

JOSÉPHINE.

C'est divin!

DALOGNY.

A ma volonté sois docile.

(Il lui met l'anneau au doigt.)

JOSÉPHINE, à part.

Quand il me baisera la main,
Ça f'ra plaisir à Théophile !

DALOGNY.

Et si tu trouves que c'est trop... tu me devras du retour...
et je ne te demande pour cela... que de m'écouter un peu...

JOSÉPHINE, se défendant avec embarras, et regardant toujours du côté de la table.

Y pensez-vous?... un homme établi...

DALOGNY.

Qu'est-ce que ça fait?...

JOSÉPHINE.

Un agent de change...

DALOGNY.

Raison de plus...

JOSÉPHINE.

Qui a une si jolie femme...

######DALOGNY.

Bah!... une femme qui nourrit... et à qui l'on ne peut jamais adresser la parole sans qu'elle ne vous réponde par des phrases sur l'amour maternel... c'est ennuyeux... et puis, et cœtera... aussi j'y suis décidé, je fais venir une nourrice...

######JOSÉPHINE.

Est-il possible?...

######DALOGNY.

Qui m'est recommandée par Gervault, mon fermier de Poissy...

######JOSÉPHINE.

Et madame y consentira-t-elle?...

######DALOGNY.

Il le faudra bien...

######HORTENSE, dans la coulisse.

Ah! c'est affreux... c'est tyrannique...

######DALOGNY.

Tais-toi, la voici.

######JOSÉPHINE, à part, repoussant encore la table près de la porte à droite.

Aura-t-il eu l'esprit de sortir par l'escalier?... Je n'ose pas y regarder...

SCÈNE IV.

JOSÉPHINE, DALOGNY, HORTENSE.

######HORTENSE, une lettre à la main.

Par exemple!... c'est ce que nous verrons...

######DALOGNY.

Eh! mon Dieu! madame, qu'y a-t-il donc?...

######HORTENSE.

Ce qu'il y a, monsieur!... sans m'en prévenir... sans me

consulter... une mesure pareille... cette lettre de Gervault, votre fermier.

DALOGNY.

Vous avez lu une lettre qui m'est adressée?...

HORTENSE.

Pourquoi pas?.. vous lisez bien les miennes... témoin celle d'hier... qui était d'un jeune clerc de notaire... un billet sans conséquence...

DALOGNY.

Si on veut...

HORTENSE.

Oui, si on veut mal l'interpréter... tandis que celui-ci... c'est clair... c'est évident... Gervault s'excuse de ne vous avoir pas encore envoyé la nourrice que vous lui avez demandée... Une nourrice... ici... et pourquoi, s'il vous plait?

DALOGNY.

Dans votre intérêt... chère amie... dans l'intérêt de votre santé...

HORTENSE.

Me séparer de mon fils...

DALOGNY.

Je crains que cela ne vous fatigue...

HORTENSE.

Et la nature, monsieur?...

DALOGNY.

Et les bals de l'Opéra... dont vous ne pouvez vous priver... croyez-vous qu'ils soient aussi dans la nature?...

HORTENSE.

Certainement... car on me recommande la distraction, le plaisir... on me recommande d'éviter les contrariétés et l'ennui... et vous êtes toujours là... en opposition avec l'ordonnance du médecin... (Pleurant.) Vouloir confier mes enfants... à une inconnue... à une femme salariée!...

DALOGNY.

Une femme salariée qui se lève tous les jours à sept heures du matin, et se couche à huit heures du soir... est préférable à une jeune mère qui va toutes les nuits dans le monde ou au spectacle...

AIR : Que d'établissements nouveaux. (*L'Opéra-Comique.*)

Moi, du moins, tel est mon avis...

HORTENSE.

Vraiment j'étouffe de colère !
Vous allez livrer votre fils
Entre les mains d'une étrangère !
Plus tard, on veut que cet enfant
Aime ses parents, les chérisse...

DALOGNY.

(Parlé.) Oui...
Quand il saura qu'exactement
Ils payaient les mois de nourrice.

HORTENSE.

Et vous croyez que je le souffrirai... que je me laisserai déshériter de mes droits...

DALOGNY.

Voilà des phrases... du Jean-Jacques tout pur... j'en ai trouvé l'autre jour un volume sur votre toilette...

JOSÉPHINE, qui est passée près du berceau, à gauche, et qui s'est assise.
A part.

Ce livre que madame lit tous les matins pendant qu'on la coiffe...

HORTENSE.

Oui, monsieur... un homme admirable...

DALOGNY.

Dans sa prose... mais non dans sa conduite.

HORTENSE.

Il entendait l'éducation des enfants... celui-là...

DALOGNY.

C'est pour cela qu'il mettait les siens aux Enfants-Trouvés... moi, qui ne suis pas encore un aussi grand philosophe... je me contente de les mettre en nourrice...

HORTENSE.

Il faut mon consentement...

DALOGNY.

Et vous le donnerez... car nous partons d'ici à quinze jours... nous avons un voyage à faire pour la succession de votre oncle...

HORTENSE.

Vous le ferez seul...

DALOGNY.

Non pas...

HORTENSE.

Je resterai à Paris...

DALOGNY.

A merveille... voilà ce que vous désirez... pour rester au milieu de vos adorateurs... dont rien ne gênerait les hommages... pour recevoir... ce jeune clerc de notaire...

HORTENSE.

Monsieur Melval...

DALOGNY.

Qui vous demandait hier un rendez-vous?

HORTENSE.

Pour affaire...

DALOGNY.

Affaire de cœur, car il vous aime...

HORTENSE.

Il ne me l'a jamais dit...

DALOGNY.

Eh bien! il me l'a dit à moi... au dernier bal de l'Opéra... il était masqué... moi aussi... il m'a pris pour un de ses

amis... et m'a fait confidence de son amour pour vous...
il n'attendait, disait-il, qu'un moment pour le déclarer...

HORTENSE.

Vraiment... Eh bien! je l'ignorais... entièrement, c'est vous qui me l'apprenez...

DALOGNY, à part.

Dieu!... quelle maladresse!... (Haut.) Raison de plus pour vous emmener avec moi... et je ne peux pas vous emmener, tant que vous serez nourrice...

HORTENSE.

Et voilà pourquoi vous avez demandé une nourrice... par jalousie...

DALOGNY.

Jalousie ou non... il faudra bien la prendre dès qu'elle viendra...

HORTENSE.

Mais, elle ne viendra pas... car Gervault dit qu'elle a été indisposée sérieusement...

DALOGNY.

Eh bien! on en aura une autre, quand on devrait la prendre rue Sainte-Apolline, au bureau des nourrices.

HORTENSE.

Quelle horreur!...

DALOGNY.

La plus belle des institutions.

AIR : Adieu, je vous fuis, bois charmants (*Sophie*.)

A l'abri de l'autorité
De lois sages et protectrices,
Apprenez que l'humanité
Créa le bureau des nourrices;
Et son succès toujours constant
Sur son antiquité se fonde...
Car c'est un établissement
Qui remonte au berceau du monde!

SCÈNE V.

DALOGNY, DUMONT, HORTENSE, JOSÉPHINE, près du berceau.

DUMONT.
Ah! monsieur... monsieur, la voilà!

DALOGNY.
Qui donc?

DUMONT.
Elle vous fera plaisir, rien qu'à la voir... un air si bien portant... et puis des embonpoints si distingués.

DALOGNY.
Mais qui?...

DUMONT.
Celle que vous attendiez... et que vous m'avez dit de recevoir...

HORTENSE.
Et tu ne peux pas dire tout de suite?...

DUMONT.
La nourrice...

DALOGNY.
La nourrice... (Regardant Hortense avec satisfaction.) Il n'y a plus à s'en dédire.

SCÈNE VI.

LES MÊMES; THÉOPHILE, en nourrice, entrant; Dumont montre à Théophile, Dalogny; Théophile s'avance et fait la révérence, il porte un petit paquet sous le bras gauche.

JOSÉPHINE, à part.
Dieu! Théophile...

THÉOPHILE.

AIR : Jeunes beautés, charmantes demoiselles.

C'est le bourgeois, sort touchant et propice !
Mon cher monsieur, je débarque à l'instant ;
Je viens ici pour être la nourrice,
A ce qu'on dit, d'un jeune et bel enfant.
  Que de succès, et comme
  Plus tard l'enfant plaira,
  S'il est aussi bel homme
  Que monsieur son papa !

Ensemble.

DALOGNY, à part.

Ma foi, cette nourrice
A l'air très-bien portant ;
Ma femme est au supplice,
Et je suis triomphant.

JOSÉPHINE, de même.

Théophile en nourrice !
Quel projet imprudent !...
Quand je suis au supplice,
Il a l'air triomphant.

HORTENSE, de même.

Voici cette nourrice,
Comment faire à présent ?
Ah! je suis au supplice,
Et monsieur triomphant.

THÉOPHILE.

Sort touchant et propice !
Je débarque à l'instant
Pour être la nourrice
De cet aimable enfant.

DUMONT.

Sort touchant et propice !
La voici, c'est charmant !
Cette belle nourrice
A l'air très-bien portant.

(Sur la ritournelle, Théophile fait des révérences à tout le monde. Hortense lui tourne le dos avec colère, ainsi que Joséphine. Théophile donne son paquet à Dumont, qui le dépose sur le buffet.)

DALOGNY.

Et Gervault qui nous écrivait que vous étiez indisposée... cela va donc mieux ?...

THÉOPHILE.

Beaucoup mieux, et je me suis mise en route sur-le-champ *.

DALOGNY, à Hortense.

J'espère, madame, que mon fermier Gervault ne nous a pas trompés, et qu'il nous a envoyé là une belle et bonne nourrice.

HORTENSE.

C'est ce qu'on verra...

JOSÉPHINE.

Je suis de l'avis de madame... on ne peut pas sans imprudence... admettre ainsi...

HORTENSE.

Joséphine a raison...

DALOGNY.

De quoi se mêle-t-elle ?...

THÉOPHILE.

Je pense, en effet, qu'en fait de ça, mademoiselle ne peut pas s'y connaître... et à moins qu'elle n'ait des raisons particulières de vouloir m'éloigner...

JOSÉPHINE.

Moi ?...

THÉOPHILE.

Je sais bien que dans les maisons, les femmes de chambre en veulent aux nourrices... ce sont des vrais souffre-dou-

---

* Cette partie du rôle de Théophile doit être jouée avec la voix de femme, la volubilité et le tatillonnage d'une nourrice.

leur... (Pleurant.) Et il est bien fastidieux, quand on vient donner l'existence à ses maîtres... de penser qu'on en aura une si pénible...

DALOGNY.

Allons, allons... calmez-vous.

THÉOPHILE.

J'en ai tant éprouvé des vexations domestiques... car, Dieu merci... je sais ce que c'est que la nourriture...

DALOGNY.

Ce n'est donc pas votre premier enfant?...

THÉOPHILE.

J'en ai eu cinq... un clinquailler... un substitut... un colonel... un pair de France... et un épicier...

DALOGNY, à Hortense.

Vous voyez qu'elle est au fait.

THÉOPHILE.

Et qu'il est doux, quelques années plus tard, de se dire, en voyant passer un magistrat ou un capitaine de gendarmerie... j'ai tenu dans mes bras, j'ai élevé, nourri, fouetté... ces gaillards-là!... ce sont les jouissances de l'âme... celles de la nourrice... et il faut bien qu'elle ait quelque dédommagement... car, quoiqu'elle possède un cœur et quelquefois un mari... son état lui impose une tenue bien sévère; je ne dis pas ça pour moi... je vivrais sans penser à rien... tout le monde vous le dira.

DALOGNY.

Je n'en doute pas... et votre nom?...

THÉOPHILE.

Marie-Madelaine...

DALOGNY.

Gervault m'avait dit Mitonneau...

THÉOPHILE.

Marie-Madelaine, femme Mitonneau, M. Mitonneau, à Poissy, préposé aux bestiaux... employé à l'administration des bêtes à cornes... et, quoi qu'en disent les malins de l'endroit... il n'y a pas lieu de le confondre avec ses administrés... parce que je suis connue, et lui aussi, et ce matin, quand il m'a embrassée en me mettant en coucou...

DALOGNY.

En coucou?...

THÉOPHILE.

Oui, monsieur... une voiture bien dure... pour la pudeur... surtout quand elle est sur la première banquette, et qu'on est dans une société de marchands de bœufs... il n'y a rien de leste comme le marchand de bœufs... je dis leste dans ses propos... parce que vous sentez bien...

DALOGNY.

Cela va sans dire... Eh bien! madame Mitonneau, dès aujourd'hui, vous voilà de la maison...

JOSÉPHINE, à part.

Ah! mon Dieu!...

HORTENSE.

Pas encore... il n'est pas dit que cette nourrice-là me convienne... je veux avoir l'avis de mon médecin... et c'est d'après son rapport...

THÉOPHILE, à part, avec sa voix d'homme.

Eh bien! par exemple!...

DALOGNY, à Hortense.

Un jeune médecin, qui vous est tout dévoué, et qui dira tout ce que vous voudrez... mais je ferai venir aussi le mien... un vieux.

JOSÉPHINE.

Deux médecins!...

DALOGNY.

Et je m'en rapporterai à son examen... qui ne peut être que favorable à Mme Mitonneau... si j'en crois les apparences... et d'ici là j'exige qu'elle entre en fonctions sur-le-champ... Allons, nourrice, vous m'avez entendu... prenez l'enfant...

HORTENSE.

Je m'y oppose...

JOSÉPHINE.

Madame fait bien...

HORTENSE.

Je veux avant tout parler à cette nourrice... (A part.) Si, après cela, elle persiste, nous verrons. (Haut.) Votre tyrannie n'ira pas, j'espère, jusqu'à me refuser cette satisfaction.

DALOGNY.

AIR de *Lestocq*.

Madame le désire,
Son désir est le mien ;
Cela doit me suffire :
J'accorde l'entretien.

THÉOPHILE, à Joséphine.

Elle exige qu'il sorte;
J'imagine que c'est...

JOSÉPHINE, à Théophile.

Pour vous mettre à la porte,
Et ce sera bien fait.

Ensemble.

THÉOPHILE.

Le mari se retire,
Son désir est le sien ;
Que va-t-elle me dire
Je crains cet entretien.

HORTENSE.

Mon époux se retire,
Et consent, c'est fort bien,
Cela doit me suffire :
J'aurai mon entretien.

(Dalogny sort par le fond, et Joséphine par la porte de droite, qui conduit dans la chambre d'Hortense. Théophile va au berceau.)

SCÈNE VII.

HORTENSE, THÉOPHILE.

HORTENSE.

Approchez, madame Mitonneau... et, dans votre intérêt, écoutez bien ce que je m'en vais vous dire...

THÉOPHILE.

Oui, madame...

HORTENSE.

Je vous déclare d'abord que je ne veux pas de vous...

THÉOPHILE.

Madame est bien bonne.

HORTENSE.

Et tant que vous resterez dans cette maison... je m'arrangerai pour que vous y soyez si mal, que, d'ici à quelques jours, c'est vous-même qui demanderez votre congé...

THÉOPHILE.

Je ne le demanderai pas...

HORTENSE.

Et pourquoi?

THÉOPHILE.

Parce que je serai ici à merveille...

HORTENSE.

C'est ce que nous verrons; et, pour commencer, s'il vous arrive seulement de toucher mon enfant... je vous fais jeter par la fenêtre...

THÉOPHILE.

Vous voulez donc l'allaiter vous-même?

HORTENSE.

Oui, certes!... par amour maternel!... et par obstination.

THÉOPHILE.

Et vous ne voulez pas que je le nourrisse ?...

HORTENSE.

Jamais...

THÉOPHILE.

Eh bien! calmez-vous... c'est aussi mon intention...

HORTENSE.

Que dites-vous?

THÉOPHILE.

Je ne lui donnerai pas une goutte de lait...

HORTENSE.

Est-il possible?...

THÉOPHILE.

Je le jure, et vous pouvez vous en rapporter à moi... Marie-Madelaine, femme Mitonneau... qui a toujours été du parti des femmes contre les maris... Dans les ménages, il ne s'agit que de s'entendre pour que les hommes n'y voient rien.

HORTENSE, riant.

Vraiment!... c'est ainsi à Poissy?...

THÉOPHILE.

Et aussi à Paris... vous sentez bien que vous auriez beau faire... le bourgeois d'ici voudrait toujours avoir une nourrice... il est buté... il est têtu... et si vous me renvoyez, il en prendra une autre qui ne s'arrangera pas avec vous... qui voudra y mettre du sien... qui voudra, en un mot, exercer ses fonctions de nourrice... tandis que, moi, je n'y tiens pas du tout... je ne tiens qu'à vous plaire...

HORTENSE, le cajolant.

Cette chère madame Mitonneau...

THÉOPHILE.

Je ne tiens qu'à vous obéir; car, moi, je n'ai pas de volontés.

HORTENSE.

En vérité !...

THÉOPHILE.

Je vous disais bien que je n'étais pas une femme comme une autre.

HORTENSE.

Je le vois maintenant... mais comment ferons-nous ?...

THÉOPHILE.

Rien de plus simple... quand l'enfant criera, je vous le porterai en secret... en cachette... par ce moyen, vous aurez chez vous une nourrice...

HORTENSE.

Qui ne nourrira pas...

THÉOPHILE.

Et moi j'aurai une place...

HORTENSE.

Que je remplirai...

THÉOPHILE.

Et dont je toucherai les appointements.

HORTENSE, souriant.

Ça se voit quelquefois... et puis le bonheur d'attraper mon mari... de déjouer sa tyrannie... et, quand je me serai bien moquée de lui... de le lui apprendre dans quelque temps...

THÉOPHILE.

Dans bien longtemps...

HORTENSE.

Tu as raison... ce sera charmant... et tu ne me quitteras pas.. tu resteras ici... auprès de moi... et si tu es discrète...

THÉOPHILE.

Si je le serai !... comptez sur moi...

HORTENSE.

AIR de une Nuit au château.

J'y compte, et te rends justice :
Je puis me fier à toi.
Faisons donc la paix, nourrice,
Et d'abord embrasse-moi.

(Elle l'embrasse.)

SCÈNE VIII.

JOSÉPHINE, HORTENSE, DALOGNY, THÉOPHILE.

JOSÉPHINE.
Que vois-je!... et que signifie?

THÉOPHILE.
Ça signifie, en deux mots,
Que madame m'apprécie
Et sait tout ce que je vaux.

Ensemble.

DALOGNY.
Maintenant, docile et sage,
Elle fait ma volonté ;
Il faut savoir, en ménage,
Montrer de la fermeté.

HORTENSE.
Maintenant, docile et sage,
Je ferai sa volonté ;
Il faut savoir, en ménage,
Montrer de la fermeté.

JOSÉPHINE et THÉOPHILE.
Maintenant, docile et sage,
Elle fait sa volonté ;
Il faut savoir, en ménage,
Montrer de la fermeté.

JOSÉPHINE.

Je n'en puis revenir, car enfin, ce que madame disait tout-à-l'heure...

HORTENSE.

J'ai changé d'idée... j'avais des préventions que je n'ai plus... car je suis persuadée maintenant que c'est la nourrice qu'il me faut.

JOSÉPHINE.

Madame en est bien sûre?

HORTENSE.

Certainement... une fille honnête, en qui l'on peut avoir toute confiance...

JOSÉPHINE.

Mais les qualités essentielles...

HORTENSE.

Elle a de très-bon lait...

JOSÉPHINE, à part.

Si le petit n'a que ça pour déjeuner...

HORTENSE.

Elle vient de lui en donner devant moi...

JOSÉPHINE, stupéfaite.

Devant vous?...

HORTENSE.

Et pourquoi pas?... d'où vient votre étonnement?...

THÉOPHILE.

C'est vrai!... qu'est-ce qu'elle a donc, cette petite femme de chambre?

JOSÉPHINE, de même.

Devant vous?

DALOGNY.

Et le petit gaillard?...

THÉOPHILE.

L'a trouvé excellent.

HORTENSE.

Aussi, nourrice, j'ajouterai aux gages que vous donnait mon mari... et je veux de plus vous faire présent d'une robe... tu sais, Joséphine, ma grande douillette qui était deux fois trop large?

JOSÉPHINE.

Ça ne lui ira jamais...

HORTENSE.

Vous la lui essaierez tout à l'heure...

JOSÉPHINE.

Moi, madame?... par exemple... c'est trop fort...

HORTENSE.

Et pourquoi donc?... j'entends qu'on la serve ici comme moi-même... qu'on soit à ses ordres...

THÉOPHILE.

Vous l'entendez... mais parce qu'on n'est qu'une paysanne... les femmes de chambre vous traitent toujours du haut de leur grandeur... Apprenez, mam'zelle, que ce n'est pas le tablier de percale qui fait le sentiment!... (Pleurant.) et qu'il est bien dur d'avoir à digérer des humiliations comme celles-là...

DALOGNY.

Allons, nourrice...

THÉOPHILE.

Surtout avec de si bons maîtres... et si les domestiques étaient comme eux... je ne pleurerais pas comme en ce moment toutes les larmes de mon corps...

HORTENSE.

Allons, voilà qu'elle sanglote...

THÉOPHILE.

Mais je vois que mam'zelle Joséphine est un mauvais cœur, qui n'aime pas son jeune maître...

JOSÉPHINE.

Moi !...

THÉOPHILE.

Et qui n'm'aime pas non plus... oui, mam'zelle, vous n'm'aimez pas... et vous m'en voulez toujours...

DALOGNY.

Je vous assure que non...

HORTENSE.

Joséphine est une bonne fille qui n'a pas de rancune.

THÉOPHILE.

Eh bien ! si c'est vrai, qu'elle me le prouve... en venant m'embrasser.

JOSÉPHINE.

Eh bien ! par exemple...

THÉOPHILE.

Vous l'entendez... elle est plus fière que madame...

HORTENSE, à Joséphine.

Elle a raison.

DALOGNY.

AIR : Il me faudra quitter l'empire. (Les Filles à marier.)

La pauvre femme est sensible et très-bonne ;
Embrassez-la... pour arrêter ses pleurs...

JOSÉPHINE.

Monsieur, je crois qu'il faut d'une personne
Apprécier la conduite et les mœurs,
Pour accorder de semblables faveurs.

DALOGNY.

Bon ! une femme...

HORTENSE.

Ah ! c'est fierté peut-être ?...

JOSÉPHINE.

Il faut savoir...

DALOGNY.

De pudeur quel excès !
Mais c'est pousser la pudeur à l'excès !

HORTENSE.

Moi, je l'embrasse enfin sans la connaître.

JOSÉPHINE, à part.

Je n'l'embrasse pas, parc'que j'la connais.

DALOGNY.

Je l'exige...

JOSÉPHINE.

Dès que c'est monsieur qui l'ordonne...

(Elle va à Théophile, qu'elle embrasse.)

THÉOPHILE.

A la bonne heure !... (Joséphine s'éloigne.) L'autre joue...

DALOGNY, la ramenant à Théophile.

Allons donc !

THÉOPHILE.

On a bien de la peine... et encore... quelle mauvaise grâce !... tandis que moi, (L'embrassant vivement.) c'est de bon cœur.

DALOGNY.

Allons ! que tout soit oublié... et surtout plus de disputes... Où placerez-vous la nourrice ?...

HORTENSE.

Il n'y a qu'une chambre... celle de Joséphine...

JOSÉPHINE.

Non, madame... je ne veux pas...

HORTENSE.

Et pourquoi ?...

JOSÉPHINE.

Pourquoi ?... parce qu'enfin... moi, je n'aime pas à être deux...

THÉOPHILE.

Est-elle chipie et désagréable!... fi!... fi!... mam'zelle... vous devriez rougir d'être comme ça...

JOSÉPHINE.

Mais... si vous saviez...

HORTENSE.

Je sais que, quand on est bonne camarade...

DALOGNY.

On se gêne un peu...

THÉOPHILE.

Voilà... c'est ce que je voulais dire...

JOSÉPHINE.

Faut-il être effronté!...

THÉOPHILE.

Moi, effrontée?... Vous l'entendez... elle m'appelle effrontée... et vous êtes témoins que je ne lui disais rien...

JOSÉPHINE.

Mais, encore une fois...

HORTENSE.

Silence!... et que ce ne soit pas toujours à recommencer... elle logera près de moi, dans ma chambre... avec mon fils... je l'aime mieux...

JOSÉPHINE.

Mais, madame... ça ne se peut pas!

HORTENSE.

Et comment cela?...

DALOGNY.

Qu'est-ce qui lui prend?...

THÉOPHILE.

Et de quoi se mêle-t-elle?...

DALOGNY.

Silence! encore une fois... car vous venez d'éveiller le petit... et, de peur qu'il ne crie... vite, nourrice...

THÉOPHILE.

Quoi donc?...

DALOGNY.

Prenez-le... et donnez-lui à téter...

THÉOPHILE.

Il en sort...

DALOGNY.

C'est égal...

JOSÉPHINE, avec ironie.

Quand on a tant de lait, et de si bon lait, ça ne doit rien coûter.

THÉOPHILE.

Certainement... ça ne me coûte rien, mam'zelle la mauvaise langue... et ce pauvre petit... (Il va au berceau; Dalogny et Joséphine l'y suivent. Prêt à défaire son corset et regardant Dalogny.) Ah! je vous en prie, monsieur... si vous saviez comme je suis susceptible... au sujet de ça... voilà comme on est à Poissy... je ne peux pas souffrir qu'il y ait là un homme... ni même une femme...

DALOGNY.

En vérité...

THÉOPHILE.

Je suis comme le greffier d'Vaugirard... je n'peux rien faire quand on me regarde... et l'émotion m'ôterait mon lait...

HORTENSE.

Elle a raison...

DALOGNY.

Mais cependant...

HORTENSE.

Mais allez donc, monsieur... mon fils va crier... moi, je rentre dans ma chambre...

DALOGNY.

Et moi, dans mon cabinet...

(Il sort par le fond.)

HORTENSE.

Vous aurez soin, Joséphine, de donner à déjeuner à la nourrice.

THÉOPHILE.

C'est vrai !... je meurs de faim...

HORTENSE.

Il y a là dans ce buffet ce qu'il lui faudra, et vous lui monterez du vin...

JOSÉPHINE.

Est-ce que les nourrices en prennent?...

THÉOPHILE.

Certainement... je ne veux pas mettre d'eau dans mon lait... comme ça se pratique à Paris... et puis, à propos de lait... du café bien chaud... j'en prends tous les jours...

HORTENSE.

Dites à Dumont de lui en monter.

JOSÉPHINE.

Mais, madame...

HORTENSE.

Allez donc... la nourrice attend.

JOSÉPHINE, s'arrêtant.

C'est que j'aurais été bien aise de voir...

THÉOPHILE, la contrefaisant.

Bien aise de voir... elle est toujours à répliquer, celle-là... elle ne sait jamais obéir à ses maîtres... Dieu! comme vous êtes mal servis! (Joséphine sort par le fond.) Grâce au ciel, ils sont partis. Tenez, madame, prenez-le...

(Il retire l'enfant du berceau, et le donne à Hortense, qui rentre dans sa chambre.)

SCÈNE IX.

THÉOPHILE, seul, allant au buffet.

Et maintenant que je n'ai plus rien sur les bras... songeons à moi... on se sert toujours mieux soi-même... d'abord, la table... et la nappe... Me voilà donc nourrice !

(Regardant le berceau.)

AIR de La Fête du village voisin.

A ces petites créatures
Qui ne s'intéresserait pas ?
Ces enfants sont si délicats !
Ils ont tous des âmes si pures...
    Mais il ne faut pas
    A ces petits gas
Donner toujours des confitures ;
    Et si le marmot
    Criait un peu haut, *(Bis.)*
(Faisant le geste de fouetter.)
    Clic, clac, pan, pan, pan,
Je l'apaise à l'instant.

Mes bourgeois, bien que j'sois novice,
De moi bientôt feront grand cas ;
D'abord j'déteste les soldats,
Et je n'ai jamais de caprice.
    Blessant la pudeur,
    Si quelque farceur,
Dupe d'un embonpoint factice,
    Osait approcher,
    Et voulait toucher, *(Bis.)*
(Faisant le geste de donner des coups de poing.)
    Pif, paf, pan, pan, pan,
Je l'assomme à l'instant !

(Au moment de se mettre à table, il voit la porte à gauche qui s'entr'ouvre ; il court reprendre l'enfant que lui donne Hortense, et le remet dans son berceau.)

Voilà qui va bien... et, puisque l'enfant a déjeuné... je puis bien à mon tour en faire autant... Eh bien!... ce vin qui n'arrive pas... (Il sonne.) Je vous demande ce que fait cette petite Joséphine?... (Il sonne encore.) Eh! la femme de chambre... la femme de chambre!...

SCÈNE X.

THÉOPHILE, à table, JOSÉPHINE.

JOSÉPHINE, une bouteille à la main.

Eh! mon Dieu! qu'y a-t-il donc? ne dirait-on pas que le feu est à la maison!

THÉOPHILE, la bouche pleine.

Une pauvre nourrice qu'on laisse mourir de faim et de soif... et cet imbécile de Dumont qui ne m'apporte pas mon café!

JOSÉPHINE.

Je n'en reviens pas encore...

THÉOPHILE.

De ce que je suis installé dans la maison... Je vous vais dit, Joséphine.

JOSÉPHINE.

Mais une pareille effronterie...

THÉOPHILE.

Qu'est-ce que je risque?... d'être mis dehors... J'y étais déjà... et puis vous ne savez pas ce que c'est que l'ouvrier ébéniste... c'est presque un artiste... pour l'audace et les farces... les farces audacieuses... c'est mon genre... et quand on est amoureux comme je le suis...

JOSÉPHINE.

Mais ce que vous avez dit à madame pour la gagner?...

THÉOPHILE.

C'est mon secret...

JOSÉPHINE.

Et ce petit enfant?... (Le regardant.) Ah! mon Dieu, il vient de téter.

THÉOPHILE, froidement.

Je vous ai dit, Joséphine, que l'amour rendait capable de tout.

JOSÉPHINE.

Pas de ça...

THÉOPHILE.

Je te dis que si... et je tenais à être de la maison pour ne pas vous perdre de vue... pour surveiller les desseins du bourgeois... Maintenant je suis là, à table... mais tantôt j'étais dessous... j'ai tout entendu...

JOSÉPHINE.

AIR : Ma belle est la belle des belles. (Arlequin musard.)

Tout le monde pouvait entendre ;
Monsieur, quoique riche, opulent,
Est près des belles doux et tendre,
Et se montre toujours galant.
Vous voyez que rien ne lui coûte
Pour faire aux dames un présent ;
Malgré cela, si je l'écoute,
C'est qu'j'ne peux pas faire autrement.

THÉOPHILE.

Est-ce bien vrai?...

JOSÉPHINE.

Vous, monsieur, jaloux et maussade,
Vous n' m'apportez jamais d' bouquet,
Si l'on m' regarde à la prom'nade,
Soudain vous êt's comme un croquet ;
(Théophile se lève.)
Si j' dans' deux fois avec le même,
Vous d'venez tout pâle à l'instant ;
Aussi, monsieur, si je vous aime,
C'est qu' j' ne peux pas faire autrement.

THÉOPHILE, s'oubliant.

Ah! alors je suis le plus heureux des hommes...

SCÈNE XI.

Les mêmes; DUMONT, apportant une casserole de café ; il est entré sur les derniers mots.

DUMONT, à part.

Le plus heureux des hommes!... qu'entends-je?

THÉOPHILE.

Hein!... qui vient là?... cet imbécile de D... Qu'est-ce que c'est?...

(Théophile se remet à table, et Joséphine au berceau.)

DUMONT.

Le café que je vous apporte...

THÉOPHILE.

Vous êtes bien long... mon e..., et il faudra montrer plus de vivacité dans le service, ou je vous ferai mettre à la porte.

DUMONT, à part.

C'est ce qu'on verra...

THÉOPHILE.

Eh bien! c'est bon... laissez-nous!

DUMONT.

Il n'y a pas besoin d'autre chose pour le service de la nourrice?...

THÉOPHILE, buvant.

Non!... voilà du bon café...

DUMONT.

Il ne faudra pas disposer votre chambre?...

THÉOPHILE.

C'est inutile... je loge dans celle de madame...

DUMONT.

Celle de madame?...

JOSÉPHINE.

C'est-à-dire...

THÉOPHILE.

C'est convenu...

DUMONT, à part.

C'est donc ça qu'il se trouve le plus heureux des hommes... je m'en vas le dire à monsieur... (Haut.) Adieu... la nourrice... adieu, ma brave femme...

SCÈNE XII.
THÉOPHILE, JOSÉPHINE.

THÉOPHILE, se levant.

Qu'est-ce qu'il a donc ce grand-là... avec son air sournois?...

JOSÉPHINE.

Je crains qu'il n'ait entendu quelque chose...

THÉOPHILE.

Rien du tout... Ces gens-là sont bêtes de naissance et de nature... ça n'est pas comme les artistes et les ébénistes, qui ont tous de l'esprit.

JOSÉPHINE.

Je crains que vous n'en ayez trop... et je ne vous laisserai pas ainsi dans la chambre de madame...

THÉOPHILE.

Est-il possible!... de la jalousie... Ah! quel plaisir vous me faites, Joséphine!... j'adore les femmes jalouses; et vous me donneriez un coup de poignard, que vous ne me causeriez pas plus de satisfaction qu'en ce moment... mais rassurez-vous... Je demanderai que vous soyez là...

JOSÉPHINE.

Eh bien! par exemple...

THÉOPHILE.

On n'a rien à me refuser... une nourrice est la maîtresse de la maison... on est obligé de contenter tous ses caprices et toutes ses fantaisies... c'est le beau de la position... ça vaut bien mieux que d'être chasseur, comme je le voulais ce matin...

JOSÉPHINE.

Mais enfin... ça ne peut pas durer.

THÉOPHILE.

Je sais bien, Joséphine, que vous ne pouvez pas épouser une nourrice... Je ne le voudrais pas non plus... mais M. Dalogny vous a promis une dot de six mille francs.

JOSÉPHINE.

A condition que je ne me marierais pas.

THÉOPHILE.

Et si, d'ici à quelques jours, en profitant des avantages de ma position, je m'arrangeais pour que vous eussiez la dot et le mari?...

JOSÉPHINE.

Vraiment...

THÉOPHILE.

A condition que le mari serait moi... que cette jolie main m'appartiendrait... à moi tout seul...

JOSÉPHINE, baissant les yeux.

Cela va sans dire, monsieur Théophile.

THÉOPHILE.

Et que cette bague en turquoise... qui vient de monsieur...

JOSÉPHINE.

Est-ce que j'y tiens?...

THÉOPHILE.

Je m'en empare...

JOSÉPHINE.

Silence !... C'est lui... comme il a l'air rêveur !...

(Théophile se remet à table, et Joséphine au berceau.)

SCÈNE XIII.

THÉOPHILE, JOSÉPHINE, DALOGNY.

DALOGNY, à part.

Qu'est-ce que Dumont est venu me raconter?... il prétend que cette nourrice... allons, je saurai la vérité!... C'est elle!... (Haut.) Approchez, madame Mitonneau... approchez... que l'on vous regarde un peu... eh bien! qu'avez-vous donc à baisser les yeux?...

(Théophile se lève.)

THÉOPHILE.

C'est que naturellement quand un homme me regarde en face...

DALOGNY, à part.

Comme elle se trouble !... est-ce que Dumont aurait raison ?... (Haut.) Laissez-nous, Joséphine... laissez-nous...

JOSÉPHINE, à part.

Qu'est-ce que ça veut dire !

DALOGNY, à Joséphine.

Préviens Lafleur et Petit-Jean de se tenir dans la cour avec deux bons gourdins, et d'attendre mes ordres...

JOSÉPHINE, à part.

Il est reconnu... et impossible de le prévenir... (Haut.) J'y vais, monsieur...

(Elle sort en faisant à Théophile le geste de donner des coups de bâton.)

SCÈNE XIV.

THÉOPHILE, DALOGNY.

DALOGNY.

Savez-vous, madame Mitonneau, ce qu'on vient de m'apprendre, et ce que j'ai peine encore à croire ?...

THÉOPHILE.

C'est donc quelque chose de bien terrible ?

DALOGNY.

Vous allez en juger... on m'a parlé de ruse et de déguisement pour s'introduire chez moi... (A part.) Elle se déconcerte...

THÉOPHILE.

Est-il Dieu possible !... c'est sans doute des voleurs... j'ai toujours eu une peur des voleurs, quoique malheureusement il n'y ait chez nous rien à prendre... Il faut faire sa déclaration... il faut prévenir le commissaire...

(Il veut sortir.)

DALOGNY, le retenant.

Rassurez-vous... ce n'est pas un voleur...

THÉOPHILE.

Et quoi qu'c'est donc ?

DALOGNY.

Un amoureux.

THÉOPHILE.

Un amoureux pour moi ?...

DALOGNY.

Eh! non, morbleu!... un jeune homme... un beau jeune homme... que je ne connais pas, mais qui plusieurs fois a tenté sans succès de se présenter chez moi... et qui en désespoir de cause... aura pris un dernier moyen qui ne lui réussira pas...

THÉOPHILE.

Voyez-vous ça !...

DALOGNY.

Car mon intention est de le jeter par la fenêtre dans ma cour... où mes gens l'attendent pour le bâtonner.

THÉOPHILE.

Permettez...

DALOGNY.

A moins qu'il n'aime mieux se brûler la cervelle avec moi... vous m'entendez...

THÉOPHILE.

Qu'est-ce que c'est que ces manières-là avec des personnes du sexe? et à qui parlez-vous donc, s'il vous plaît, monsieur?...

DALOGNY, à voix basse.

A vous, monsieur Melval... à vous, qui venez ici pour ma femme...

THÉOPHILE, se rassurant.

Bonté de Dieu ! quel amas de calomnies... moi, madame Mitonneau... me prendre pour un jeune homme... pour un beau jeune homme !... vous osez me le soutenir en face !...

DALOGNY.

Silence, voici ma femme !

SCÈNE XV.

HORTENSE, DALOGNY, THÉOPHILE.

HORTENSE.

Quel est ce bruit ? qu'est-ce que ça signifie ?...

THÉOPHILE.

Que je ne puis rester ici davantage.

HORTENSE.

Pourquoi donc?

DALOGNY.

Eh! madame... vous savez mieux que personne ce qui en est... je ne veux ni bruit ni éclat... mais il ne faut pas croire que les agents de change ne voient rien.... et puisqu'il faut vous parler clairement à tous les deux... vous voyez là...

SCÈNE XVI.

Les mêmes; JOSÉPHINE, puis DUMONT.

JOSÉPHINE, entrant par la porte du fond, et annonçant.

M. Melval, un jeune clerc de notaire, veut parler à monsieur pour affaire importante!...

DALOGNY, stupéfait.

Hein!... qu'est-ce que ça veut dire?... M. Melval... il est là?

JOSÉPHINE.

Dans le salon.

HORTENSE.

Mais allez donc, monsieur... allez-y... ou je vais le recevoir.

DALOGNY, s'avançant vers la porte et regardant.

Oui, un jeune homme... c'est très-vrai!... (A part.) Dieu! qu'est-ce que j'ai fait?... et où diable avais-je la tête?... (A Théophile.) Nourrice... ma chère nourrice, pas un mot de ce que je vous ai dit.

THÉOPHILE.

Comment, monsieur? me prendre pour...

DALOGNY.

Silence!... (A part.) Il y aurait là pour soixante mille francs de ridicule, et ma femme se moquerait de moi toute sa vie...

THÉOPHILE, pleurant.

Après la manière dont vous m'avez traitée...

HORTENSE.

Qu'est-ce donc?...

THÉOPHILE, de même.

Je suis sûre que d'aujourd'hui, je ne pourrai pas donner à téter... ni peut-être demain... ni après-demain.

DALOGNY.

Eh bien! comme vous voudrez... qu'il ne soit plus question de cela... nous vous gardons ici, avec nous.

JOSÉPHINE, étonnée.

Est-il possible?...

DALOGNY.

Et pour vous faire oublier un mouvement d'humeur et de vivacité... tenez, (Lui donnant une bourse.) voilà une petite gratification...

JOSÉPHINE, stupéfaite.

Je ne peux pas en revenir... on lui demande des excuses et on lui donne de l'argent.

THÉOPHILE.

Oui, ma chère... parce que monsieur est un bon maître, qui reconnaît ses torts.

DALOGNY.

Ce n'est pas ma faute, c'est celle... (Apercevant Dumont qui entre.) c'est celle de cet imbécile de Dumont, qui vient me conter...

DUMONT.

Quoi donc, monsieur?...

DALOGNY.

Que diable! quand on écoute, il faut écouter mieux que ça... ou ne pas s'en mêler...

THÉOPHILE.

Il y a des domestiques si gauches!...

DALOGNY, à Dumont.

Si ça t'arrive encore... je finirai par te mettre à la porte.

THÉOPHILE.
Vous ne feriez peut-être pas mal de commencer par là.
DUMONT.
Eh bien! par exemple, la nourrice... (Présentant une lettre à Dalogny.) C'est une lettre qui arrive de Poissy.
JOSÉPHINE et THÉOPHILE, avec effroi.
De Poissy!...
THÉOPHILE, à Dalogny.
Vous allez la lire?... et ce monsieur qui vous attend...
HORTENSE.
Que ça ne vous dérange pas, je vais le recevoir.
DALOGNY.
Eh! non, madame... ce n'est pas la peine... Joséphine, faites-lui mes excuses... dites-lui qu'en ce moment... je ne puis... je ne suis pas disposé... mais tantôt... ce soir...
HORTENSE.
Qu'il vienne dîner...
DALOGNY.
Comment?...
HORTENSE.
Puisqu'il a à vous parler d'affaires... et puis, vous lui devez bien une politesse pour l'avoir fait attendre ainsi...
DALOGNY, qui, pendant ce temps, a décacheté la lettre.
Eh bien! soit... allez, Joséphine... (Jetant les yeux sur la lettre avec un geste de surprise.) Ah! mon Dieu!...
JOSÉPHINE, revenant.
Qu'y a-t-il?...
DALOGNY.
Ça ne vous regarde pas... cela regarde Mme Mitonneau... allez où l'on vous dit...
JOSÉPHINE.
Oui, monsieur...

(Elle sort.)

SCÈNE XVII.

THÉOPHILE, DALOGNY, HORTENSE, DUMONT, à la table et rangeant.

DALOGNY.

C'est une seconde lettre de notre fermier Gervault... que vous connaissez...

THÉOPHILE.

Certainement, un si brave homme!...

DUMONT.

Un gros gaillard...

THÉOPHILE.

Si frais... et si bien portant...

DALOGNY.

Il n'en dit pas autant de vous, madame Mitonneau...

THÉOPHILE.

Comment ça?...

DALOGNY, lisant.

« Monsieur, j'ai mis hier la main à la plume pour avoir
« celui de vous apprendre que la nourrice que j'avais rete-
« nue pour votre enfant était très-malade... »

HORTENSE.

Nous le savions.

DALOGNY, lisant.

« Je vous écris de nouveau, de peur de vous faire atten-
« dre, vu que ce matin, cette pauvre madame Mitonneau
« est morte. »

TOUS.

Elle est morte!...

THÉOPHILE, à part.

Quelle maladresse à elle!

DUMONT, effrayé.

Vous êtes morte de ce matin!

THÉOPHILE.

Dieu! que ce garçon-là est bête!

DALOGNY.

C'est possible... Mais que dites-vous de cela, madame Mitonneau?

THÉOPHILE, troublé.

Je dis, monsieur, que nous sommes tous mortels... et que ça aurait pu certainement m'arriver. Je vous le dirais d'abord... mais l'accueil que j'ai reçu de monsieur et de madame m'empêche de feindre plus longtemps... et puisqu'il faut tout vous avouer, la vérité est que je ne suis pas morte.

DALOGNY.

La belle avance!... mais qui êtes-vous?

HORTENSE.

Comment êtes-vous venue ici?

THÉOPHILE.

Par adresse, j'en conviens; parce que, moi, je ne sais pas mentir... et vous l'avez vu tout-à-l'heure, quand vous m'avez parlé de ruse et de déguisement, ça m'a toute renversée; mais le désir d'entrer dans une si bonne maison, avec de si bons maîtres dont j'avais entendu parler depuis si longtemps...

HORTENSE.

Et par qui?

THÉOPHILE.

Par... par Joséphine, votre femme de chambre, et ma parente.

DALOGNY.

C'est votre parente?

THÉOPHILE.

C'est ma propre sœur, rien que cela... sœur de mère.

DALOGNY.

Est-il possible?

THÉOPHILE.

Je suis du premier lit; nous sommes Bourguignottes toutes les deux; j'ai épousé un vigneron... qui ne fait rien, qu'un enfant tous les ans... aussi ma sœur m'écrivait souvent : « Si tu pouvais entrer nourrice chez madame... toi, « qui as un si beau lait... » c'est vrai... je l'ai superbe! et voilà comment il m'est venu l'idée de me présenter...

DALOGNY.

Et Joséphine était du complot?

THÉOPHILE.

Elle ne voulait pas d'abord, c'est la vérité... je suis venue malgré elle.

DALOGNY.

Ce qui ne l'a pas empêchée de bien jouer son rôle... Fiez-vous donc après cela à ces petites filles et à leur innocence !

THÉOPHILE.

Pour ce qui est de ça... je sais que monsieur y porte intérêt... et je peux en répondre comme de la mienne... car enfin, qu'on vienne de Poissy ou d'Auxerre, ça ne fait rien à la vertu, à la fidélité... il y en a dans tous les départements... et madame sait bien quel est mon dévouement, et ce que je lui ai dit à ce sujet.

HORTENSE, vivement.

Certainement, certainement... et je ne vois de blâmable là-dedans que le mystère.

THÉOPHILE.

Il n'y en a plus.

DALOGNY.

Sans doute; mais Joséphine n'en est pas moins coupable, et c'est avec elle que je veux avoir une explication.

(Il va pour sortir.)

THÉOPHILE, le retenant.

Eh bien! non; je vous en prie; laissez-moi la prévenir, parce que, voyez-vous, cette enfant, la surprise, le saisissement... je la connais, elle en ferait une maladie... moi-même qui vous parle, j'en suis tout émue.

DALOGNY.

Soyez tranquille, j'aurai des ménagements; d'ailleurs, je lui dirai cela sans témoins... en tête-à-tête.

THÉOPHILE, à part.

Ah! mon Dieu! comment le retenir? (Haut.) Monsieur, je vous en prie. (A part.) Une scène... il n'y a pas d'autre moyen. (Haut.) Je vous réponds que je ne me sens pas bien; toutes les émotions que j'ai eues aujourd'hui... un éblouissement... le lait qui me monte à la tête... soutenez-moi, je vous en prie.

(Il tombe dans les bras de Dalogny.)

DALOGNY.

Eh bien! elle se trouve mal... et dans mes bras encore... Dumont, viens donc à mon secours.

(Dumont aide Dalogny à déposer Théophile sur un fauteuil. Ce dernier remue les pieds et les mains comme s'il avait une attaque de nerfs.)

TOUS.

AIR du *Serment*.

Quel tourment! quel supplice!
J'en perdrai la raison.
L'enfer et la nourrice
Sont dans notre maison.

(Hortense sonne.)

SCÈNE XVIII.

LES MÊMES; JOSÉPHINE.

JOSÉPHINE.

Qu'avez-vous donc, madame? qu'y a-t-il?

HORTENSE.

Une scène affreuse... votre sœur qui se trouve mal.

JOSÉPHINE, étonnée.

Ma sœur?

DALOGNY.

Eh oui! sans doute, votre sœur.

JOSÉPHINE.

Je n'en ai jamais eu.

DALOGNY.

Voyez-vous cette assurance!... mais il est inutile de feindre.

HORTENSE.

On nous a tout avoué.

JOSÉPHINE.

Et qui donc?

DALOGNY.

Madame Mitonneau.

JOSÉPHINE, étonnée.

Elle vous a dit?...

HORTENSE.

Elle est plus franche que vous... Mais quand vous resterez là, immobile... allez donc... est-ce que vous la laisserez mourir?... je vais la délacer.

JOSÉPHINE, s'élançant.

Non, madame, non, je ne le souffrirai pas.

HORTENSE.

Il n'y a cependant pas d'autres moyens.

DALOGNY, prenant des ciseaux.

Eh! mon Dieu! que de façons! (Il coupe d'un seul coup tous les lacets du corset.) Allons, Dumont, aide-moi.

(Dumont et Dalogny tirent chacun un des bras du casaquin rembourré de Théophile, qui se sépare en deux, et laisse voir un habit boutonné, tandis que le corps, depuis la taille jusqu'aux pieds, reste couvert de la robe.)

TOUS.

Dieu! qu'ai-je vu?

DUMONT.

C'est là sa sœur?

DALOGNY.

Mais, c'est un frère que cette sœur-là!

JOSÉPHINE, se cachant la figure.

C'est fait de nous!

(Théophile, qui s'est débarrassé du jupon, veut se sauver.)

DALOGNY, courant après lui et le ramenant.

Non, non, vous ne sortirez pas, et je saurai décidément quel est ce gaillard-là.

JOSÉPHINE.

C'est Théophile.

THÉOPHILE.

Un prétendu qui venait pour Joséphine.

DALOGNY.

Un séducteur!

THÉOPHILE, vivement.

Non, monsieur... au contraire... j'appelle un séducteur un homme marié qui glisserait au doigt d'une jeune fille une bague en cornaline ou en turquoise... comme celle-ci, par exemple, que j'ai là... voyez plutôt... mais je la garde, et ne la donnerais à ma fiancée qu'autant que monsieur me le permettrait.

DALOGNY.

Moi!

THÉOPHILE.

Oui, monsieur; je sais que vous avez promis à Joséphine, si elle était sage, une dot de six mille francs; j'espère que vous me pardonnerez les torts que l'amour m'a fait commettre; qui est-ce qui n'en a pas à se reprocher?... personne; et si je racontais seulement à madame...

17.

DALOGNY.

C'est bon... c'est bon; plus d'explications; en voilà déjà trop! il aura la dot.

THÉOPHILE.

Et la femme?

JOSÉPHINE.

Et la place de chasseur?

DALOGNY, à Hortense.

Certainement... et puisqu'il a de l'ambition... il montera derrière votre voiture. (Avec intention.) Sa femme restera ici.

THÉOPHILE.

Que de bontés!
(Il salue avec son bonnet de femme, qu'il ôte, et va auprès de Joséphine.)

DALOGNY.

Vous voyez que je pardonne. (A part, regardant Joséphine.) Mais il me le paiera.

HORTENSE.

Surtout plus de nourrice... ça donne trop de mal.

DALOGNY.

Non, madame... vous nourrirez votre premier.

THÉOPHILE.

Et ma femme nourrira le second; car bientôt nous dirons dans notre ménage :

AIR de l'*Ave Maria*.

Do, do, l'enfant do,
Et ma seule espérance
Est que l'indulgence
Veill' près du berceau.

JOSÉPHINE, au public.

Lorsqu'ici vous plaire
Est notr' seul espoir,
Messieurs, au parterre
Ne dites pas ce soir :
Do, do, l'enfant do;
Et, si quelqu'un sommeille

Tâchez qu'on l'éveille
Avec un bravo !

TOUS.

Do, do, l'enfant do, etc.

LES
DAMES PATRONNESSES

ou

A QUELQUE CHOSE MALHEUR EST BON

PROVERBE, MÊLÉ DE COUPLETS, EN UN ACTE

EN SOCIÉTÉ AVEC M. FÉLIX ARVERS

Théâtre du Gymnase. — 15 Février 1837.

PERSONNAGES.   ACTEURS.

M. DESJARDINS, proviseur de collége, et
   administrateur du bureau de charité . . . . MM. FERVILLE.
FORTUNÉ, neveu de M. Desjardins. . . . .   SYLVESTRE.

Mᵐᵉ DE BERNIS, femme d'un banquier . . Mᵐᵉˢ JULIENNE.
Mᵐᵉ VERNON, femme d'un notaire. . . . .   USANNAZ.
LÉOPOLD, neveu de M. de Bernis. (Enfant
   de 14 ans, habit de collégien.) . . . . .   EUGÉNIE-SAUVAGE.

À Paris, chez madame de Bernis.

LES
DAMES PATRONNESSES

ou

A QUELQUE CHOSE MALHEUR EST BON

Un salon chez Madame de Bernis. — Porte au fond, et portes latérales. Près de la porte, à droite de l'acteur, et sur le devant, une table couverte de papiers, de livres et de dictionnaires.

SCÈNE PREMIÈRE.

LÉOPOLD, seul, assis, et le coude sur la table.

Travailler!... ah! bien, oui... Ils n'ont que cela à me dire... La semaine, je ne dis pas, et encore... mais les jours de sortie!... et tout cela, parce que M. Desjardins, mon proviseur, est l'ami de M. de Bernis, mon oncle, et dine ici toutes les semaines... il dit qu'il m'a pris en amitié ; et sous ce prétexte-là, il me fait faire des devoirs quand les autres s'amusent... Ah ! si j'étais le gouvernement!

AIR du vaudeville de l'Écu de six francs.

Si l'on me donnait carte blanche,

D'après certain projet que j'ai,
J'introduirais sur le dimanche,
Les jours de fête et de congé,
Un nouveau code corrigé...
Je souffre à voir comme on nous mène,
Et l'on aurait, grâce à mon plan,
Des vacances douze fois l'an, (Bis.)
Et sept dimanches par semaine! (Bis.)

Et personne ici pour me distraire... Mon oncle, qui est banquier, s'est avisé de se faire une chambre moyen âge et un cabinet de curiosités et de bric-à-brac, dont chaque dimanche il faut que je copie le catalogue; c'est amusant!... (Il se lève.) Ma tante, qui est dame de charité, fait faire de la bienfaisance à tout le monde, et je suis obligé, dans mes récréations, d'écrire des circulaires, pour rappeler que les offrandes doivent être déposées chez madame de Bernis, dame des pauvres, qui, elle, ne donne jamais rien... que ses écritures, et c'est moi qui les fais. Si, au moins, je pouvais sortir de cette chambre, j'irais au second m'amuser avec les clercs de M. Vernon, le notaire; c'est là qu'on s'en donne! On y fait de tout : de la politique, de la musique, des armes; il y en a même qui font des actes notariés... Mais pas moyen de m'échapper; je suis en retenue. Pourtant, il n'y a personne, on n'en saura rien, si je pouvais... Dieu! c'est ma tante !

(Il se dirige vers le fond.)

SCÈNE II.

LÉOPOLD, Mme DE BERNIS, entrant par la porte latérale, à gauche.

Mme DE BERNIS, à la cantonade.

Oui, monsieur, c'est indigne... c'est d'une insensibilité, d'une avarice! pour un banquier ! un banquier actionnaire de la Banque philanthropique... et administrateur de la Caisse d'Épargne...

LÉOPOLD.
Eh! mon Dieu, ma tante, qu'est-ce donc?

Mme DE BERNIS.
M. de Bernis, votre oncle, qui refuse de prendre des billets pour le bal de ce soir, le bal des pauvres dont je suis dame patronnesse! Et savez-vous pourquoi? parce qu'il vient d'acheter pour son cabinet de curiosités, un portefeuille de Diderot et une bourse de Jean-Jacques Rousseau, cent écus!... cent écus!... de pareilles niaiseries, et l'autre mois, il me refuse une misérable fourrure de douze cents francs, qui m'était nécessaire pour mes courses incognito, mes visites de bienfaisance du matin, sous prétexte qu'il venait d'acquérir des pantoufles authentiques du duc de Marlborough, et la plume véritable qui avait signé l'abdication de Fontainebleau...

LÉOPOLD.
On dit que de cette plume-là, on en a vendu deux ou trois mille paquets...

Mme DE BERNIS.
Tout le monde en a... et votre oncle se croit le seul... Il a toujours été comme cela... Mais il ne s'agit pas de cela; voici, mon cher Léopold, une liste à transcrire.

LÉOPOLD.
Les doigts m'en font mal.

Mme DE BERNIS.
Qu'est-ce que vous dites?...

LÉOPOLD.
Rien, ma tante... je dis qu'à copier les catalogues de mon oncle, j'use toutes mes plumes... encore s'il me les payait comme celle de Fontainebleau... ou si, du moins... il consentait à mes vacances... Lui en avez-vous parlé?

Mme DE BERNIS.
A l'instant même.

LÉOPOLD.

Cette bonne tante !

Mme DE BERNIS.

Parce que cet été, il me serait agréable de vous avoir le matin pour aller à la messe et à nos assemblées de la paroisse... mais votre oncle était là avec Desjardins, le proviseur de votre collège, et tous deux ont refusé.

LÉOPOLD.

Quelle injustice ! c'est révoltant. J'espère, au moins, qu'on me laissera sortir pour la noce de mon ami Fortuné, le neveu du proviseur, et mon ancien camarade de collège... C'est vous qui faites le mariage... c'est bien le moins que j'y sois.

Mme DE BERNIS.

Votre oncle a encore refusé.

LÉOPOLD.

C'est donc une guerre à mort... une guerre civile entre l'oncle et le neveu... M. de Bernis m'en veut donc ?

Mme DE BERNIS.

C'est vous qui l'avez dit ! et par votre faute, par votre maladresse... Cette superbe tabatière que vous avez eue...

LÉOPOLD.

Il y pense encore ?...

Mme DE BERNIS.

Tous les jours.

LÉOPOLD.

Est-ce que je savais, moi !... Frédéric, notre camarade, avait un cousin amateur, et dans sa succession, il a trouvé un tas de bêtises qu'il nous a distribuées à tous dans la classe... moi j'ai eu la tabatière de Voltaire... soi-disant...

Mme DE BERNIS.

Il fallait la garder.

LÉOPOLD.

A quoi bon ?... je ne prends pas de tabac, et je l'ai donnée à un autre, à Edmond, qui est parti pour Strasbourg.

Mme DE BERNIS.

Au lieu d'en faire hommage à votre oncle... qui la paierait aujourd'hui plus de mille francs, je le lui ai entendu dire.

LÉOPOLD.

Si je l'avais su... vous pouvez être sûre qu'il aurait eu la préférence. J'ai écrit à Edmond de me la renvoyer, et certainement il le fera un de ces jours, car il n'y tient pas plus que moi.

Mme DE BERNIS.

En attendant, mon mari ne vous pardonne pas; il dit que vous êtes négligent, paresseux ; que vous n'avez aucun goût pour l'étude ni pour la science... et qu'il faut que vous ne quittiez pas le collége.

LÉOPOLD.

Tout cela pour une tabatière! que Dieu le bénisse!

Mme DE BERNIS.

Il n'y a que M. Desjardins, le proviseur, qui pourrait le faire changer d'idée; car, du reste, votre oncle est d'une tyrannie... d'une exigence... Quand vous aurez recopié cette liste... vous écrirez autant de billets d'invitation qu'il y a de noms.

LÉOPOLD, à part.

Miséricorde ! (Haut.) Et pourquoi tout ce travail ?

Mme DE BERNIS.

Pour un bal des pauvres, qui a lieu ce soir, un bal magnifique, qu'une auguste princesse a bien voulu prendre sous sa protection... Cinquante francs le billet, — et je suis une des dames patronnesses.

LÉOPOLD.

C'est de droit !

Mme DE BERNIS.

Je me suis chargée de placer une soixantaine de billets... je m'en suis même vantée auprès de Son Altesse... parce que l'état de mon mari... mes relations... ma position dans le monde... Mais c'est étonnant comme la bienfaisance devient difficile à exercer... il n'y a pas un ami, une connaissance que je n'aie mis à contribution... jusqu'à des commis de mon mari... qui n'osaient me refuser...

LÉOPOLD.

Des employés à six cents francs ! eh ! mais vous les avez ruinés.

Mme DE BERNIS.

Dès qu'il s'agit de faire le bien... qu'importe! c'est méritoire ! c'est une bonne œuvre ! D'ailleurs, pour leur argent, ils dansent, ils jouent, ils s'amusent ; car, mon ami, c'est comme cela...

AIR d'*Yelva*.

Dans notre siècle égoïste et frivole,
Lorsque chacun va suivant son chemin
Sans s'arrêter ni jeter une obole
Aux malheureux qui lui tendent la main,
L'homme de bien, que touche leur misère,
Se voit, hélas ! forcé pour l'adoucir,
De nous cacher le bien qu'il nous fait faire
    Sous l'apparence du plaisir.

Eh bien! malgré toutes les peines que je me suis données, c'est ce soir que le bal a lieu, et il me reste encore une douzaine de billets.

LÉOPOLD.

Ils resteront ! Qu'est-ce que cela fait ?

Mme DE BERNIS.

Ce que ça fait !... Mais madame Vernon, la femme du notaire qui demeure dans notre maison, et qui est aussi dame patronnesse... a placé tous les siens, j'en suis sûre!... quel triomphe pour elle qui est déjà si fière et si insolente !

LÉOPOLD.

Je la croyais votre amie intime ?

Mme DE BERNIS.

C'est vrai!... mais je ne peux pas la souffrir... Elle a eu des diamants avant moi... et elle s'est avisée dernièrement de prendre un chasseur... un chasseur ! la femme d'un notaire !... quand moi, la femme d'un banquier... je n'en ai pas encore.

LÉOPOLD.

Pourquoi mon oncle n'en prendrait-il pas ?

Mme DE BERNIS.

Lui ! il ne prendrait même pas un billet de bal... il m'en laisse une douzaine, et dans le dépit où je suis... je crois que j'en aurais pris moi-même... si ça n'était pas si cher.

LÉOPOLD, remontant le théâtre et regardant par la porte du fond.

Ah ! c'est madame Vernon avec M. Desjardins, mon proviseur.

Mme DE BERNIS, à part, de l'air le plus contrarié.

Quel ennui ! (Allant au-devant d'elle de l'air le plus mielleux.) Eh ! vous voilà, ma toute belle !

SCÈNE III.

LÉOPOLD, à la table, Mme VERNON, M. DESJARDINS, Mme DE BERNIS.

M. DESJARDINS.

Oui, mesdames, notre bal sera superbe, et je viens régler avec vous les dernières dispositions, la couleur des écharpes pour les dames patronnesses. C'est essentiel.

Mme DE BERNIS.

Il pense à tout, monsieur Desjardins.

M. DESJARDINS.

Trop heureux de vous seconder dans votre noble et vertueuse mission, et de partager avec vous les bénédictions de l'arrondissement... Voilà deux jours que je cours tout Paris... j'ai remis à madame la petite note des frais de cabriolet et de citadine... des courses chez le propriétaire de la salle, pour la location, chez le tapissier, pour la décoration intérieure, chez Musard, pour la composition de l'orchestre... sans oublier l'éclairage et les rafraîchissements; et si vous saviez combien il est pénible, combien il en coûte de débattre les prix avec tous ces gens-là... Que ce soit ou non une œuvre de bienfaisance... peu leur importe... ils sont d'une âpreté... ils veulent être payés ! en un mot... des gens qui ne nous comprennent pas.

Mme VERNON.

Cela dégoûterait de la philanthropie.

Mme DE BERNIS.

Et de la charité.

M. DESJARDINS.

Heureusement, vous êtes comme moi... vous faites le bien pour lui-même... (A madame de Bernis.) Vous avez pensé à cette petite place pour mon neveu ?

Mme DE BERNIS.

Le ministre nous l'a promise.

M. DESJARDINS.

Et c'est d'autant plus essentiel que son mariage en dépend... son mariage avec mademoiselle Aménaïde, la cousine de madame Vernon... C'est la seule dot que je puisse donner à mon neveu.

Mme DE BERNIS.

Ce bon monsieur Desjardins !

M. DESJARDINS.

Un gaillard qui m'a toujours été à charge ! proviseur d'un collège, je l'ai élevé pendant dix ans auprès de moi, (Il prend une prise.) aux frais du gouvernement dont j'avais obtenu une bourse. Je l'ai soustrait à la conscription...

Mme VERNON.

En lui achetant un homme ?

M. DESJARDINS.

En le faisant réformer pour la faiblesse de sa vue.

Mme VERNON.

Il vous doit tout.

M. DESJARDINS.

C'est vrai... mais je ne m'en vante pas ! trop heureux de lui donner, (A madame Vernon.) grâce à vous, une femme charmante... (A madame de Bernis.) et, grâce à vous, une place de trois mille francs dans les hospices. Ce sera encore du moins de la bienfaisance à exercer... il suivra votre exemple, mesdames.

Mme VERNON.

Dites plutôt le vôtre.

M. DESJARDINS.

Oh ! pour ce qui est de moi, qu'il n'en soit pas question, je vous en prie ! que la princesse sache seulement le zèle que j'ai mis à seconder ses intentions ; et puis, (A madame de Bernis.) comme je le disais tout à l'heure à votre mari... s'il y a moyen... la moindre marque de souvenir ou de satisfaction... un simple ruban !... non pas que j'y tienne, mon Dieu !... mais ça fait bien sur le noir, et ça complète une position.

Mme DE BERNIS.

Ce serait trop juste... et j'en parlerai.

Mme VERNON.

Moi aussi !... car on vous doit tout.

M. DESJARDINS.

Nullement, mesdames, c'est vous qui avez tout fait... mais vous êtes aussi par trop modestes, et je suis bien sûr que vous allez me gronder... car je vous avoue que j'ai fait insérer dans le journal de ce matin, avec une dernière annonce de ce bal... une note en quelques lignes, afin que l'on sache, au moins, tout ce que les indigents doivent à votre inépuisable charité... Et voici ce journal dont j'ai pris plusieurs numéros

(Il donne un journal à chacune des deux dames.)

Mme DE BERNIS et Mme VERNON.

En vérité !

Mme DE BERNIS, avec une joie mal déguisée.

Ah ! c'est bien mal, monsieur Desjardins... car enfin ces sortes d'actions n'ont de prix que par le mystère dont on les couvre.

Mme VERNON, de même.

Elles n'ont pas besoin des applaudissements de la foule, et le témoignage de la conscience suffit. (A part, avec dépit.) Ah ! mon Dieu.... mettre madame de Bernis en tête de la liste, et moi vers la fin.

Mme DE BERNIS, qui a parcouru la liste, s'écrie avec une mauvaise humeur très-marquée.

Mais c'est absurde !... monsieur Desjardins, et vous n'en faites jamais d'autres... vous écrivez mon nom avec un *y*... il y a justement un avoué qui signe ainsi; on va croire que c'est sa femme...

M. DESJARDINS.

Je suis désolé...

Mme DE BERNIS.

Nous écrivons Bernis avec un *i* et un *s*, comme le cardinal de Bernis, duquel nous descendons directement...

LÉOPOLD, se levant.

Directement !... un cardinal !

Mme DE BERNIS.

Oui, monsieur, directement... par les nièces... D'ailleurs, qu'est-ce que ça vous fait ?... de quoi vous mêlez-vous ?

LÉOPOLD, vient auprès de madame de Bernis et lui présente sa liste.

C'est que j'ai fini votre liste... la liste des billets.

(Madame de Bernis la prend vivement et la plie.)

Mme VERNON.

En avez-vous placé beaucoup ?

Mme DE BERNIS.

Mais oui... presque tous !

Mme VERNON, à part.

Est-elle heureuse !... si elle savait qu'il m'en reste huit... (Haut.) Moi... il ne m'en reste plus qu'un.

Mme DE BERNIS, à part avec dépit.

J'en étais sûre ! (Haut, vivement.) C'est comme moi... je n'en ai plus qu'un seul !

M. DESJARDINS.

C'est fâcheux... car cinq ou six jeunes gens fashionables de mes anciens élèves m'en ont fait demander.

Mme DE BERNIS, à demi-voix.

Qu'ils viennent, et taisez-vous !

Mme VERNON, de même de l'autre côté.

Envoyez-les moi, et silence !

M. DESJARDINS, étonné.

Ah !...

Mme VERNON, vivement.

Et Fortuné, votre neveu, comment ne l'avons-nous pas vu ?...

M. DESJARDINS.

Je n'y conçois rien... il devrait être revenu depuis hier de Senlis, où il a été chercher les papiers nécessaires à son mariage.

Mme VERNON.

Et il n'est pas de retour ?

M. DESJARDINS.

Pas encore...

####### Mme DE BERNIS.

C'est étonnant!

####### M. DESJARDINS.

Sans cela, il se serait empressé de se rendre ici (A madame Vernon.) pour voir sa charmante prétendue, (A madame de Bernis.) et son aimable protectrice... car vous n'oublierez pas la place... vous en parlerez...

####### Mme DE BERNIS.

Aujourd'hui même au bal, ainsi que du nouveau chevalier...

####### Mme VERNON.

Dont j'appuierai les titres.

####### M. DESJARDINS.

Ah! je suis le plus heureux des hommes...

####### LÉOPOLD, à part.

Si je profitais de l'occasion... (Haut et passant auprès de M. Desjardins.) Et si vous vouliez, monsieur Desjardins, faire aussi un heureux...

####### M. DESJARDINS.

Comment cela?

####### LÉOPOLD.

Parler à mon oncle de mes vacances...

####### M. DESJARDINS.

Nous verrons cela si tu travailles bien, et si j'ai la croix...

####### LÉOPOLD.

Foi de chevalier?...

####### M. DESJARDINS.

Foi de chevalier.

####### LÉOPOLD.

Et, en attendant, tâchez que je sorte pour le mariage de Fortuné, votre neveu, qui est mon camarade de collége...

####### M. DESJARDINS.

Pour cela, je te le promets, si je suis content de ta version d'aujourd'hui.

LÉOPOLD.

Moi qui n'y pensais pas... Elle sera faite.

(Il reprend sa place à la gauche de madame de Bernis.)

Mme DE BERNIS, bas à M. Desjardins.

N'oubliez pas que j'ai à vous parler.

Mme VERNON, de même.

N'oubliez pas que je vous attends...

M. DESJARDINS.

Je cours à la mairie... de là au collége dont je suis proviseur, et où je n'ai pas paru depuis deux jours... et je reviens...

AIR de *la Treille de sincérité*.

Dans ce monde,
Où le mal abonde,
On n'a jamais rien inventé
D'aussi beau que la charité.

Notre siècle, qu'on dit impie,
Est très-moral en résultat;
On y voit la philanthropie
Élevée au rang d'un état !

LÉOPOLD, à part.

C'est même un excellent état.

M. DESJARDINS.

Et grâce à l'appui charitable
Que chacun prête à l'indigent,
C'est un âge d'or véritable
Pour celui qui n'a pas d'argent.

TOUS.

Dans ce monde, etc.

(M. Desjardins sort par la porte du fond; madame Vernon reconduit madame de Bernis jusqu'à la porte de droite, lui fait la révérence, et sort par la porte du fond.)

SCÈNE IV.

LÉOPOLD, seul.

Oh! oui, c'est une excellente chose que la bienfaisance... comme ça rapporte! Fortuné aura sa place et sa femme, son oncle aura la croix d'honneur... moi j'aurai des vacances... Et puis les pauvres que j'oubliais!... ils auront un bal magnifique... vont-ils s'en donner! et sont-ils heureux de voir les riches s'amuser, danser et manger à leur profit!

SCÈNE V.

LÉOPOLD, FORTUNÉ.

LÉOPOLD.

Ah! c'est mon ami Fortuné... Arrive donc! il n'est question que de toi ici.

FORTUNÉ.

Ah! on parle de moi?

LÉOPOLD.

Certainement. Madame Vernon, la cousine de ta prétendue, et puis madame de Bernis, ma tante, elles prétendent que tu es bien en retard.

FORTUNÉ.

Et mon oncle... qu'est-ce qu'il dit, mon oncle Desjardins?

LÉOPOLD.

Il dit comme ces dames.

FORTUNÉ.

Ça ne m'étonne pas! il est toujours de l'avis de tout le monde.

LÉOPOLD.

Et tout s'apprête pour ton mariage... qui m'enchante.

FORTUNÉ.

Pourquoi donc ?

LÉOPOLD.

Parce que j'irai... je sortirai ce jour-là, on me l'a promis, et je danserai à ta noce... avec ma cousine Mimi, dont je suis amoureux.

FORTUNÉ.

Déjà !

LÉOPOLD.

Trois fois par an... les trois bals où nous nous trouvons ensemble : au jour de l'an, au carnaval et à la fête de mon oncle. Cette année, ça fera quatre... elle danse si bien... elle est si jolie, et puis c'est la bonne amie et la confidente d'Aménaïde, ta prétendue.

FORTUNÉ.

Cette pauvre Aménaïde, si je pouvais la voir !

LÉOPOLD.

C'est bien aisé... ce matin d'abord... ces dames t'attendent.

FORTUNÉ.

Oui... mais j'aurais voulu lui parler sans madame Vernon, sa cousine.

LÉOPOLD.

Pourquoi cela ?

FORTUNÉ.

C'est que... c'est que...

LÉOPOLD.

A-t-il un air embarrassé!... Voyons, dis-moi tout.

FORTUNÉ, après un moment d'hésitation.

Je vais te dire tout. Tu sauras d'abord que je suis censé

18.

arriver de Senlis à l'instant même... mais que, dans le vrai, je suis arrivé hier soir.

LÉOPOLD.

Et ton oncle, M. Desjardins, qui ne s'en doute pas.

FORTUNÉ.

Justement... il ne faut pas lui dire; car vraiment il n'y a pas de ma faute... Je me rendais chez lui hier en descendant de la diligence, lorsque je rencontre sur le boulevard des amis qui m'emmènent dîner... On mange... bien !... on boit... très-bien ! et si bien, qu'en se levant de table on propose une légère bouillotte... J'aime assez le jeu; mais je n'aime pas jouer, parce que j'ai peur de perdre... et moi qui, de ma vie, n'ai dû un sou à personne ! cependant je me laisse aller... j'avais le gousset assez bien garni... Mon oncle Desjardins qui ne m'avait jamais rien donné que sa bénédiction, m'avait avancé pour mon voyage une centaine de francs... là-bas, au pays, et à l'occasion de mon mariage, ma grand'tante m'avait gratifié d'une douzaine de napoléons, ce qui me mettait à la tête d'un capital de cent écus, à peu près.

LÉOPOLD.

Fameux !

FORTUNÉ.

Eh bien ! mon ami, en moins d'une heure...

(Il fait un geste qui veut dire fini, — tout perdu.)

LÉOPOLD.

Eh bien, quoi ? que veux-tu dire ?

FORTUNÉ.

Tu ne comprends pas ?... En moins d'une heure, votre serviteur de tout mon cœur... fini !

LÉOPOLD.

Comment ! tu as perdu tout ce que tu avais !

FORTUNÉ.

Si ce n'était que cela... mais apprends tout mon malheur.

Au lieu de m'arrêter quand ma bourse est vide, je m'entête. et j'emprunte... moi, Fortuné, j'emprunte... j'emprunte deux cents francs... lorsqu'il m'arrive... Sais-tu la bouillotte ?

LÉOPOLD.

Non.

FORTUNÉ.

Alors, je vais te dire le coup : je suis carré... j'ai en main *trente* et *as*... on voit la carre, et on fait vingt francs... j'en fais quarante... et on me répond : *argent*... Qu'est-ce que tu aurais fait... étant carré, et ayant en main *trente* et *as*.

LÉOPOLD.

Mais puisque je ne sais pas le jeu.

FORTUNÉ.

C'est juste... j'oublie que tu ne sais pas... j'ai tenu... tout le monde en aurait fait autant... un jeu de règle... Nous abattons... suis bien... mon adversaire me dit : brelan de neuf.

LÉOPOLD.

Alors, tu as perdu ?

FORTUNÉ.

Du tout... tu vas voir... En examinant son jeu, je remarque que son brelan se compose de trois neuf, dont un huit... donc ce n'était pas un brelan... donc, il s'était trompé... donc, il avait perdu.

LÉOPOLD.

Donc, tu avais gagné.

FORTUNÉ.

Du tout... tu vas voir... Son huit, un misérable huit de cœur, trouve cinq cartes dans les deux autres jeux... un flux de cœur, et un *as percé*, et il gagne; et moi je reste avec mes *trente* et *as* dans la main ! Hein ! faut-il avoir du malheur.

LÉOPOLD.

Ainsi, tu as tout perdu... et il ne te reste plus rien du tout !

FORTUNÉ.

Pas un sou... et j'ai été obligé de faire un détour, pour ne pas passer sur le pont des Arts... Scélérat de huit de cœur !... Nous sommes aujourd'hui le 17, il faut qu'avec cela, j'aille jusqu'au 30 du mois, qui se trouve précisément avoir 31 jours.

LÉOPOLD.

C'est une leçon... tu en avais besoin.

FORTUNÉ.

Je ne dis pas... mais cinq cents francs !

AIR : De sommeiller encor, ma chère. (*Arlequin Joseph.*)

Ah ! la somme me semble outrée ;
Et cinq cents francs, c'est là, mon cher,
Pour la leçon d'une soirée,
Payer la séance un peu cher...
Et le sort qui m'a rendu sage,
Pouvait, ce qui m'eût fort touché,
Passer, pour un apprentissage,
Le cachet à meilleur marché !

N'avoir pas de quoi casser un carreau dans la rue !

LÉOPOLD.

Si ce n'est que cela, j'ai, de mes semaines, une vingtaine de francs à ton service.

FORTUNÉ, avec indignation.

Laisse donc ! (Se ravisant.) J'accepte, mon ami, j'accepte.

LÉOPOLD.

A la bonne heure !... Mais ça ne te suffit pas pour aller au bal de ce soir... cinquante francs le billet !

FORTUNÉ.

Ah ! mon Dieu !... Comment, cinquante francs ! mais ils sont donc renchéris, cette année...

LÉOPOLD.

C'est le prix... c'est à prendre ou à laisser.

FORTUNÉ.

Eh bien! je les laisse. (A part.) Scélérat de huit de cœur!

LÉOPOLD.

Silence! c'est ma tante, ta protectrice... Sois aimable avec elle.

FORTUNÉ.

Sois tranquille.

LÉOPOLD, à part.

Et ma version que j'oubliais... est-ce ennuyeux!

(Il va s'asseoir à la table. — Madame de Bernis entre par la porte à droite, et gagne la gauche du théâtre, sur le devant; Fortuné passe à droite, et reste dans le fond, pendant le monologue de madame de Bernis.)

SCÈNE VI.

LÉOPOLD, à la table, à droite, occupé à travailler, FORTUNÉ, Mme DE BERNIS.

Mme DE BERNIS, à part.

J'espère que Desjardins m'aura comprise, et qu'il me placera au moins six ou sept billets... Après ça, j'ai Fortuné, à qui j'ai écrit, et qui ne peut pas m'échapper... Alors il ne m'en resterait plus que cinq, ce qui est déjà très-joli... Il est vrai que madame Vernon n'en a plus qu'un... c'est désolant... mais aujourd'hui, heureusement, avant ce bal, j'ai du monde à dîner... et, bon gré, mal gré il faudra bien qu'au dessert... (Levant les yeux et apercevant Fortuné qui la salue.) Eh! c'est M. Fortuné Desjardins... Vous voilà donc arrivé, monsieur le marié... On ne savait ce que vous étiez devenu. Avez-vous vu votre oncle, qui était d'une inquiétude?... .

FORTUNÉ.

Oui, madame.

Mme DE BERNIS.

Et votre prétendue... et madame Vernon?

FORTUNÉ.

Oui... oui, madame... je viens de les voir.

Mme DE BERNIS.

A la bonne heure !... Qu'est-ce donc qui vous a retenu si longtemps?

FORTUNÉ.

Des difficultés... imprévues... des papiers de famille... un huit de...

(Il se reprend tout à coup.)

Mme DE BERNIS.

Oui, c'est étonnant toutes les peines que l'on a, même avant le mariage... Jugez alors de la suite... Je ne dis pas cela pour vous, qui allez épouser une petite femme très-douce et très-raisonnable. Peu de fortune... on s'en passe quand on aime ; je suis seulement fâchée pour vous qu'elle ait été élevée chez sa cousine, madame Vernon, qui lui aura donné des goûts de luxe et de dépense... C'est impossible autrement... une femme si coquette, si ridicule... Ça n'empêche pas que vous ne deviez la respecter... Elle a servi à votre femme de tutrice et de mère, et elle l'est presque par ses soins et par son âge....

FORTUNÉ.

Oui, madame.

Mme DE BERNIS.

Et puis, il y a d'autres personnes encore, qui, par égard pour votre oncle, le proviseur, et par intérêt pour vous, monsieur Fortuné, s'occupent de votre sort et de votre avenir... Nous avons ce soir un bal, dont je suis dame patronnesse... ainsi que madame Vernon ; un bal où se trouveront toutes les sommités du jour, et je parlerai au ministre ; il m'a promis une place de mille écus dans les hospices. Cela nous revient de droit, à nous autres dames de charité... Il pourrait bien l'oublier... il y a tant de demandeurs ; mais je le lui rappelerai... Je ferai mieux... je vous présenterai à lui... car vous serez là, ce soir, à ce bal, à côté de moi.

FORTUNÉ.

Madame...

Mme DE BERNIS.

Il le faut !... d'ailleurs, j'ai votre billet... vous avez reçu ma lettre ?...

FORTUNÉ, à part.

Ah ! mon Dieu !... et moi qui ne suis point rentré.

Mme DE BERNIS, lui présentant un billet.

C'est cinquante francs.

FORTUNÉ.

J'entends bien...

LÉOPOLD, à part.

Ah ! le malheureux !...

FORTUNÉ, à part.

Comment me tirer de là ? (Haut.) Certainement... madame... je le voudrais... mais je ne sais comment vous dire...

Mme DE BERNIS.

Comment, monsieur... une œuvre de charité... un acte de bienfaisance... Vous auriez l'âme assez insensible... le cœur assez sec ?...

FORTUNÉ, à part, frappant sur sa poche.

S'il n'y avait que le cœur... Ah ! quelle idée !... (Haut, et vivement.) Moi, refuser... moi, ne pas m'associer à une action aussi généreuse, à une œuvre aussi philanthropique !...

Mme DE BERNIS.

A la bonne heure !...

FORTUNÉ.

Non seulement je comprends et je partage vos intentions... mais je les ai devancées...

Mme DE BERNIS.

Comment cela ?...

FORTUNÉ.

Je viens de voir... comme je vous l'ai dit... madame Vernon, et je lui ai pris un billet.

Mme DE BERNIS.

Un billet !...

FORTUNÉ, à part.

Me voilà sauvé !... dans la foule, on ne s'apercevra pas de mon absence.

Mme DE BERNIS.

A madame Vernon !

FORTUNÉ.

A elle-même.

Mme DE BERNIS, à part.

A elle !... qui n'en avait plus qu'un !... Elle a tout placé... tout ! et moi qui en ai douze encore ! (Haut à Fortuné, en cherchant à modérer son dépit.) C'est bien, monsieur, c'est très-bien... Il est juste que vous donniez la préférence à votre nouvelle famille.

FORTUNÉ, avec bonhomie.

N'est-ce pas ?

Mme DE BERNIS.

D'ailleurs, madame Vernon est si répandue; elle connaît tant de monde; elle a tant de crédit, qu'avec elle, on peut se passer de toute autre protection.

FORTUNÉ.

Cela n'empêche pas que je n'attache un grand prix à la vôtre.

Mme DE BERNIS.

A la mienne!... Y pensez-vous? aller sur les brisées de madame Vernon, qui peut recommander son parent, son cousin... c'est de droit... c'est tout naturel... mais, moi, demander, solliciter pour un inconnu, pour un étranger! de qui aurais-je l'air? d'une intrigante!... Cela ne convient ni à mon caractère, ni à ma position! et je vous prie de ne pas compter sur des demandes auxquelles je ne suis pas faite, et que je ne ferai jamais.

(Elle sort par la porte latérale, à droite.)

SCÈNE VII.

LÉOPOLD, travaillant toujours, FORTUNÉ.

FORTUNÉ.

Suis-je bien éveillé!... l'ai-je bien entendu! (Allant à Léopold.) et y comprends-tu quelque chose?

LÉOPOLD.

Laisse-moi donc tranquille... je suis là, dans ma version.

FORTUNÉ.

Je m'en vais lui dire de s'expliquer. (Voyant madame Vernon qui entre par le fond.) Ah! madame Vernon!

SCÈNE VIII.

LÉOPOLD, travaillant, Mme VERNON, FORTUNÉ.

Mme VERNON.

Ah! voilà monsieur Fortuné; c'est bien heureux!... Est-il possible de se faire attendre ainsi!... Cette pauvre Aménaïde était dans des transes mortelles; elle vous croyait enlevé, blessé ou versé... toutes les diligences versent à présent.

FORTUNÉ, d'un air aimable.

Elles jouissent de leur reste en attendant les chemins de fer... Et cette chère Aménaïde... il me tarde tant de la voir.

Mme VERNON.

Impossible en ce moment! elle essaie sa toilette de bal... Mais vous passez la soirée ensemble... Eh! j'y songe, vous ne m'avez pas encore remerciée...

FORTUNÉ.

De quoi donc?

Mme VERNON.

Mais vous savez bien... le petit mot que j'ai fait remettre hier chez vous...

FORTUNÉ, à part.

Bon! pour une fois que je découche...

Mme VERNON.

J'ai là votre billet que je vous ai gardé.

FORTUNÉ, à part.

Et elle aussi!... C'est une conspiration.

Mme VERNON.

J'ai eu de la peine... tout le monde me le demandait; mais vous, avant tout... c'est trop juste! Le voici... c'est cinquante francs...

FORTUNÉ, avec embarras.

Je le sais... je le sais bien... (A part.) Ah! une autre idée... (Haut.) Je le sais d'autant mieux, que je viens tout-à-l'heure, à l'instant même, d'en prendre un.

Mme VERNON.

Comment!... et à qui donc?

FORTUNÉ.

A madame de Bernis.

Mme VERNON.

AIR : J'ai vu le Parnasse des dames. (*Rien de trop.*)

Ah! grand Dieu! que viens-je d'entendre!

LÉOPOLD, à la table et travaillant.

Maudit latin! maudit métier!
D'honneur je n'y puis rien comprendre.

Mme VERNON, à part.

Ce billet était son dernier!
Et lorsque sa liste est remplie,
J'en ai huit...

FORTUNÉ, à part.

Cela, je le sens,
Me paraît un trait de génie!

LÉOPOLD, travaillant.

Ça me paraît un contre-sens.

FORTUNÉ.

Après ça, vous sentez bien que si j'avais su... si j'avais pu prévoir...

Mme VERNON.

C'était cependant bien facile et bien naturel... il ne fallait pas une masse d'intelligence bien forte pour comprendre que vous me deviez la préférence, à moi qui suis presque de votre famille... à moi dont vous allez épouser la cousine; mais vous avez mieux aimé faire la cour à madame de Bernis, à la femme d'un banquier... vous mettre bien dans ses bonnes grâces.

FORTUNÉ.

Mais, du tout... c'est ce qui vous trompe; elle m'a reçu avec une fierté, une hauteur; je ne sais pas ce qu'elle avait, mais elle m'a déclaré que je ne devais plus compter sur cette place qu'elle m'avait promise.

Mme VERNON.

Que me dites-vous là?

FORTUNÉ.

L'exacte vérité.

Mme VERNON.

Alors, monsieur, j'en suis bien fâchée; mais comme je

ne consentais à votre mariage avec Aménaïde qu'en considération de cette place, vous comprenez vous-même qu'il n'y a plus à y penser. Je n'irai pas marier ma cousine, une jeune fille que j'ai élevée, que j'aime... et à qui je ne donne pas de dot, à un homme sans état, sans consistance dans le monde, un homme qui n'avait d'avenir et d'espérance que dans la protection de madame de Bernis ; et pour qu'elle vous l'ait retirée, il faut qu'il y ait des motifs bien graves.

FORTUNÉ.

Mais, je vous assure...

Mme VERNON.

Je ne vous les demande pas ! je ne veux pas les savoir. Quels qu'ils soient, je dois les respecter... madame de Bernis est une femme trop sensée, trop mûre, trop raisonnable...

FORTUNÉ.

C'est ce qui vous trompe.

Mme VERNON.

Vous l'attaquez, je crois. Sachez, monsieur, qu'elle est mon amie ; et après une conduite pareille, je vous défends de vous présenter chez moi et de songer encore à la main de ma cousine.

FORTUNÉ.

Permettez donc... Heureusement voici mon oncle qui va me défendre.

SCÈNE IX.

LÉOPOLD, FORTUNÉ, M. DESJARDINS, Mme VERNON.

M. DESJARDINS.

Enfin, monsieur, on vous voit... il était temps... Je vais vous gronder tout-à-l'heure... Attendez-moi là un instant.

FORTUNÉ, à part.

C'est ça... tue, assomme!... Il ne manquait plus que lui!

M. DESJARDINS.

J'ai d'abord à rendre compte à madame Vernon d'une commission dont elle a bien voulu me charger. Ces anciens élèves à moi, que je viens de voir, et qui désiraient cinq ou six billets de bal...

Mme VERNON.

Eh bien?

M. DESJARDINS.

Ils n'en veulent plus.

Mme VERNON, à part.

Ah! mon Dieu!

M. DESJARDINS.

Ils en ont demandé à la petite madame Darcy, la femme du conseiller d'État; et pour qu'ils ne soient pas perdus, je me hâte de vous prévenir que vous pouvez en disposer en faveur de vos nombreux pétitionnaires...

Mme VERNON, avec dépit.

En disposer!...

M. DESJARDINS, souriant, et prenant sa tabatière.

D'abord en faveur de mon neveu.

Mme VERNON.

Non, monsieur! je m'en garderais bien. Il n'y a plus rien de commun entre votre neveu et nous.

AIR du premier quadrille du Corsaire noir. (JULLIEN.)

> Entre nous désormais
> Plus d'alliance;
> Grâce à votre insolence,
> Les nœuds que je formais,
> Sachez-le bien, sont rompus à jamais.
> Votre conduite me décide,
> Et dès demain, aux yeux de tous,

Je prétends pour Aménaïde
Faire le choix d'un autre époux.

Ensemble.

Mme VERNON.

C'en est fait, désormais
Je renonce à de vains projets ;
Entre nous je promets
Que tout est rompu pour jamais !

M. DESJARDINS et FORTUNÉ.

Faudra-t-il désormais
Renoncer à tous nos projets ?
Entre nous désormais
Tout est-il rompu pour jamais ?

(Elle sort par la porte du fond.)

SCÈNE X.

LES MÊMES, excepté Mme Vernon.

FORTUNÉ.

Eh bien ! mon oncle, vous l'entendez... Qu'est-ce que vous dites de cela ?

M. DESJARDINS.

Je dis... que c'est votre faute... et que je vous renie pour mon neveu... que je vous abandonne, et ne me mêle plus de votre établissement.

FORTUNÉ.

Eh bien ! par exemple...

M. DESJARDINS.

Oui, monsieur... On vous a rencontré hier dans Paris... Vous y étiez donc, et incognito... dans quel but ? c'est ce que j'ignore ; mais c'est ce qu'aura appris madame Vernon... Voilà pourquoi votre mariage est manqué.

FORTUNÉ.

Pour une bêtise comme celle-là... une farce du huit de

cœur! Savez-vous la bouillotte?... je vous fais juge... je suis carré...

M. DESJARDINS, avec colère.

Vous avez joué?... Voilà comment vous faites tort...

FORTUNÉ.

A ma bourse.

M. DESJARDINS.

Non, monsieur, à votre oncle... un oncle respectable... un oncle qui n'avait rien fait... et qui allait être décoré... Pourvu que ça ne me nuise pas auprès de madame de Bernis... J'y cours.

FORTUNÉ.

Lui parler de ma nomination?

M. DESJARDINS.

Non, monsieur... de la mienne... *primo mihi*, si vous entendez le latin.

FORTUNÉ.

Certainement.

LÉOPOLD, se levant.

Et moi aussi, je l'espère, car ma version est joliment faite... Et si vous voulez la voir et la corriger?

M. DESJARDINS, sa tabatière à la main.

J'ai bien le temps! (Il prend la version de Léopold sur la table, la regarde et s'écrie :) Deux contre-sens à la première page!

LÉOPOLD.

Ah! monsieur Desjardins, j'espère que vous n'oublierez pas votre promesse.

M. DESJARDINS.

Et laquelle?

LÉOPOLD.

Pour la noce et les vacances!

M. DESJARDINS, *en colère, frappant sur la table avec sa tabatière, qu'il oublie de reprendre.*

La noce! il n'y en a plus! et pour les vacances, on n'en accorde pas ainsi à des écoliers bavards, négligents, paresseux...

LÉOPOLD.

Quand j'avais votre parole!

M. DESJARDINS.

Oui... si j'étais content... et je ne le suis pas, il s'en faut. D'ailleurs, c'est l'avis de votre oncle... et c'est le mien. Les neveux sont tous des mauvais sujets... (Fausse sortie.) Et madame de Bernis qui m'attend... Ah! et mon fiacre que 'ai depuis deux ou trois heures... et qui est à la porte... (A Fortuné.) Je n'ai pas ma bourse, vous le paierez... Allez vite.

FORTUNÉ.

Mais... mon oncle...

M. DESJARDINS.

Vous ne m'entendez pas?... vous restez là, à perdre... mon temps... Vous ne savez donc pas le prix du temps, malheureux?... Quarante-cinq sous la première heure et trente-cinq sous les autres... Mais, allez, monsieur, allez... courez donc...

(Il entre chez madame de Bernis, à droite.)

SCÈNE XI.

FORTUNÉ, LÉOPOLD.

FORTUNÉ.

Courez donc... courez donc... Il croit qu'il n'y a que cela à faire. (A Léopold.) Donne-moi de l'argent.

LÉOPOLD, *en colère.*

Pourquoi?

FORTUNÉ.

Pour le fiacre à mon oncle, puisqu'à présent, ce sont les neveux qui paient...

LÉOPOLD.

De l'argent!... de l'argent, est-ce que j'en ai?

FORTUNÉ.

Ces vingt francs que tu m'as promis!

LÉOPOLD, se promenant.

Il s'agit bien de cela! après une injustice pareille! une promesse de vacances, et rien de tout cela, rien!

FORTUNÉ, le suivant.

Écoute-moi.

LÉOPOLD.

Laisse-moi tranquille... je suis furieux... Il n'y a plus de bonne foi... plus d'honneur... Tout le monde manque à sa parole.

FORTUNÉ.

A commencer par toi... qui me promets des fonds, et me laisses dans l'embarras au moment du paiement.

LÉOPOLD.

C'est vrai!

FORTUNÉ.

Car tu ne remarques pas que la mauvaise humeur qui règne ici a réagi en ricochets, depuis madame Vernon jusqu'à toi...

LÉOPOLD.

Tu as raison, mon ami, tu as raison... et je t'en demande pardon... Que veux-tu? moi, je tenais à aller à ta noce.

FORTUNÉ.

Et moi aussi, je tenais à aller à ma...

LÉOPOLD.

Tiens, va payer le fiacre de ton oncle... et reviens vite...
(Il lui donne de l'argent.)

FORTUNÉ.

Mais il manque quelque chose.

LÉOPOLD, étourdiment.

Ce sera pour le cocher...

FORTUNÉ.

Comment!... Mais Léopold... trois heures... il faut encore...

LÉOPOLD, lui donnant encore de l'argent.

C'est vrai; tiens... Mais va donc... Est-il bête pour un grand!

SCÈNE XII.

LÉOPOLD, seul.

Moi, qui ne suis qu'un petit, qui ne suis encore qu'en troisième, j'en remontrerais à l'ancien rhétoricien. Je viens de faire là, d'après Sénèque, une version sur la bienfaisance, qui prouve comme quoi on n'oblige souvent que par intérêt ou par amour-propre. C'est un grand homme que Sénèque, et si mon camarade Fortuné l'avait traduit, comme moi, il verrait, clair comme le jour, que tous ses malheurs et tous ses torts d'aujourd'hui viennent des billets de bal que madame Vernon et ma tante n'ont pas pu placer... Voilà la cause du mal... il ne s'agit que de trouver le remède. Que l'on prenne à ces dames les billets qui leur restent, et leur bonne humeur reviendra... et Fortuné aura sa place... il aura sa femme... et un beau bal de noces, où je danserai avec ma cousine Mimi... Tout cela tient à une vingtaine de billets peut-être! Vingt billets... ce n'est pourtant pas grand' chose, et si cela ne dépendait que de moi... je les prendrais

tous tout de suite... d'autant que vingt billets... vingt billets
à cinquante francs, (Il va à la table, et prenant la plume.) cela
fait tout simplement... (Calculant.) Ah! diable! Tiens mon
proviseur qui a oublié sa tabatière... cela fait plus d'argent
que je n'en ai jamais eu de ma vie... Il n'y a que des ban-
quiers qui peuvent donner des sommes pareilles... il n'y a
que mon oncle... et encore il ne les donne pas... pas même
pour les pauvres... ce qui est mal à lui... quand on est si
riche... Il répond à cela qu'il aime mieux employer son argent en spéculations... ou en raretés précieuses... (Jouant
machinalement avec la tabatière que Desjardins a laissée sur la table.)
Ah! mon Dieu!... quel trait de lumière... quelle idée... la
tabatière de mon proviseur!... Si j'osais... Pourquoi pas?
Elle est bien assez vieille et assez laide pour inspirer confiance... et en ôtant le tabac qui est moderne. (Il met le tabac
dans un papier.) Hâtons-nous... Ah! Fortuné!

SCÈNE XIII.

LÉOPOLD, FORTUNÉ.

FORTUNÉ.

Le fiacre est payé.

LÉOPOLD.

Et ton mariage est fait... et tu es sauvé... et nous sommes
sauvés, grâce à une idée.., une idée que j'ai.

FORTUNÉ.

Et laquelle ?

LÉOPOLD.

Sois tranquille... Attends-moi ici, et n'aie pas peur... qu'il
le veuille ou non... c'est ton oncle qui contribuera à ton
bonheur.

(Il sort en courant par la porte à gauche.)

FORTUNÉ.

Mon oncle!... il faudra donc, alors, que ça ne lui coûte rien... sans cela, il n'est pas homme à se dessaisir, et pourvu seulement qu'il soit de bonne humeur... c'est tout ce que je lui demande.

SCÈNE XIV.

M. DESJARDINS, rentrant par la porte à droite, **FORTUNÉ**.

M. DESJARDINS.

Au diable les femmes et leurs caprices!... Me traiter avec cette insolence, cette fierté!... Moi, un proviseur!... me renvoyer à mon collège... Oui, morbleu! j'y retourne, et je mettrai tout le monde en retenue.

FORTUNÉ, à part.

Ça commence bien!... voilà de la justice. (Haut.) Quoi! mon oncle?...

M. DESJARDINS.

Ah! c'est vous, monsieur... c'est vous!... Je vous trouve bien hardi d'oser encore vous présenter devant moi... après tous les affronts auxquels vous venez de m'exposer.

FORTUNÉ.

Et lesquels, s'il vous plait?

M. DESJARDINS.

Lesquels!... Je venais, d'un air gracieux et galant, annoncer à madame de Bernis qu'elle pouvait disposer de quelques billets qu'elle avait eu la bonté de tenir pour moi en réserve, et j'ajoutais quelques mots sur une affaire qui me concerne... mais, elle, sans rien écouter, jetant sur moi un regard dédaigneux, m'annonce qu'elle n'est plus d'humeur à solliciter pour personne; qu'elle renonce à protéger ma famille; qu'elle vous a déclaré, à vous, que d'après votre conduite, vous n'auriez pas votre place dans les hospices.

FORTUNÉ.

Eh! mon Dieu, oui!

M. DESJARDINS.

Quand je vous le disais!... Voyez ce dont vous êtes cause... Cela rejaillit jusqu'à moi... car elle est venue me dire que je ne devais plus compter sur elle pour la croix... elle qui, ce matin encore, me l'avait proposée... car le ciel m'est témoin que je ne la demandais pas... que je n'y songeais même pas... mais les autres pouvaient y songer pour moi... et c'est vous qui les en empêchez... vous, monsieur, que j'ai comblé de mes bienfaits... Mais il y a un terme à tout, et désormais je ne ferai plus rien pour vous, ni directement, ni indirectement.

FORTUNÉ, à part.

Ça va bien avec ce que me disait mon ami Léopold.

M. DESJARDINS.

Je ne vous laisserai rien... vous n'aurez rien après moi.

FORTUNÉ.

Ça sera comme de votre vivant.

M. DESJARDINS.

Qu'est-ce à dire?

FORTUNÉ.

Que ce n'est pas la peine que vous mouriez.

M. DESJARDINS.

Voyez-vous l'ingratitude... voyez-vous la perversité du siècle... et l'oubli de toutes les convenances!

FORTUNÉ.

Dame! mon oncle... je vous engage à vivre... mais si ça vous fâche... je ne vous empêche pas de faire autrement.

M. DESJARDINS, hors de lui.

Je ferai... je ferai comme je voudrai, monsieur.

AIR : Quand l'Amour naquit à Cythère.

Mais écoutez d'une oreille attentive,

Et sachez que de tout mon bien,
Quoi que l'on dise ou qu'il arrive,
Je prétends ne vous laisser rien
Et disposer de ma fortune entière
Pour les pauvres, mes seuls amours...

FORTUNÉ.

Alors j'en suis : et vous aurez beau faire,
Ma part me reviendra toujours.

M. DESJARDINS.

Fortuné!... Fortuné!... ça finira mal.

SCÈNE XV.

LES MÊMES; LÉOPOLD.

LÉOPOLD.

Au contraire... car tout va à merveille.

FORTUNÉ.

Ça n'est pas ici toujours.

LÉOPOLD.

C'est ce qui te trompe... tes affaires sont en bon train.

M. DESJARDINS.

Joliment!... Il n'a plus de place... il n'a plus de femme... il n'y a plus rien à espérer ni pour lui... ni pour moi... Tout est perdu... (Fouillant dans sa poche, et regardant autour de lui.) jusqu'à ma tabatière... car je ne sais pas ce qu'elle est devenue.

LÉOPOLD.

Bah! tout se retrouvera.

FORTUNÉ.

Excepté mon argent.

M. DESJARDINS.

Ton argent! dissipateur que tu es!

LÉOPOLD.

Bah! une centaine d'écus que vous lui rendrez.

M. DESJARDINS.

Jamais!

LÉOPOLD.

Eh bien! vous les lui donnerez.

M. DESJARDINS.

Encore moins.

LÉOPOLD.

Comme présent de noces.

M. DESJARDINS.

Impossible!... Vous savez bien, monsieur, qu'il n'y a plus de mariage, qu'il n'y a plus de noces.

LÉOPOLD.

Et s'il y en avait...

FORTUNÉ.

Que dis-tu?

LÉOPOLD.

Si on lui rendait sa prétendue... si on lui rendait sa place!

FORTUNÉ.

Ah! Léopold, c'est une amère dérision.

M. DESJARDINS.

Oui... monsieur Léopold veut rire.

LÉOPOLD.

Non, vraiment... Et, bien mieux encore, s'il se trouvait que, grâce à moi, le ruban rouge arrivât là, à la boutonnière de mon proviseur, que diriez-vous?

M. DESJARDINS.

Je dirais... Mais c'est impossible!

FORTUNÉ.

Nous dirions... Mais c'est impossible!

LÉOPOLD.

Enfin, si je réussissais... que me donneriez-vous pour mes risques et périls et surtout pour ma peine ?

M. DESJARDINS.

Je te dirais : Demande-moi tout ce que tu voudras.

FORTUNÉ.

Je te dirais : Demande tout ce que tu voudras... à mon oncle Desjardins.

LÉOPOLD.

J'en prends acte... et ne serai pas trop exigeant : d'abord pour Fortuné, votre neveu, le présent de noces.

M. DESJARDINS.

C'est dit.

LÉOPOLD.

Pour moi, congé le jour du mariage.

M. DESJARDINS.

C'est dit.

LÉOPOLD.

Et puis mes vacances.

M. DESJARDINS.

Accordé !

LÉOPOLD.

Vous m'obtiendrez mes vacances ?

M. DESJARDINS

Je te le promets.

LÉOPOLD.

Deux mois de vacances ?

M. DESJARDINS.

Je te le jure, foi de chev...

LÉOPOLD.

Oh !... pas encore... mais j'y compte. Tout est convenu. Alors et en ma qualité de sorcier... je peux prononcer des paroles et donner mon coup de baguette... justement voici ma tante.

SCÈNE XVI.

Les mêmes; Mme DE BERNIS.

Mme DE BERNIS, entrant par le fond, d'un air radieux, et tenant plusieurs lettres à la main en parlant à la cantonade.

Je n'en ai plus !... je n'en ai plus... je suis accablée de demandes et ne peux y suffire... et vous me voyez, Desjardins, dans un embarras dont vous êtes cause... et dont je vous accuse...

M. DESJARDINS.

Moi, madame !...

Mme DE BERNIS.

Me dire que ces jeunes gens ne veulent pas de billets... quand, une demi-heure après... ils envoient me les demander de votre part !

M. DESJARDINS.

Comment cela ?

LÉOPOLD, à demi-voix.

Taisez-vous.

Mme DE BERNIS.

Au moment même où l'on m'en envoyait chercher pour l'ambassade d'Autriche... On ne peut pas refuser, et d'un autre côté des gens qui viennent de votre part, de la part d'un ami... j'ai donné tout ce que j'avais, et j'en aurais eu, je crois, quarante de plus, que j'aurais tout placé.

M. DESJARDINS.

C'est fort heureux.

Mme DE BERNIS.

Vous me dites cela d'un air fâché... Je vois que vous pensez encore à ma vivacité de ce matin... Que voulez-vous ! Vous êtes venu dans un mauvais moment... J'étais inquiète de nos pauvres et tourmentée pour notre bal de ce soir... Je craignais que cela n'allât mal... et quand on est dame patronnesse... on a une responsabilité... mais j'apprends que grâce aux soins que vous avez pris... tout est prévu, tout ira à merveille...

M. DESJARDINS.

Je m'en flatte, du moins.

Mme DE BERNIS.

Nous ne serons pas ingrats... Je viens d'écrire aux administrateurs... pour ce que vous savez... et j'espère bien que nous l'obtiendrons... Quant à la place de votre neveu... c'est de droit... cela revient à la famille, et le ministre m'a fait une promesse que je lui rappellerai ce soir.

M. DESJARDINS, à demi-voix.

Je n'en reviens pas.

FORTUNÉ, de même.

Ça tombe dans le fantastique !

LÉOPOLD, à voix basse.

Je vous l'avais dit : le coup de baguette.

SCÈNE XVII.

LES MÊMES ; Mme VERNON, entrant par le fond.

Mme VERNON.

Eh ! mon Dieu, ma chère amie, venez à mon aide... vous reste-t-il des billets ?

Mme DE BERNIS.

Pas un seul !...

Mme VERNON.

C'est fâcheux. J'avais compté sur vous... l'ambassadeur

de Prusse m'en envoie demander... J'ai placé tout ce que j'avais, et je ne sais plus où donner de la tête.

Mme DE BERNIS.

Ni moi non plus. (On entend sonner à gauche.) C'est chez mon mari... cette lettre à envoyer au ministre. (A Fortuné.) Il compte sur vous, sur votre belle écriture. (A M. Desjardins.) Car je l'ai décidé à écrire, pour vous d'abord... et pour la place de votre neveu.

Mme VERNON.

Quoi ! ce pauvre Fortuné serait nommé...

M. DESJARDINS, froidement.

Oui, madame... nous en avons la certitude.

Mme VERNON.

Ah ! j'en suis ravie, enchantée... car cette pauvre Aménaïde était dans les larmes.

FORTUNÉ.

Est-il possible ?

Mme VERNON.

Elle regrettait son prétendu... et un mariage que j'ai dû rompre... C'était tout naturel... mais maintenant c'est bien différent... et s'il est vrai qu'il ait une place...

M. DESJARDINS et FORTUNÉ.

Vous consentez ?

Mme VERNON.

Ai-je jamais voulu autre chose ?

(On sonne plus fort.)

Mme DE BERNIS.

Mon mari s'impatiente... Allez donc, Fortuné... voyez ce qu'il veut !

M. DESJARDINS.

Eh ! oui, sans doute.

FORTUNÉ.

Oui, mon oncle... Oui, madame... j'y cours... (A demi-voix.) Je n'y conçois rien.

(Il sort par la porte à gauche.)

M. DESJARDINS, bas à Léopold, pendant que les deux dames causent ensemble à voix basse.

Et moi je n'en reviens pas !

LÉOPOLD, à demi-voix.

Toujours la suite de mon coup de baguette... Et mes vacances ?...

M. DESJARDINS, de même.

Tu les auras... Mais comment as-tu fait ?

LÉOPOLD, de même.

J'ai fait à moi seul l'ambassade d'Autriche et de Prusse... En leur nom et au nom de vos petits jeunes gens, j'ai envoyé prendre à ces deux dames tous les billets de bal qui leur restaient...

M. DESJARDINS.

Et avec quoi as-tu payé ?

LÉOPOLD.

Avec l'argent de mon oncle... mille francs qu'il aura donnés aux pauvres.

M. DESJARDINS.

Ce n'est pas possible !

LÉOPOLD.

Tout le monde y aura contribué... à commencer par vous.

M. DESJARDINS.

Moi ?...

LÉOPOLD.

Silence !

(Fortuné rentre par la porte à gauche, portant avec précaution un petit plateau recouvert d'un globe en cristal, le tout caché par un petit tapis.)

FORTUNÉ, sortant de la porte à gauche, et parlant à la cantonade.

N'ayez pas peur ! je le porte avec précaution, et je vais le placer où vous m'avez dit.

TOUS.

Qu'est-ce donc ?

FORTUNÉ.

Un objet précieux que M. de Bernis vient d'acheter, et que je porte dans son cabinet... dans son muséum... un morceau bien rare à ce qu'il dit, et qu'on lui a cédé pour rien... un millier de francs.

Mme DE BERNIS.

Et quoi donc ?

FORTUNÉ.

La tabatière de Voltaire, voyez plutôt.

(Il enlève le tapis.)

Mme DE BERNIS, avec respect.

Quoi ! c'est là que Voltaire prenait du tabac ?

Mme VERNON, regardant.

Elle est superbe !

FORTUNÉ.

N'est-ce pas ? et un air du temps... ça se reconnaît tout de suite !...

M. DESJARDINS, s'approchant pour voir et la reconnaissant.

Ah ! mon Dieu... Mais c'est ma tabat...

LÉOPOLD, lui fermant la bouche.

Taisez-vous !

M. DESJARDINS, à demi-voix et fouillant dans sa poche.

Moi qui croyais l'avoir perdue.

LÉOPOLD, de même.

Elle se conservera maintenant... la voilà sous verre ! (Lui donnant un cornet de papier.) Voilà le tabac.

Mme DE BERNIS, à haute voix.

Qu'est-ce donc ?

LÉOPOLD.

Rien, ma tante... c'est ma version que je montrais à mon proviseur. (Lisant tout haut à la manière des écoliers.) « La bien-
« faisance n'a souvent pour but que l'ostentation ou l'intérêt
« personnel... Mais qu'importe le motif?... il vaut mieux faire
« le bien par amour-propre que de ne pas le faire du tout. »

Mme DE BERNIS.

Assez, assez... faites-nous grâce de votre latin... et songeons à notre toilette pour le bal.

LÉOPOLD.

Ah ! ma tante, si je pouvais y aller !

Mme DE BERNIS.

Si votre proviseur y consent...

LÉOPOLD.

Il y consentira.

M. DESJARDINS, gravement.

Soit... je vous y mènerai.

Mme DE BERNIS.

Et monsieur Fortuné me donnera la main.

FORTUNÉ.

Oui, madame, trop heureux certainement. (Bas, à Léopold.) Il n'y a qu'une chose qui m'embarrasse... Ce sont toujours ces maudits billets.

LÉOPOLD.

Sois donc tranquille... j'en ai plein mes poches.

Mme DE BERNIS.

Ainsi tout est arrangé... j'ai ce que je voulais.

M. DESJARDINS.

Moi aussi.

Mme VERNON.

Moi aussi.

LÉOPOLD.

Moi aussi.

FORTUNÉ.

Moi aussi.

M. DESJARDINS.

Grâce aux pauvres, aux malheureux!

LÉOPOLD.

A quelque chose malheur est bon!

TOUS.

AIR du *Corsaire noir.*

Vive l'humanité,
La bienfaisance
Qui fait que l'on danse!...
Grâce à la charité
Le pauvre est riche, et le riche est fêté !

LÉOPOLD, au public.

AIR : J'ai du bon tabac dans ma tabatière.

Dans sa tabatière,
On dit que Voltaire
Puisait tout l'esprit
Qui nous éblouit...
Mais lorsque Voltaire
Partit de la terre,
Cette tabatière
Avec lui partit.
Esprit des plus fins qui fut ici-bas,
Malice, bon goût et mots délicats,

Tout est demeuré dans sa tabatière,
C'est pour ça qu'ici vous n'en aurez pas.

TOUS.

Vive l'humanité ! etc.

CESAR,

ou

LE CHIEN DU CHATEAU

COMÉDIE-VAUDEVILLE EN DEUX ACTES

EN SOCIETÉ AVEC M. VARNER

Théatre du gymnase. — 4 Mars 1837.

PERSONNAGES.	ACTEURS.
LE CHEVALIER DE NEUILLAC.... MM.	Rhozevil.
MATHIEU GRANDCHAMP, général de brigade.............	Ferville.
DESROSIERS, coiffeur........	Silvestre.
CÉSAR................	Bouffé.
LA COMTESSE DE KARADEC..... Mmes	Julienne.
GEORGETTE, nièce de Grandchamp....	Eugénie Sauvage.

Officiers. — Paysans et Paysannes.

En Bretagne, vers la fin du Directoire.

CÉSAR
ou
LE CHIEN DU CHATEAU

ACTE PREMIER

Au fond du théâtre, la façade du château. — Une cour d'honneur et une grille seigneuriale. A droite des spectateurs, dans la cour, une niche de chien. Au côté opposé, sur le premier plan, la porte d'une petite auberge ou tourne-bride.

SCÈNE PREMIÈRE.

GEORGETTE et DESROSIERS, sortant de l'auberge.

GEORGETTE.
Vous ne voulez pas qu'on vous donne des chevaux?

DESROSIERS.
Non, non, je n'irai pas plus loin aujourd'hui. Qu'on mette ma chaise de poste sous la remise, si toutefois il y en a une dans cette misérable auberge. Quel diable de pays est celui-ci?

GEORGETTE.

Dame!... vous êtes en pleine Bretagne...

DESROSIERS.

Comme qui dirait la Vendée... Et les routes sont-elles bien sûres?

GEORGETTE.

Maintenant, oui, vraiment! on ne se bat plus. V'là la paix qui revient, les paysans retournent chez eux, et les nobles, à qui on rend leurs biens, se hâtent de les reprendre.

DESROSIERS.

Ils ont raison : le gouvernement n'aurait qu'à changer d'idée... ça lui arrive si souvent! Quel est ce beau domaine?

GEORGETTE.

Le château de Karadec, où mon père a été concierge et mon oncle garde-chasse. J'y ai été élevée.

DESROSIERS.

De Karadec?... c'est une grande famille.

GEORGETTE.

Je crois bien... et un beau château... dix lieues de pays... M. le marquis de Karadec, qui en était propriétaire, était un grand seigneur qui, après avoir éprouvé des pertes considérables, était allé à Saint-Domingue pour rétablir sa fortune... Il y est mort, il y a dix ans de ça, et le petit marquis son fils, qu'il avait emmené avec lui, un petit blondin si gentil que je crois voir encore, aura sans doute été tué par les nègres, car on n'en a plus jamais entendu parler... Pour lors et pendant la révolution, la nation s'était emparée du château... Mon père avait été condamné par le tribunal de Vannes, comme un ci-devant... un ci-devant concierge de grand seigneur... mon oncle le garde-chasse était parti soldat... il m'a fallu, alors, quitter ce pauvre château où j'étais si bien! Je me suis mise en service, là, en face, afin d'en être plus près et de le voir tous les jours... Mais pardon, citoyen, de vous conter tout cela.

DESROSIERS.

Pourquoi donc? c'est très-touchant... moi, d'abord, je suis comme toi, j'ai toujours eu un faible pour les châteaux... (A part.) une passion malheureuse qui n'a jamais eu de résultats. (Haut.) Et qui habite maintenant ce domaine? car il me semble habité.

GEORGETTE.

Depuis hier soir... Mme la comtesse de Karadec, à qui le gouvernement a rendu tous ses biens, est venue en prendre possession, à défaut du petit marquis son neveu, qu'on dit être mort.

DESROSIERS.

Bah! il se ravisera... avec un château comme celui-là, on ne se décide guère à mourir... (Changeant de ton.) Je déjeunerai avec plaisir, si tu veux bien le permettre.

GEORGETTE.

A l'instant... Vous restez donc quelque temps ici?

DESROSIERS.

Cela dépend de quelque chose que j'attends.

GEORGETTE.

Cela suffit : je suis à vous, citoyen.

(Elle entre dans l'auberge.)

SCÈNE II.

DESROSIERS, seul.

Ce que j'attends... c'est de l'argent! or, comme personne ne m'en doit... au contraire!... je ne sais pas trop d'où il pourra m'en arriver, et la position est assez critique. Coiffeur distingué sous l'ancien régime, la révolution, qui a défrisé tout le monde, a brisé entre mes doigts le fer à papillotes; mais, en abolissant la poudre, elle ne défendait pas d'en jeter aux yeux : c'est ce que j'ai fait. Je me suis lancé dans les muscadins, dans l'agiotage, dans les entreprises... Tout le monde spéculait, la moitié de la nation trompait l'autre : je me suis mis du bon côté... de ceux qui trompaient... J'ai donné dans les fêtes publiques, Tivoli, Frascati, Marbeuf et l'Élysée-Bourbon... ça a réussi d'abord : on avait tant besoin de s'amuser! Mais tout le monde s'en est mêlé; les mauvaises affaires sont arrivées, avec elles les prises de corps, les huissiers et cætera... La révolution, qui a détruit tant d'abus, devrait bien rendre une loi qui dispensât de payer ses dettes... c'est bien ce que le gouvernement a fait pour lui, mais en grand... et moi, qui ne pouvais pas donner à mes créanciers du tiers consolidé, je me suis enfui de Paris, dans une voiture que je dois, courant toujours devant moi et ne m'arrêtant qu'ici, où s'arrêtent mes fonds... (Fouillant dans sa poche.) Deux écus de six livres! Impossible d'aller plus loin, la poste est inexorable... elle ne fait pas crédit... encore un abus!... Et si je trouvais moyen de vendre ma chaise de poste à cette comtesse de Karadec... peut-être même de me faire passer à ses yeux pour un ci-devant... une victime... pourquoi pas?... je me coiffe bien...

<small>AIR du vaudeville de *la Somnambule*.</small>

> Je me mets bien, j'ai l'usage du monde,
> Car il m'en est tant passé par les mains!
> J'ai de grands airs, et certaine faconde...
> Enfin, j'ai tout... hormis les parchemins.
> Et, profitant de la ruine commune,
> Je puis, seigneur de Gascogne ou d'Anjou,
> Dire comme eux : j'ai perdu ma fortune!
> Car il est vrai que je n'ai pas le sou.
> Je dirai vrai, car je n'ai pas le sou;
> Il est trop vrai que je n'ai pas le sou!

Et si, sensible à mes malheurs, elle m'offrait quelques jours d'hospitalité, on peut toujours accepter et attendre les événements. C'est à y songer. On sort du château... un jeune homme et une dame... si c'était la comtesse... Je vais m'en informer en déjeunant. Je peux toujours, à tout hasard, risquer une salutation respectueuse et mélancolique... ça ne peut pas faire de mal.

(La comtesse et le chevalier sortent du château. Desrosiers salue la comtesse d'un air respectueux, puis la regarde tristement, pousse un profond soupir, et rentre dans l'auberge à gauche.)

SCÈNE III.

LA COMTESSE, LE CHEVALIER.

LA COMTESSE.

Avez-vous vu ce jeune homme qui s'éloigne?... une tournure distinguée... et puis des manières convenables... il salue au moins, ce qui est rare dans ce pays.

LE CHEVALIER.

Je crois qu'il n'en est pas; c'est un étranger.

LA COMTESSE.

C'est donc cela! car, en vérité, tout le monde ici est d'une audace, d'une insolence!

LE CHEVALIER.

Vous aurait-on manqué, ma chère cousine?

LA COMTESSE.

Non, chevalier, au contraire... personne ne fait attention à moi. Je suis arrivée hier soir : pas un paysan pour me voir passer, pas une harangue, pas une cloche!

LE CHEVALIER.

Il n'y en a plus dans le village.

LA COMTESSE.

Eh! qu'en a-t-on fait?

LE CHEVALIER.

Des canons.

LA COMTESSE.

C'est horrible! pas de cloches dans une paroisse! c'est un pays maudit du ciel... et je ne m'étonne plus si tout y est bouleversé... Un monsieur, un individu... qui signe Sauvageot, épicier, m'écrit, sous prétexte qu'il est maire de la commune, pour m'informer qu'un général va venir loger chez moi... est-ce que mon château est une caserne?... ou bien me traite-t-on en pays conquis?

LE CHEVALIER.

Eh! mon Dieu! ma belle cousine, vous savez bien que c'est l'usage.

LA COMTESSE.

Non pas, chevalier... les personnes comme il faut ont toujours été dispensées de loger les gens de guerre.

LE CHEVALIER.

Autrefois!

LA COMTESSE.

Et aujourd'hui c'est encore bien plus nécessaire! l'armée est si mal composée!... au lieu de nos jeunes officiers si aimables et si élégants, des gens qui sentent la poudre, qui se battent toute la journée et ne songent qu'à se faire tuer... des gens qui ne savent pas vivre...

AIR du vaudeville de l'Écu de six francs.

Aussi Dieu sait comme à la ronde
On craint nos soldats citoyens!
N'ont-ils pas battu tout le monde,
Les Hollandais et les Prussiens,
Les Russes et les Autrichiens?
Ils ont cherché noise au satrape
Qui règne en Égypte... et plus tard
Ils ont, ces soldats sans égard,
Battu... jusqu'aux soldats du pape!

LE CHEVALIER.

Mais, ma cousine...

LA COMTESSE, l'interrompant.

Oh! chevalier, vous n'êtes pas désintéressé dans la question : car, vous qui parlez, vous avez dérogé; oui, monsieur, au lieu d'émigrer avec nous, ou du moins de rester dans vos terres en bon gentilhomme, à vous cacher ou à ne rien faire, on vous a vu porter le mousquet en simple soldat dans l'armée républicaine.

LE CHEVALIER.

Dans l'armée française, madame, car nous marchions contre l'étranger.

LA COMTESSE.

Raison de plus... c'est un tort que rien n'effacera à mes yeux.

LE CHEVALIER.

Et dont je me console en pensant que c'est à ce tort que vous avez dû autrefois la vie, et, aujourd'hui, les biens qui vous sont rendus.

LA COMTESSE.

Je ne les ai point demandés.

LE CHEVALIER.

C'est vrai; mais moi je les ai réclamés au nom de mon sang versé pour la patrie... et le Directoire a accordé au jeune soldat ce qu'il aurait à coup sûr refusé à l'ancien gentilhomme. En revanche, ma chère cousine, je vous prie en grâce de modérer vos railleries continuelles sur le temps présent, vos regrets amers du passé. Songez que l'orage à peine calmé gronde encore dans le lointain... et la moindre imprudence pourrait avoir des suites funestes.

LA COMTESSE.

Tant pis pour ces gens-là! je ne sais pas farder mon opinion. Il faut que je dise la vérité à tout le monde, et surtout au gouvernement.

LE CHEVALIER.

Il n'est pas habitué à l'entendre... et, si vous ne craignez rien pour vous, si votre courage vous met au-dessus de tous les périls, redoutez-les du moins pour votre fille, pour Amélie...

LA COMTESSE.

Dont vous vous occupez beaucoup, mon jeune cousin.

LE CHEVALIER.

C'est vrai; mais je suis condamné au silence, je ne puis vous parler de mon amour... car je vous ai rendu service, et maintenant j'aurais l'air d'en réclamer le prix.

LA COMTESSE.

Fi donc!... moi avoir une pareille pensée... de vous, d'un gentilhomme! non, chevalier, je vous estime trop pour cela, et je vais vous parler franchement. Ce n'est pas à vous que je destinais ma fille; c'était à mon neveu, au jeune marquis de Karadec, à l'héritier de ce riche domaine. Il n'avait guère que dix à onze ans, il est vrai, quand il est parti avec son père pour Saint-Domingue; mais, de tout temps, ce mariage avait été convenu et arrêté entre les deux familles; parole avait été donnée, parole de gentilhomme! c'est tout vous dire, et vous savez que rien au monde ne m'y aurait fait manquer.

LE CHEVALIER.

Oui, madame; mais vous savez que, lors des massacres de Saint-Domingue, ce pauvre Arthur et son père...

LA COMTESSE.

Son père... oui... le fait est trop vrai! mais le fils, on nous l'a assuré, avait été épargné par ses esclaves révoltés, ainsi que son gouverneur, le petit abbé de Saint-Yon, que je me rappelle très-bien. On ajoutait que tous deux avaient été à leur tour réduits en esclavage, accablés de mauvais traitements, et condamnés aux travaux les plus humiliants... mais que, plus tard, ils étaient parvenus à s'échapper et à gagner la partie espagnole de Saint-Domingue.

LE CHEVALIER.

Et si cela était vrai, comment, de là, n'auraient-ils pas trouvé le moyen de passer en France? Comment, depuis neuf ou dix ans, n'aurait-on pas eu de leurs nouvelles?

LA COMTESSE.

La révolution venait d'éclater; toute la famille était elle-même émigrée et peu en position de faire faire en France des recherches, auxquelles désormais je vais me livrer avec plus d'activité; et si, malheureusement, comme je le crains, le dernier des Karadec a cessé d'exister, si cette noble famille est éteinte, c'est vous, monsieur de Neuillac, vous, mon cousin, que je nommerai mon gendre, seul moyen d'acquitter envers vous les dettes de la reconnaissance.

LE CHEVALIER.

Ah! je serai trop payé!... car, je puis vous le dire, maintenant, Amélie est mon seul amour... c'est elle qui a soutenu mon courage; et, s'il fallait renoncer à sa main, tout serait fini pour moi!... mais vous m'avez rendu l'espoir... et je puis donc me flatter que bientôt...

LA COMTESSE.

Patience! attendez ce que je vous ai dit... et puis on ne se marie pas sans curé, et nous n'en avons pas encore dans la paroisse. Il faut donc, d'abord, que dans ce pays et dans le château de mon frère, je rétablisse tout sur l'ancien pied.

LE CHEVALIER.

Vous aurez fort à faire!

LA COMTESSE.

C'est ce que nous verrons!...

SCÈNE IV.

LE CHEVALIER, LA COMTESSE, GEORGETTE, sortant de l'auberge.

GEORGETTE, à la cantonade.

Oui, monsieur, c'est madame la comtesse... et je vais lui dire qu'un étranger désire lui parler.

LA COMTESSE.

Quelle est cette petite fille?

GEORGETTE, faisant la révérence.

C'est moi, la fille de l'ancien concierge, qui vient vous présenter ses respects.

LA COMTESSE.

C'est bien, petite, c'est bien... et me demander la place de ton père... pour toi, ou ton futur, si tu en as un... c'est de droit.

GEORGETTE.

Dame!... je suis du château... j'y suis née...

LA COMTESSE.

Et j'espère que tes opinions...

LE CHEVALIER.

J'espère bien qu'elle n'en a pas.

GEORGETTE.

Dame!... je tâcherai de bien garder le château.

LE CHEVALIER.

C'est cela même, c'est ce qu'il faut.

GEORGETTE.

Et ça sera facile, pour peu que vous me laissiez César, avec qui il n'y a rien à craindre... car il est de bonne garde celui-là!...

LA COMTESSE.

Qui?... César?... le chien du château?

GEORGETTE.

A peu près.

LA COMTESSE.

Comment, à peu près?

GEORGETTE.

Oui, madame, c'est tout comme... il est si fidèle, si dévoué et obéissant surtout... on lui dit : Viens ici, et il arrive... Va là, va... et il va... et puis courageux comme un lion... ils seraient dix contre lui, qu'il n'aurait pas peur... dès qu'il s'agit de me défendre... ou de défendre le château.

LA COMTESSE.

Et de qui me parles-tu là?

GEORGETTE.

De César... un pauvre garçon... qui n'a pas grande intelligence, car il n'a jamais deux idées de suite... mais il a tant d'instinct et un si bon cœur... avec moi surtout... que quelquefois je le prends pour un être raisonnable.

LE CHEVALIER.

C'est donc un fou?

GEORGETTE.

Du tout, il n'est pas fou... il n'est que bête... et encore pas toujours.

LE CHEVALIER.

J'y suis, c'est un idiot!... un imbécile!

GEORGETTE.

Oh! non... ne dites pas cela... car quelquefois il a des idées étonnantes... on ne sait pas d'où elles viennent... elles sont comme lui, qui est tombé ici un beau matin... ou plutôt un soir... sans qu'il ait jamais pu se rappeler comment il y était arrivé.

LA COMTESSE.

Voilà qui est singulier.

GEORGETTE.

C'était un jour où les municipaux étaient venus s'installer au château au nom de la nation... ils avaient pendant toute la nuit bu et mangé... toujours pour la nation... sans s'inquiéter d'un orage effroyable qu'il faisait et que j'avais bien entendu, car j'habitais encore le logement du concierge; si bien que le matin, en portant le déjeuner à Dragon, le chien d'alors, j'aperçois dans sa niche, couché à côté de lui... un étranger, un jeune garçon qui dormait et à qui Dragon avait donné l'hospitalité... ce dont je fus tout ébahie, parce que Dragon... (A la comtesse.) Je ne sais pas si vous vous le rappelez, un chien noir qui avait mauvaise réputation... méchant comme un loup... et la terreur de tout le canton.

LE CHEVALIER, vivement.

Eh bien?...

GEORGETTE.

Eh bien! lui et César vivaient comme deux amis... deux frères... ils ne se quittaient pas, et je crois qu'ils se comprenaient, car quelquefois, pendant un quart d'heure, ils aboyaient ensemble... ils partageaient la pitance, et, quand Dragon, qui était bien vieux, est mort, l'autre a eu la survivance... mais il regrette toujours son ami, et n'en parle jamais que chapeau bas et les larmes aux yeux.

LE CHEVALIER.

Ce pauvre César... il m'attendrit.

LA COMTESSE, riant.

Vous êtes bien bon!

GEORGETTE.

Et vous ne voudriez pas lui ôter sa place, qui du reste n'est pas chère, car il ne s'agit que de le nourrir.

LE CHEVALIER.

Et qui, jusqu'à présent, s'est chargé de ce soin?

GEORGETTE.

Moi, monsieur, sur mes gages, qui n'étaient pas bien forts... mais maintenant, et grâce à madame la comtesse, ça sera mieux.

LA COMTESSE, souriant.

Vous croyez?

LE CHEVALIER, de même.

J'en suis sûr... et où est-il donc ce M. César?... ne peut-on le voir?

LA COMTESSE, regardant la niche.

Est-il chez lui?

GEORGETTE.

Non, madame... je l'ai envoyé ce matin en commission.

LA COMTESSE.

Il fait donc les commissions?

GEORGETTE.

A merveille... quand on lui explique bien... (On entend des cris dans la coulisse à gauche; ce sont les villageois qui se moquent de César.) Tenez... tenez, voilà qu'il en revient... car je l'entends.

SCÈNE V.

LES MÊMES; CÉSAR, tenant un paquet. Il entre par la dernière coulisse à gauche de l'acteur.

CÉSAR, à la cantonade et menaçant du poing.

Ah! ben!... ah! ben!... ah! ben!... reviens-y encore!... reviens-y toucher... ah! ben!... ah! ben!...

GEORGETTE, l'appelant.

César!... ici, César!... (César se tait sur-le-champ et s'approche de Georgette en baissant la tête.) Voyez un peu dans quel état...

je n'ai pu le décider à quitter ce vilain habit... Ici!... D'où venez-vous comme ça?

CÉSAR, montrant le paquet qu'il tient.

Voilà!

GEORGETTE.

C'est ma robe neuve pour dimanche...

CÉSAR, riant.

Ah!... danser... ah!.ah! la musette... et puis en rond... (Chantant d'un air hébété.) Tra la, la, la, la...

GEORGETTE.

Oui, ma robe pour danser demain dimanche; et tu viens de chez la couturière, à l'autre bout du village?

CÉSAR, prenant un air méchant.

Ah! ben!... ah! ben!... trois... trois grands... ils étaient là... ils ont voulu me l'arracher.

GEORGETTE.

C'était bien mal!

CÉSAR.

Ah! si Dragon avait été là... (Otant son chapeau.) Mon pauvre Dragon! il n'aboie plus... moi bien chaud dans sa niche... et lui... lui... ah! c'était là un ami... oui... oui... un ami... et le plus honnête homme que j'aie connu... et vous aussi, pas vrai?

GEORGETTE.

Certainement... mais ces trois villageois qui t'on attaqué?...

CÉSAR.

Où ça?...

GEORGETTE.

Le paquet qu'ils voulaient prendre?...

CÉSAR, vivement.

Ah ben!... C'est à Georgette, que j'ai dit... et ils le tiraient... et je tenais ferme... et des coups de pieds...

(Riant.) Ah! ah! voilà le petit par terre... voyez-vous?... voyez-vous?... (Riant.) Ah! ah! ah!

GEORGETTE.

Mais les deux autres?...

CÉSAR.

A moi! Dragon... à moi!... Dragon n'est pas venu... ils m'ont renversé...

GEORGETTE.

Mon pauvre César!

CÉSAR.

Rien... rien... je ne sentais rien... mais le grand qui me tenait sous les pieds... avait pris le paquet... (Faisant le signe de mordre.) Hein!... un bon coup de dent... dans le mollet... comme Dragon... (Poussant un cri.) Ah! il a crié... lâché la robe à Georgette que j'ai prise... Me relever... courir... courir comme Dragon... et voilà... tenez...

GEORGETTE.

Et dans un joli état encore... toute en lambeaux!

CÉSAR.

Oh! y a tout!... et vous êtes contente, n'est-ce pas?... elle est bien contente parce qu'elle a sa robe...

LA COMTESSE, à Georgette.

Ah! tu avais raison!... il fait bien les commissions.

GEORGETTE.

Dame!... il fait de son mieux... et d'autres plus habiles ne s'en seraient peut-être pas si bien tirés... (Le flattant.) Bien, César... bien, mon garçon.

CÉSAR, à part, avec joie.

Elle est contente!

GEORGETTE.

Mais salue donc madame la comtesse.

CÉSAR, passant à la droite de Georgette.

Pourquoi faire?

GEORGETTE.
C'est désormais ta maîtresse...

CÉSAR.
Ma maîtresse!... ma maîtresse... (Montrant Georgette.) la voilà !

GEORGETTE.
Oui... c'est la mienne aussi... alors...

CÉSAR.
Alors, quoi ?

GEORGETTE.
Tu ne pourrais pas comprendre... mais je t'ordonne... entends-tu bien? je t'ordonne d'obéir toujours et en tout point à madame la comtesse.

CÉSAR.
Oui... mais elle ne sera pas ma maîtresse.

LE CHEVALIER, riant.
Non, vraiment... voilà un point convenu et arrêté... (Allant à César.) Maintenant, mon pauvre garçon, tâche de te rappeler tes souvenirs, et explique-nous un peu comment tu es venu ici.

CÉSAR.
Comment ?...

TOUS.
Oui, comment ?

CÉSAR.
Oh! dame!... j'avais bien froid...

LA COMTESSE.
Et où étais-tu?

CÉSAR.
La pluie tombait.

GEORGETTE.
D'où venais-tu ?

CÉSAR.
La pluie tombait.

LE CHEVALIER, avec un peu d'impatience.

Mais où allais-tu?

CÉSAR.

Ah! ils venaient de m'ôter mon ami... mon seul ami...
était-ce Dragon?... non, non, pas lui... un autre...
(Il cherche en rêvant.)

GEORGETTE, à demi-voix, au chevalier qui veut presser César.

Laissez-le... il est dans un bon moment.

CÉSAR, vivement.

Ah!... ah!... voyez-vous au milieu de la nuit?... v'là le
château qui était illuminé... Ouvrez, ouvrez... donnez-moi
à manger... car ils mangeaient... et j'avais faim... Va-t'en...
mendiant... va-t'en... et on me mit à la porte de la salle à
manger... moi qui avais faim... (A la comtesse.) Ça vous est-il
arrivé quelquefois, madame la comtesse?

LA COMTESSE.

Pauvre idiot!

CÉSAR.

Tout seul dans la cour... la pluie tombait... la pluie tombait toujours... (Imitant le bruit de la pluie.) Zi, zi, zi. (Tristement.)
Personne qui ait pitié de moi!... pas un ami qui me parle!
(Vivement.) Si... si... en voilà un qui aboie... il me caresse...
il me réchauffe... il me lèche les mains... Ah! c'est toi,
pauvre Dragon! il n'est pas fier, celui-là... il me reçoit chez
lui... il a tout partagé avec moi... et puis après ça rien ne
m'a manqué... rien!... Qu'est-ce que vous me demandez
maintenant?

GEORGETTE.

Puisqu'aujourd'hui tu es bien gentil, je te demande de dire
à madame la comtesse, comment tu as sauvé le château...
(A la comtesse.) Car c'est à lui que vous le devez, c'est lui qui
l'a sauvé... (A César.) Ce jour où Dragon t'a réveillé en sur-
saut... tu sais bien?

CÉSAR.

Oui, je l'entends qui me dit à demi-voix : (Aboyant sourdement.) Ouab, ouab, ouab!... je me réveille, et je lui réponds naturellement : Quoi? quoi?... pour lui dire qu'est-ce que c'est? Il me répète : Ouab, ouab, ouab... d'une manière... oh! mais d'une manière...

GEORGETTE.

Ce qui te fit comprendre qu'il y avait quelque chose d'extraordinaire.

CÉSAR, grondant toujours.

Ouab, ouab!

GEORGETTE.

Des voleurs qui voulaient mettre le feu au château.

CÉSAR.

Oui, oui... sorti de la loge... A moi, Dragon!... Je tombe sur eux avec un gros bâton... et l'autre... il mordait, déchirait, me criait courage! (Aboyant.) Ouab, ouab, ouab!... Ah! comme il aboyait!... et cette cloche que je sonnais... dan... dan... dan... c'était un tapage... voilà tout le village qui arrive, mais c'était fini... plus personne... ils s'étaient sauvés.

GEORGETTE.

A vous la victoire!

CÉSAR, tristement.

Ah! oui... la victoire!... la victoire!... mais Dragon était blessé... dame!... il était vieux, le pauvre Dragon... il est mort dans mes bras... et je suis seul dans sa loge, qui est bien grande pour un...

LE CHEVALIER.

Georgette a raison, c'est à lui que vous devez ce château... sans lui il était pillé, incendié.

LA COMTESSE.

Oui, s'il n'a pas d'esprit, il a du cœur, et je lui accorderai tout ce qu'il me demandera.

GEORGETTE, à César qui s'est éloigné.

Il ne demande qu'à rester ici, n'est-ce pas, César?

CÉSAR.

Oui, mam'zelle.

GEORGETTE.

A garder le château.

CÉSAR.

Oui, mam'zelle.

GEORGETTE.

A faire les commissions, toutes les commissions, et vous pouvez compter sur sa fidélité et son exactitude.

LA COMTESSE.

A la bonne heure! je l'emploierai dès aujourd'hui. On dit que l'ancien curé existe encore.

GEORGETTE.

Oui, madame; il s'est caché pendant longtemps, mais maintenant qu'il peut se montrer, il demeure près de l'église, chez la mère Blot, (A César.) la maison verte... tu sais.

CÉSAR.

Oui, mam'zelle.

LA COMTESSE.

Fais-lui porter cette lettre et cet or, pour qu'il le distribue aux pauvres et aux malades de la commune.

GEORGETTE, à César.

Entends-tu bien?

CÉSAR.

Des pauvres, des malades... y en a.

LA COMTESSE.

Et s'il juge à propos de t'envoyer chez eux, tu iras.

CÉSAR, d'un air hébété.

Comment ça?

GEORGETTE.

Je vais lui expliquer...

(Pendant qu'elle lui parle bas on entend une musique militaire.)

21.

CÉSAR.

Écoutez donc... écoutez donc... des soldats qui arrivent...

GEORGETTE.

Que t'importe? Fais ce que je te dis, et de peur que tu ne te trompes, je vais te mettre dans ton chemin.

CÉSAR.

Oui, mam'zelle... c'est gentil tout de même les soldats qui vont avec de la musique.

(Il sort avec Georgette par la coulisse à droite, entre le château et l'auberge, en allant au pas sur la marche militaire qui se fait entendre.)

SCÈNE VI.

LA COMTESSE, LE CHEVALIER, LE GÉNÉRAL ; puis GEORGETTE.

LE CHEVALIER, regardant dans la coulisse à gauche.

Eh! mais, j'aperçois un groupe d'officiers.

LA COMTESSE.

C'est ce que m'annonçait M. Sauvageot, l'épicier... c'est mon horrible général.

LE CHEVALIER.

Le général Grandchamp.

LA COMTESSE, bas au chevalier, avec dédain.

Vous connaissez cela, chevalier?

LE CHEVALIER.

J'ai eu l'honneur de faire sous ses ordres la campagne d'Allemagne.

LA COMTESSE.

Vous avez pu lui obéir!

LE CHEVALIER.

C'était mon supérieur.

LA COMTESSE.

Ah! fi! j'en rougis pour vous.

LE GÉNÉRAL, suivi de deux officiers, entre par la gauche ; à la cantonade.

Je ne garderai ici qu'un faible détachement pour la correspondance ; que le reste de la troupe soit cantonné dans les villages des environs. Les soldats seront nourris par les habitants ; mais pas de désordre, pas de pillage, j'ai des raisons pour que le pays soit bien traité... et quant aux officiers, ils viendront demain dîner avec moi au château.

LA COMTESSE, à part.

Dieu me pardonne ! c'est chez moi qu'il les invite.

LE GÉNÉRAL.

C'est là mon quartier général, c'est là qu'habite ma famille.

LA COMTESSE, à demi-voix.

Insolent !

LE GÉNÉRAL.

Qu'y a-t-il ? (Apercevant le chevalier qui s'avance.) Eh ! c'est le capitaine Neuillac !

LE CHEVALIER.

Moi-même, général... qui suis ici avec une parente à moi...

LE GÉNÉRAL.

Je lui fais compliment... elle a un brave dans sa famille... (S'avançant vers la comtesse.) Salut et fraternité.

LA COMTESSE, à part.

Quel ton ! quelles manières ! (Le regardant ; à haute voix.) Eh ! mais, je connais cette figure-là... je l'ai vue ici autrefois, chez mon frère.

LE GÉNÉRAL.

C'est vrai... portant déjà le fusil... une bonne habitude qu'on ne peut pas prendre de trop bonne heure.

LA COMTESSE.

Eh ! oui... vraiment, je ne me trompe pas, c'est lui.

GEORGETTE, rentrant, à part.

Maintenant le voilà dans son chemin. (Elle voit le général, pousse un cri, et court à lui.) Mon oncle Mathieu Grandchamp !

LA COMTESSE.

Le garde-chasse?

LE GÉNÉRAL.

Lui-même... qui depuis cinq ans a tiré autre chose que des lièvres... n'est-ce pas, capitaine?

GEORGETTE.

Mon oncle, mon cher oncle, c'est vous que je revois... et avec des épaulettes !

LE GÉNÉRAL.

Que je n'ai pas volées, je te le jure... Pas plus fier pour ça ; et malgré mon rang... (S'avançant vers la comtesse.) touchez là, citoyenne.

LA COMTESSE.

A qui parlez-vous? Je suis comtesse de Karadec.

LE GÉNÉRAL.

Allons donc !... il n'y a plus de comtesses : nous avons supprimé ces babioles-là.

LA COMTESSE.

En vérité ! et moi, je regarde comme non avenu tout ce que vous avez fait.

LE GÉNÉRAL.

Tant pis pour vous, car nous avons fait de belles choses.

LA COMTESSE.

Oui, un beau gâchis, dont vous vous tirerez si vous pouvez.

LE GÉNÉRAL.

Nous n'irons pas chercher l'étranger pour ça.

LE CHEVALIER.

Général, c'est ma cousine.

LE GÉNÉRAL.

C'est vrai... ce n'est pas ta faute, et je te plains.

LA COMTESSE, avec colère.

Je crois qu'il me prend en compassion !

LE CHEVALIER, la modérant.

Madame, au nom du ciel !

LE GÉNÉRAL.

Il y a comme ça dans les familles des gens qui déraisonnent et qui vous font du tort; ce n'est pas comme chez nous, ma petite Georgette... en v'là une qui ne rougit pas de son oncle.

GEORGETTE.

Bien au contraire... je n'en peux pas revenir.

LE GÉNÉRAL.

C'est comme moi, mon enfant, j'ai cru que je n'en reviendrais pas.... et pourtant me voilà, parti le sac sur le dos et aujourd'hui général de brigade.

LA COMTESSE.

Voilà maintenant comme on donne des grades !

LE GÉNÉRAL.

On ne les donne plus, on les gagne.

LA COMTESSE.

C'est-à-dire que le premier venu... c'est absurde... jadis on les achetait avec de l'or.

LE GÉNÉRAL.

Aujourd'hui c'est plus cher... (A Georgette.) Oui, mon enfant, le canon m'a poussé ou, plutôt, il a abattu les autres... d'autres qui valaient mieux que moi... mais que veux-tu ? le canon, c'est comme bien des gens, ça ne raisonne pas... et quand toute la France se leva pour résister à l'Europe en armes, de cinquante que nous étions en quittant le pays, je suis resté seul... seul debout... je n'ai pas été tué... ce n'est pas ma faute.

LE CHEVALIER.

Oui, général, j'en suis témoin !

LE GÉNÉRAL.

Alors je me suis trouvé tout de suite un ancien, et on m'a mis à la tête des conscrits qui arrivaient pour leur montrer le chemin, ce que j'ai fait, morbleu !... et pour cela, il ne fallait pas rester en arrière... comprends-tu ?

GEORGETTE.

Oui, mon oncle.

LE GÉNÉRAL.

De tout ce temps-là je ne t'ai pas écrit, parce que nous n'arrêtions jamais... et puis pour d'autres raisons encore que je te dirai plus tard... mais j'avais toujours peur de ne plus t'embrasser, de ne plus revoir le pays; aussi, lorsqu'on m'a envoyé ici avec le général Hoche, tu juges si je suis parti avec joie ! Depuis un mois, je m'en vante, ma division n'a pas tiré un coup de fusil. Dès qu'on apercevait de loin quelque rassemblement, quelques paysans en armes, j'allais à eux.

AIR : Tendres échos errants dans ces vallons.

Amis, c'est moi, c'est un de vos pays,
Mathieu Grandchamp, autrefois garde-chasse,
Il est pour vous ce qu'il était jadis...
Allons, la main... et jetez là, de grâce,
Ce lourd fusil fait pour embarrasser,
C'est trop gênant quand on veut s'embrasser.
Ce lourd fusil doit vous embarrasser,
Car c'est gênant quand on veut s'embrasser !

Et ils jetaient leurs fusils, et ils m'embrassaient... Voilà, depuis un mois, comment j'ai fait la guerre.

LA COMTESSE, à demi-voix.

Il y a du bon dans cet homme-là.

LE CHEVALIER de même.

Je vous le disais bien.

LE GÉNÉRAL.

Et toi, ma Georgette, ma petite nièce, depuis la mort de mon pauvre frère ?...

GEORGETTE.

Les temps ont été durs, mon oncle; j'ai bien souffert... mais voilà de meilleurs jours qui reviennent... vous voilà!

LE GÉNÉRAL.

Je ne t'apporte pas d'écus, je n'en ai pas. Moi et mes soldats n'étions pas même payés tous les jours... rien sur soi... pas de bagage inutile... c'est pour ça que nous allions si vite... mais patience, les finances de l'État remonteront et les nôtres aussi.

GEORGETTE.

Je n'ai besoin de rien, madame m'a donné une place au château, celle de mon père.

LE GÉNÉRAL.

En vérité !

GEORGETTE.

Et je ne suis pas la seule qui s'aperçoive de son arrivée... elle vient d'envoyer de l'argent à tous les pauvres du village.

LE GÉNÉRAL, à demi-voix.

Il y a du bon dans cette femme-là... quoique ci-devant... si elle raisonne mal, elle agit bien... (Allant à elle.) Vous ne m'en voulez pas, citoyenne, si je viens m'établir ainsi chez vous avec mon état-major... ça ne vous gênera pas trop... le château est grand, je le connais; je vous dirais même, ainsi qu'au capitaine : dînez-vous avec nous?

LA COMTESSE, avec indignation.

Moi !...

LE CHEVALIER, à demi-voix.

Ma cousine...

LE GÉNÉRAL.

Mais je vous vois en insurrection à l'idée seule d'admettre à votre table un homme qui a été garde-chasse.

LA COMTESSE, se contraignant.

Je ne m'en souviens plus en le voyant général !

LE GÉNÉRAL.

C'est juste : le feu purifie tout... Georgette, je t'invite aussi.

GEORGETTE.

Mais, mon oncle !...

LE GÉNÉRAL.

Je le veux, à côté de moi... il serait beau que l'oncle fût à table et la nièce derrière !

GEORGETTE, à la comtesse.

Le permettez-vous, madame ?

LA COMTESSE.

Ce n'est pas moi, c'est monsieur qui commande.

LE GÉNÉRAL.

Et l'on s'en apercevra, car tout ira rondement... En avant marche, va te faire belle... moi, je ne serais pas fâché de me reposer un instant dans mon logement.

LE CHEVALIER.

C'est très-facile.

LE GÉNÉRAL.

Après cela, et avant dîner, j'irai faire un tour de parc, afin de voir si les lièvres me reconnaissent.

AIR de contredanse.

Ah ! ne vous dérangez pas,
Point de façons, je vous prie.

LA COMTESSE.

Il ne m'offre pas son bras.

LE CHEVALIER.
Il est sans cérémonie.

LA COMTESSE.
De me complaire assurément,
Il ne prend nulle inquiétude ;
Le voilà qui marche en avant.

LE CHEVALIER.
De nos soldats c'est l'habitude.

Ensemble.

LA COMTESSE.
Ah ! je ne m'attendais pas
A tant de discourtoisie ;
Il ne m'offre pas son bras,
Il est sans cérémonie.

LE CHEVALIER.
Il faut l'excuser, hélas !
Il est sans cérémonie :
A la guerre on n'apprend pas
Les lois de la courtoisie.

LE GÉNÉRAL.
Ah ! ne vous dérangez pas,
Point de façons, je vous prie,
Nous n'avons, entre soldats,
Jamais de cérémonie.

GEORGETTE.
Le général ne veut pas
Qu'on fass' de cérémonie ;
Combien d' gens, en pareil cas,
N'auraient pas tant d' modestie !

(Le général est entré le premier et seul dans le château. La comtesse et le chevalier y entrent après lui. Georgette reste seule sur la scène. Elle va pour entrer dans l'auberge au moment où Desrosiers en sort.)

SCÈNE VII.

GEORGETTE, puis DESROSIERS.

GEORGETTE.

Allons mettre un beau bonnet et un beau fichu pour dîner avec mon oncle... un oncle général !... c'est glorieux tout de même, et je ris d'avance de la figure que fera ce pauvre César en le voyant en uniforme. (A Desrosiers qui entre.) Ah ! c'est cet étranger, ce voyageur... Pardon, monsieur, je n'ai plus pensé à vous.. ce n'est pas ma faute, il est arrivé tant de choses !

DESROSIERS.

Et quoi donc ?

GEORGETTE.

Rien... rien... des affaires de famille... J'ai oublié de dire à madame la comtesse que vous vouliez lui parler; mais elle vient de rentrer au château avec M. de Neuillac, son cousin... et elle vous recevra avec plaisir; moi, je vais à ma toilette parce qu'il y a un grand dîner au château, où je suis invitée... oui, monsieur, à table avec madame... Mais je ne peux pas vous conter cela, parce qu'il est tard et que je ne veux pas me faire attendre.

(Elle sort.)

SCÈNE VIII.

DESROSIERS, seul.

Encore une révolution... une servante qui dîne au château ! Il paraît que tout le monde y dîne... et je ne vois pas pourquoi je ne ferais pas comme tout le monde. Voilà une coiffure à la victime dans le dernier genre... avec ça j'ai l'air d'avoir perdu trente mille livres de rentes ; et il y aura bien du malheur, si les miens, mes malheurs, ne touchent pas madame la comtesse.

SCÈNE IX.

DESROSIERS, CÉSAR, entrant par la droite.

CÉSAR, parlant seul.

Pauvre homme! si maigre et si pâle!... et puis ce qu'il me disait... (Riant.) c'est drôle... ah! ah! ah!

DESROSIERS, à part.

Qui vient là? quel est cet original qui parle tout seul?... ne serait-ce pas cet idiot dont on parlait tout à l'heure dans l'auberge?

CÉSAR.

Je demanderais ce que c'est à Georgette, si elle était là... mais elle n'y est pas... (Regardant Desrosiers.) Le savez-vous, monsieur?

DESROSIERS.

Quoi donc?

CÉSAR.

Ce que m'a dit ce vieux... qui était pâle?...

DESROSIERS, à part.

Il est original, celui-là... (Haut.) Un malade, sans doute?

CÉSAR.

Oui, bien malade... un voyageur... il venait d'arriver... et tombé de faiblesse, ne pouvait continuer son chemin... j'ai dit : « Pauvre homme, voilà de l'argent que le curé vous envoie... et que je vous apporte, moi, César... »

DESROSIERS.

Eh bien! il a pris l'argent?

CÉSAR.

Non... il l'a laissé tomber... et puis, en me regardant, il a fait : Ah!... comme ça... Ah!... et m'a serré dans ses bras, et il disait : « Mon maître! mon maître! » Son maltre!... moi qui fais les commissions de tout le monde... Moi, je le laissais dire parce qu'il avait là deux grosses larmes... et que ça avait l'air de lui faire plaisir.

DESROSIERS.

C'est l'idiot.

CÉSAR, vivement.

Oui... oui... il a dit ce mot-là!

DESROSIERS, à part.

Si on pouvait en tirer quelques renseignements sur le pays et les habitants.

CÉSAR.

Il disait encore... « Les coups, les mauvais traitements... si jeune encore... sa pauvre tête n'a pu y résister... » Comme ça... il disait ça : « Sa pauvre tête n'a pu y résister!... »

DESROSIERS.

Qu'est-ce que ça signifie?

CÉSAR.

Oui, qu'est-ce que ça signifie?... « Sa pauvre tête n'a pu y résister... » et puis, quand il a crié : « Arthur! Arthur! » j'ai senti là... (Portant la main à sa tête.) j'ai senti comme un ébranlement... un coup de poing... Qu'est-ce que c'est qu'Arthur? je le connais... le connaissez-vous?

DESROSIERS, à voix haute.

Arthur?

CÉSAR, portant la main à sa tête et s'éloignant.

Ah! taisez-vous, cela me fait mal... mais ce qui me faisait rire... c'est qu'il me disait : « Monsieur le marquis... tout ici est à vous... tout vous appartient. »

DESROSIERS.

Est-il possible!

CÉSAR.

« Tout ce que je demande, c'est de vivre assez pour te faire reconnaître. »

DESROSIERS.

Il a dit cela... et après?...

CÉSAR.

Après... il ne pouvait plus parler... j'ai cru qu'il allait passer... ça m'a fait peur.

DESROSIERS, vivement.

Et après?

CÉSAR.

Après... il a tiré de dessous son matelas un tas de papiers qu'il m'a donnés... il m'a fait signe de les serrer et de m'en aller.

DESROSIERS.

Laisse donc!

CÉSAR.

C'est comme je vous le dis.

DESROSIERS.

A toi... qui ne sais pas lire?

CÉSAR.

Oh! je ne sais pas lire... parce que je ne peux pas m'appliquer...

DESROSIERS.

Des papiers... des papiers avec de l'écriture?

CÉSAR.

Oui, ma foi... ils sont encore là, dans mon sac.

DESROSIERS.

Ça n'est pas vrai!

CÉSAR.

Je vous dis qu'ils y sont!

DESROSIERS.

Je parie qu'ils n'y sont pas.

CÉSAR, les tâtant.

Est-il entêté!

DESROSIERS.

Je parie six francs.

CÉSAR.

Six francs!... en bon argent?...

DESROSIERS.

Tout autant!

CÉSAR.

Ah! Dieu!... moi qu'on dit si bête... je vais gagner six francs!

DESROSIERS.

Les voici...

CÉSAR.

Ma foi, tans pis pour lui..; voici les papiers...

DESROSIERS.

Serait-il possible!

CÉSAR.

Regardez plutôt!

DESROSIERS.

Un moment... je suis bien aise d'examiner... (Les parcourant des yeux; à voix basse.) Une lettre pour la comtesse de Karadec... des lettres de l'ancien marquis... un portrait... un passe-port... une narration détaillée... signée... l'abbé Saint-Yon...

CÉSAR.

Eh bien?

DESROSIERS.

Ma foi, j'ai perdu!... à toi les six francs!

CÉSAR, avec joie.

Je les tiens tout de même... et les papiers?

DESROSIERS.

Je les garde!

CÉSAR.

Ah! vous les gardez?

DESROSIERS.

Raisonne un peu!... tu as l'argent... à moi les papiers... tu ne peux pas tout avoir... comprends-tu?

CÉSAR.

C'est juste!... je n'avais pas réfléchi.

DESROSIERS.

Nous sommes quittes... fais ce que tu voudras avec mon argent que je te donne... je te le donne, entends-tu?... (Lui frappant sur l'épaule.) Adieu, mon garçon, mon pauvre César!...

CÉSAR, le remerciant.

Vous êtes bien bon!

DESROSIERS, à part.

Moi, je me rends au château... en faisant le tour du parc, et le long du chemin j'aviserai à ce qu'il faudra faire.

(Il entre par la grille, et tourne à droite du côté du parc.)

SCÈNE X.

CÉSAR, puis GEORGETTE.

CÉSAR.

Je suis content... je suis bien content... j'ai fait un bon marché... c'est de l'argent... il l'a dit... et je sais bien ce que j'en ferai... ça sera pour elle... (Chantant.) Tra la, la, la.

GEORGETTE, sortant de l'auberge à droite, en toilette.

Là!... me voilà belle, j'espère!... (Apercevant César qui chante et qui danse.) Eh bien! le pauvre garçon!... (L'appelant.) César, qu'est-ce que tu fais là?

CÉSAR.

Je dansais avec vous, mam'zelle, je dansais le dimanche... avec vos beaux habits... mais vous en aurez de plus beaux encore... et toujours... car je suis riche...

GEORGETTE.

Toi?

CÉSAR.

Oui... j'ai de l'argent... j'ai six francs... voyez plutôt...

GORGETTE.

A qui ça?

CÉSAR.

A moi!... alors c'est à vous! je vous le donne.

GEORGETTE.

Et d'où ça te vient-il?

CÉSAR.

Cette pauvre Georgette... est-elle heureuse!... voilà sa fortune faite!

GEORGETTE.

D'où ça te vient-il?

CÉSAR.

D'un monsieur qui était pâle... qui a dit : « Voilà six francs... » non... ce n'était pas lui... sa pauvre tête n'a pu y résister... je savais si bien... je ne sais plus... et ça me fait mal à chercher.

GEORGETTE.

Eh bien! ne cherche pas!... ça n'en vaut pas la peine!

CÉSAR, riant.

Si... si... si... il disait : « Monsieur le marquis... monsieur le marquis. »

GEORGETTE.

A qui?

CÉSAR.

A moi!... monsieur le marquis!

GEORGETTE.

Mon pauvre garçon... il voulait se moquer de toi... c'est ce qu'ils font tous dans ce village, et c'est bien mal.

CÉSAR.

Ah! quand on dit à quelqu'un monsieur le marquis... on se moque de lui?...

GEORGETTE.

A quelqu'un comme toi, oui, vraiment.

CÉSAR.

Eh bien! qu'ils y reviennent... je les arrangerai joliment!... le premier qui m'appelle monsieur le marquis, je lui donne un coup de poing.

GEORGETTE.

Encore une bataille!... qu'il ne soit plus question de cela!

CÉSAR.

Oui, mam'zelle.

GEORGETTE.

Je te défends d'y penser.

CÉSAR.

Oui, mam'zelle.

GEORGETTE.

Surtout d'en parler à personne.

CÉSAR.

Oui, mam'zelle.

GEORGETTE.

Ou sinon je me fâche.

CÉSAR.

Je n'en dirai plus un mot... pas un seul... parce que vous, je vous crois... je n'avais que deux amis au monde... ce pauvre Dragon!... et puis vous... vous surtout... mam'zelle Georgette... je ne vous quitterai pas... je vous suivrai partout... vous me battriez... vous me diriez : Va-t'en! que je reviendrais encore pour que vous me battiez... si ça vous faisait plaisir... à moi du moins ça m'en ferait... tenez, battez-moi, battez-moi.

GEORGETTE.

C'est étonnant, César... sais-tu que voilà quatre ou cinq phrases de suite... et que quand tu es seul avec moi... ou que tu parles de moi... tu as presque toujours des idées très-raisonnables?

CÉSAR.

Vous dites ça pour rire.

GEORGETTE.

Je l'ai déjà remarqué.

CÉSAR.

Je suis pourtant, comme ils disent tous, le chien du château.

GEORGETTE.

Tu en as du moins les bonnes qualités...

AIR : A l'âge heureux de quatorze ans.

L'attachement et la fidélité,
   Un dévoûment que rien n'arrête.
Ah! tu pourrais en tirer vanité,
   Ils ont beau dir' : c'est une bête!
Si, pour l'esprit de ces gens-là,
   Tu devais, par un sort étrange,
Troquer, hélas! c' que le ciel te donna,
   Sois sûr que tu perdrais au change!

CÉSAR, voulant toujours parler.

Oui... et les six francs... n'est-ce pas? les six francs...

GEORGETTE, lui imposant silence.

Tais-toi!... tais-toi!... c'est madame la comtesse.

SCÈNE XI.

LA COMTESSE et DESROSIERS, sortant du château, CÉSAR et GEORGETTE, se tenant à l'écart.

LA COMTESSE, parlant à plusieurs domestiques.

Qu'on aille chercher sa voiture!... qu'on apporte ses malles... Je ne veux pas qu'il reste à l'auberge une minute de plus.

DESROSIERS.

De grâce, madame la comtesse, modérez ces transports.

LA COMTESSE.

Que je me modère, quand mon cœur nage dans la joie... (Élevant plus haut la voix.) quand tous mes vœux sont comblés, quand je retrouve le chef de ma famille, l'espoir de ma race... le dernier des Karadec...

GEORGETTE.

Est-il possible!... auriez-vous de ses nouvelles?

LA COMTESSE.

Bien mieux que cela!... il est de retour dans le château de ses pères... il est ici... devant tes yeux... le voilà!

GEORGETTE.

O ciel!

LA COMTESSE.

Mon neveu!... mon noble neveu!...

GEORGETTE, regardant Desrosiers avec étonnement.

Vous... monseigneur... vous que j'ai vu si jeune... c'est singulier... pardonnez-moi de ne vous avoir pas reconnu... mais du tout... du tout...

LA COMTESSE.

Ça n'est pas étonnant... depuis le temps... depuis dix ans... bien habile qui pourrait se reconnaître!

DESROSIERS.

Je le suis donc : car moi je m'étais fort bien rappelé la petite Georgette, la fille du concierge... c'est pour cela que j'étais descendu chez elle.

GEORGETTE.

Et ce matin... toutes ces questions sur ce domaine, sur ce château... que vous regardiez avec tant de plaisir!...

LA COMTESSE.

C'était tout naturel.

CÉSAR, le regardant et le reconnaissant.

Eh ben!... eh ben!... c'te rencontre... les six francs... les six francs de tout-à-l'heure, c'est lui... c'est vous, n'est-ce pas?

DESROSIERS.

C'est bien... c'est bien... mon garçon... ne parlons pas de cette misère-là... C'est moi qui malgré l'incognito ai voulu payer ma bien-venue à ce pauvre diable.

LA COMTESSE.

Je reconnais là mon neveu... (A Georgette.) Et quel air noble et distingué! Il ne se serait pas nommé que j'aurais deviné un Karadec... Et ce matin seulement, quand je l'ai aperçu, quand il m'a saluée, j'ai senti là une émotion... la voix du sang!

DESROSIERS.

Un instinct de noblesse, ma chère tante.

LA COMTESSE.

Je veux qu'il y ait aujourd'hui même au château réception solennelle.

AIR : Contentons-nous d'une simple bouteille.

A tout le monde on ouvrira les portes...
C'est un grand jour!... c'est un jour de bonheur!
Rustres, vilains et gens de toutes sortes
Seront admis à revoir leur seigneur...
Je veux, de plus, couronner deux rosières...

DESROSIERS.

Que vous aurez?

LA COMTESSE.

Mais j'espère aujourd'hui,
Si toutefois les révolutionnaires
En ont laissé quelques-unes ici.

(A Desrosiers.) Je viens d'annoncer officiellement votre retour à ma fille et à M. de Neuillac, dont cette arrivée a renversé toutes les espérances. J'en suis désolée, parce que c'est un excellent parent et un bon gentilhomme; mais je l'en avais prévenu, et je n'y puis que faire... c'est à vous seul, mon neveu, à vous, mon cher Arthur!...

CÉSAR, poussant un cri.

Arthur!... c'est ce nom-là...

GEORGETTE.

Veux-tu te taire!

CÉSAR.

Arthur!... où est-il?

GEORGETTE.

Là, devant toi!

CÉSAR, d'un air hébété.

Ah!

GEORGETTE.

Salue donc!

CÉSAR.

Non!

GEORGETTE.

Veux-tu bien saluer?

CÉSAR.

Non... non...

GEORGETTE.

Est-il entêté!... et qu'est-ce qu'il a donc à gronder comme ça?... Ici, César... ici!

22.

CÉSAR, *grommelant entre ses dents comme un chien mécontent.*
Hon... hon .. hon!...

GEORGETTE.
Veux-tu bien te taire!

CÉSAR.
Je me tais!

SCÈNE XII.

LES MÊMES; LES GENS DU VILLAGE.

FINALE.

AIR : Motif des *Huguenots*. (Arrangé par M. HORMILLE.)

Ensemble.

LA COMTESSE.
Ah! quel plaisir de vous apprendre
Qu'un événement heureux
Dans ce château vient de me rendre
Le plus chéri de mes neveux!

DESROSIERS.
Je suis charmé de vous apprendre
Qu'un événement heureux
Dans ce château vient de vous rendre
Le seigneur qu'appelaient vos vœux.

GEORGETTE.
Ah! quel plaisir pour moi d'apprendre
Qu'un événement heureux
Dans ce château vient de nous rendre
Le seigneur qu'appelaient nos vœux!

LES VILLAGEOIS.
Ah! que vient-on de nous apprendre!
Et quel événement heureux
Dans ce château vient de nous rendre
Le plus chéri de vos neveux?

LA COMTESSE, seule.

Gens du village,
Entourez-le de vos respects,
De votre hommage...
C'est le dernier des Karadecs!

Ensemble.

DESROSIERS.

Gens du village,
J'ai d'anciens droits à vos respects;
Rendez hommage
A l'héritier des Karadecs!

GEORGETTE.

Gens du village,
Il a des droits à nos respects;
Rendons hommage
A l'héritier des Karadecs!

LES VILLAGEOIS.

Dans ce village,
Il a des droits à nos respects;
Rendons hommage
A l'héritier des Karadecs!

TOUS.

Gloire, amis, gloire, amis,
A monseigneur le marquis!

CÉSAR, à Georgette.

Le marquis, (*Bis.*) on se moque de lui,
N'est-il pas vrai?

GEORGETTE.

Non pas... car celui-ci
Est bien un marquis véritable.

CÉSAR.

Pourquoi ne l' suis-je pas aussi?

GEORGETTE.

Toi, tu n'es rien qu'un pauvre diable.

CÉSAR, parlant.

Marquis !
(Reprenant.)
On me l'a pourtant dit aussi.

GEORGETTE.

Veux-tu ne pas parler ainsi !
Je te l'ordonne.

CÉSAR.

Je me tais,
Je n'en parlerai plus jamais.

LA COMTESSE, à Desrosiers.

Venez, dans ce château dont vous êtes le maître,
Nous raconter les maux endurés loin de nous.
(A demi-voix.)
Et moi, sur tous nos biens, sur ma fille et sur vous,
J'ai d'importants projets à vous faire connaître.

LES VILLAGEOIS.

Ah ! pour nous tous quelle nouvelle !
Pour le village quel bonheur !
Et nous venons, vassaux fidèles,
Pour fêter notre ancien seigneur !

(La comtesse et Desrosiers entrent dans le château. Tous les villageois y entrent après eux.)

CÉSAR, sur le devant du théâtre, et cherchant à rappeler ses idées.

Le marquis !
Le marquis !...
C'est étonnant, car aujourd'hui
On me l'a pourtant dit aussi.
(Il veut suivre les gens du château ; mais l'on vient de refermer la grille, et il se trouve seul en dehors.)
Ils entrent tous... moi seul, hélas !
Moi seul... je n'entre pas.

(Il s'assied tristement sur un petit banc de pierre en dehors de la grille, et se penche vers la niche du chien. — On entend dans le lointain le chant du dernier chœur.)

LES VILLAGEOIS.

Ah! pour nous tous quelle nouvelle, etc.

ACTE DEUXIÈME

Un grand appartement gothique. — Porte au fond et portes latérales aux angles de l'appartement. Sur le côté, à droite de l'acteur, un grand cadre vide et une espèce d'armoire au bas. A gauche une cheminée sur laquelle est un magot. Sur le devant une table et quelques livres, un grand fauteuil près de la table et à droite du théâtre un autre grand fauteuil.

SCÈNE PREMIÈRE.

LE GÉNÉRAL, GEORGETTE, entrant par le fond.

LE GÉNÉRAL.

Viens, ma nièce, viens-t'en avec moi... je n'y tiens plus; je suis excédé des airs que se donne l'héritier des Karadecs, que la vieille dame vient de me présenter et qu'elle trouve superbe!... Ma foi, si tous les marquis ressemblaient à celui-là, on a bien fait de les supprimer... la perte n'est pas grande pour le trésor, car ils ne valent pas grand'chose.

GEORGETTE.

C'est étonnant!... ça n'est pas là l'effet que me faisait autrefois mon jeune maître. Vous le rappelez-vous?

LE GÉNÉRAL.

Il y a dix ans... un bambin, non, ma foi... je me rappelle son père, M. le marquis, fier avec tout le monde, mais bon

enfant avec les gardes-chasse, c'est une qualité qu'il avait...
je me rappelle aussi Mme la marquise.

GEORGETTE.

Une excellente femme qui m'avait prise en amitié.

LE GÉNÉRAL.

Et qui, lorsque tu étais toute petite, avait daigné elle-même t'apprendre à lire... Ça t'est-il resté?

GEORGETTE.

Certainement, ça ne s'oublie pas.

LE GÉNÉRAL.

Tant mieux!... ça peut servir... dans les familles... et je voulais, à ce sujet-là, te parler... te parler à toi toute seule.

GEORGETTE.

Qu'est-ce que c'est, mon oncle? me voilà.

LE GÉNÉRAL.

As-tu remarqué tout-à-l'heure, au dessert, ce hussard qui m'a apporté une lettre que j'ai mise dans ma poche en disant : « C'est bon, je verrai plus tard ? »

GEORGETTE.

C'est vrai!... vous ne l'avez pas encore lue!...

LE GÉNÉRAL.

Pour des raisons particulières que je ne dirais à personne... mais que je peux t'avouer à toi, Georgette... qui es ma nièce... (A demi-voix.) C'est que je ne sais pas lire.

GEORGETTE.

Ah! bah!

LE GÉNÉRAL.

Ce dont j'enrage; mais je ne peux pas en vouloir à mes parents, ils ne prévoyaient pas ce qui m'arrive... j'ai été surpris par la fortune avant que j'aie eu le temps de me mettre en garde.

GEORGETTE.

Mais depuis?...

LE GÉNÉRAL.

Depuis que je suis général, j'ai appris l'essentiel, à signer mon nom... je lis bien aussi un peu quand je suis seul et qu'il n'y a personne qui me regarde... c'est un jeune homme de famille, un caporal qui m'avait commencé... mais mes études ont été arrêtées par un boulet qui a emporté mon professeur.

GEORGETTE.

Quel malheur!

LE GÉNÉRAL.

Surtout pour moi... avec ça je n'avais guère de temps à donner à la littérature!... toujours en marche ou occupé à battre l'ennemi... mais je m'y remettrai, je travaillerai, je suis encore assez jeune pour apprendre... et tu penses bien que je ne veux pas rester où je suis.

GEORGETTE.

Quoi!... vous n'êtes pas content, vous qui de simple soldat êtes devenu général!

LE GÉNÉRAL, d'un air de dédain.

Oui... général de brigade...

GEORGETTE.

Eh bien!

LE GÉNÉRAL.

Eh bien! on peut devenir général de division... et puis... et puis mieux encore... il y a mon camarade Lefebvre, parti soldat comme moi, et qui commande en chef.

GEORGETTE.

Ah! vous avez de l'ambition?

LE GÉNÉRAL.

Du tout!... je veux me faire tuer ou arriver à quelque chose qui en vaille la peine.

GEORGETTE.

Marquis, par exemple!

LE GÉNÉRAL.

Fi donc!... les marquis sont finis, faut autre chose à la place, quelque chose de mieux.

AIR du vaudeville des Scythes et les Amazones.

Les marquis de l'ancien régime
Sont maintenant comme les assignats,
Ils ont perdu dans la publique estime,
Ils n'ont plus cours, ou du moins sont bien bas.

GEORGETTE.

Ça changera, mon oncl'...

LE GÉNÉRAL.

Je ne crois pas.
L'armée est tout, plus de noblesse ancienne.

GEORGETTE.

Oui, maintenant... mais ces mêmes conscrits
Qui nous donnèr'nt plus d'un grand capitaine (*Bis.*)
Pourront plus tard nous donner des marquis,
Des barons, des comtes, des marquis.

LE GÉNÉRAL.

Jamais... nous avons d'autres idées... moi, d'abord, je veux que tu fasses un beau mariage... je ne pense qu'à ça.

GEORGETTE.

Et moi je n'y pense guère.

LE GÉNÉRAL.

Laisse donc, j'ai de petits aides-de-camp qui sont gentils... mais ils sont comme moi, ils n'ont pas le sou... et je veux pour toi une grande fortune.

GEORGETTE.

Y pensez-vous?

LE GÉNÉRAL.

Chacun son tour... En attendant, avance à l'ordre, et lis-moi cette lettre... la signature d'abord.

GEORGETTE.

Saint-Laurent.

LE GÉNÉRAL.

Un de mes aides-de-camp, celui qui d'habitude me sert de secrétaire... je lui apprendrai à ne pas être ici à son poste.

GEORGETTE, lisant.

« Mon général, je vous demande bien pardon d'une balle « que je viens de recevoir dans la cuisse, et qui avant trois « ou quatre jours ne me permettra pas de me rendre auprès « de vous... » Pauvre garçon !

LE GÉNÉRAL.

J'ai du malheur dans mon éducation, et à moins que pendant ce temps-là tu ne sois mon secrétaire...

GEORGETTE.

Oh ! bien volontiers...

LE GÉNÉRAL.

Mais prends garde, morbleu ! que personne ne s'en doute !... Et surtout de la discrétion sur les ordres ou dépêches qui pourraient m'arriver !... ça ne plaisante pas.

GEORGETTE.

Soyez tranquille... on me tuerait plutôt.

LE GÉNÉRAL.

A la bonne heure ! j'y compte... Qui vient là ?

GEORGETTE.

M. de Neuillac qui se promène dans cette galerie.

LE GÉNÉRAL, passe à gauche.

Un brave garçon, celui-là ! il me plaît... et s'il te convient pour mari, je te le donne.

GEORGETTE.

Un ci-devant !

LE GÉNÉRAL.

C'est égal... je passerai par là-dessus... On me blâmera si on veut... je brave les propos et les préjugés.

GEORGETTE, souriant.

Rassurez-vous, j'ai idée qu'il me refuserait.

LE GÉNÉRAL.

Et pourquoi, morbleu !

GEORGETTE.

Parce qu'il en aime une autre.

LE GÉNÉRAL.

C'est différent... sous le règne de la liberté, les inclinations sont libres, et l'on ne doit aimer qu'une femme à la fois...

GEORGETTE.

Sous la république une et indivisible !

LE GÉNÉRAL.

Comme tu dis... (Regardant le chevalier, qui est entré en rêvant, sans les apercevoir.) Qu'est-ce qu'il a donc? (Lui frappant sur l'épaule.) A quoi rêve mon jeune capitaine?

SCÈNE II.

Les mêmes; LE CHEVALIER, qui est entré par la porte latérale à droite.

LE CHEVALIER.

Ah! mon général... c'est vous! je suis bien malheureux!

GEORGETTE.

En quoi donc, monsieur le chevalier?

LE CHEVALIER.

Je ne sais où donner de la tête.

LE GÉNÉRAL.

Eh bien! me voilà!... je suis de bon conseil.

LE CHEVALIER.

Oui, en présence de l'ennemi... mais avec des amis, avec une famille, que faire?... quel parti prendre?

GEORGETTE.

Est-ce que vous auriez quelques doutes sur le nouveau cousin qui vous arrive, sur M. Arthur de Karadec?

LE CHEVALIER.

Eh! non, morbleu!... c'est bien lui... il n'y a pas à en douter... Il nous a montré les lettres et le portrait de son père, le marquis... les lettres de l'abbé Saint-Yon, son gouverneur... Il nous a fait la relation détaillée de leurs aventures, lorsque, échappés de Saint-Domingue et débarqués en Bretagne dans le plus fort de la Terreur, le pauvre abbé fut arrêté, emprisonné comme prêtre, puis déporté à Cayenne, tandis que son élève, errant à l'aventure, s'est caché, déguisé, a fait je ne sais quel métier... Là-dessus il a été plus sobre de détails... mais c'est lui... c'est bien lui, par malheur... Non que je lui envie ses biens et sa fortune... le ciel m'est témoin que mon plus grand désir était de le revoir dans le château de ses pères, dans ce domaine que mes soins et mes démarches ont contribué à lui faire rendre... Mais, je l'avoue, je m'attendais à trouver dans un cousin... dans un parent, plus d'affection, plus de générosité.

LE GÉNÉRAL.

Comment cela?

LE CHEVALIER.

La comtesse est décidée à lui donner sa fille, c'est convenu depuis longtemps, c'est juré entre les deux familles... je le sais; mais, en apprenant que j'aimais Amélie, que peut-être j'en étais aimé, ne devait-il pas plaider pour moi auprès de la comtesse, et si elle résistait, lui rendre sa parole, renoncer à ce mariage? C'est du moins ce que j'aurais fait à sa place, c'est ce que j'espérais de lui... Eh bien! non!... j'ai trouvé une sécheresse, une froideur, que j'étais loin d'attendre... et qui ne me présagent rien de bon...

GEORGETTE.

Comment? vous croyez?...

LE CHEVALIER.

Il m'a répondu qu'en neveu soumis il obéirait à sa tante, et qu'il ne voulait pas, le jour même où il rentrait dans sa famille, y donner l'exemple de la rébellion...

LE GÉNÉRAL.

Eh bien! par exemple...

LE CHEVALIER.

Silence ! les voici !...

SCÈNE III.

LA COMTESSE, DESROSIERS, LE GÉNÉRAL, LE CHEVALIER, GEORGETTE.

LE GÉNÉRAL, à part.

Je ne sais pas si c'est ce que je viens d'apprendre ; mais cette figure-là ne me revient pas du tout... je crois l'avoir vue quelque part.

LA COMTESSE, à Desrosiers.

Voici, mon neveu, un appartement que je vous ai réservé pour le dernier... on l'avait tenu constamment fermé... c'est d'aujourd'hui seulement et pour votre arrivée que les portes se sont rouvertes... il doit vous rappeler bien des souvenirs.

DESROSIERS.

Certainement... le château d'abord en est peuplé de souvenirs... et ils me reviennent tellement en foule que je ne m'y reconnais plus.

LA COMTESSE.

Ici cependant vous devez vous reconnaître... c'est dans cette pièce que vous veniez deux fois par jour...

DESROSIERS.

J'y suis... j'y suis!... la salle à manger!...

LA COMTESSE.

Du tout... le cabinet de travail du marquis votre père... c'est ici que ce pauvre abbé Saint-Yon vous donnait ses leçons...

DESROSIERS.

C'est vrai!... c'est vrai!... je l'avais oublié... l'effet des révolutions...

LA COMTESSE.

Des leçons de latin.

DESROSIERS.

Je l'ai aussi oublié!...

LE GÉNÉRAL.

La révolution!...

DESROSIERS.

Comme vous dites, général.

LA COMTESSE, riant.

Et puis vos leçons de menuet... le petit maître de danse?...

DESROSIERS, riant.

Je le vois encore avec sa pochette.

(Le général et Georgette ont remonté le théâtre, et causent ensemble au fond.)

LA COMTESSE, d'un air solennel.

Il est d'autres souvenirs plus graves et plus profonds.

DESROSIERS, à part, avec embarras.

Ah! diable!...

LA COMTESSE.

Lorsque, pour rétablir sa fortune, mon frère fut obligé de partir pour Saint-Domingue, il s'enferma ici, en tête-à-tête avec vous... et vous vous rappelez ce qu'il vous dit?

DESROSIERS.

Confusément.

LA COMTESSE.

Il me l'a raconté à moi, et je ne l'ai point oublié : « Mon

fils, je deviens négociant, je cesse d'être gentilhomme... voici mon épée que je dépose ici, dans un endroit que vous seul connaîtrez... et si je meurs avant d'avoir le droit de la reprendre, je vous la lègue... sachez vous en servir.

DESROSIERS, vivement.

C'est vrai! ce sont ses propres paroles...

LA COMTESSE.

Et cette épée?...

LE CHEVALIER.

Vous la retrouverez facilement.

DESROSIERS.

Je l'espère, en cherchant bien...

LA COMTESSE.

A onze ans, une pareille scène doit faire impression!

DESROSIERS.

Beaucoup, beaucoup trop... cela ébranle les organes et les affaiblit... et puis je n'ai jamais eu la mémoire des lieux.

LA COMTESSE.

Ceux-ci cependant sont assez remarquables... c'est ici que logea pendant un mois Jean III, duc de Bretagne... ce sont les mêmes meubles qui ont servi à ce noble prince.

(Le général s'est assis sur le grand fauteuil, auprès de la table, et, le secouant un peu fort, le bras lui reste dans la main.)

LE GÉNÉRAL.

On le voit bien, car ils tombent de noblesse.

AIR de *Préville et Taconnet*.

Ce mobilier si vermoulu, si frêle,
Et que du temps avait touché la faux,
Est, entre nous, l'image trop fidèle
De ce qu'étaient les maîtres des châteaux. (*Bis.*)
Tous ces seigneurs, barons du moyen âge,
De père en fils, vieillis à l'Œil-de-bœuf,
Etaient usés... aussi quatre-vingt-neuf,

Voulant marquer brillamment son passage,
A tout brisé, pour tout remettre à neuf !

LA COMTESSE.

Le général est toujours aimable.

LE GÉNÉRAL.

Toujours après dîner, et le vôtre était excellent... sans compter votre amabilité... vos grâces et votre café, qui était parfait.

DESROSIERS.

Je n'en ai jamais bu comme cela en Amérique.

LE GÉNÉRAL.

Il n'y avait qu'une chose qui m'inquiétait pendant le dîner et m'empêchait d'être tout entier à mon affaire.

DESROSIERS.

Et quoi donc ?

LE GÉNÉRAL, à la comtesse.

La figure de M. le marquis !...

DESROSIERS, troublé.

En vérité ?...

LA COMTESSE.

Et comment cela ?

LE GÉNÉRAL.

Je cherchais où je l'avais déjà vue... après ça, c'en est peut-être un autre... il me semble pourtant bien que c'était à Paris. Oui... oui, c'était un jour de parade au carrousel...

LA COMTESSE.

Parmi les officiers.

LE GÉNÉRAL.

Non.

LA COMTESSE.

Au milieu de la poudre.

LE GÉNÉRAL, vivement.

Oui... oui... vous me mettez sur la voie... j'étais pressé de me rendre à la parade... et dans le désordre de toilette où j'étais... j'entre au Palais-Royal... chez un fameux coiffeur... c'était lui...

LA COMTESSE.

Monsieur...

LE GÉNÉRAL.

Ou du moins quelqu'un qui lui ressemblait tellement...

DESROSIERS, troublé.

Vous croyez ?...

(Il se lève ainsi que la comtesse.)

LE GÉNÉRAL, avec force et le regardant.

Maintenant... j'en suis sûr... et, y eût-il là une batterie de canons, je crierais aussi haut qu'elle : C'est lui... je le jure!...

DESROSIERS, dans la plus grande honte.

Général...

LE GÉNÉRAL, avec force, et lui prenant la main.

Oui, morbleu!..... je vous défie maintenant de soutenir le contraire.

DESROSIERS, essayant de rire.

Je m'en garderais bien... c'est vrai... c'est la vérité même... c'était moi... en personne... et ce n'est pas le seul métier que la nécessité de me cacher... m'ait fait exercer dans ce temps-là.

LA COMTESSE.

Quoi, mon neveu!...

DESROSIERS.

Oui, ma tante, si j'avais été reconnu, il y allait de la vie... et je me suis décidé à accommoder quelques têtes, afin de sauver la mienne!

LA COMTESSE.

Quel temps que celui-là!... un marquis!...

23.

GEORGETTE.

Donnant le coup de peigne !

LE GÉNÉRAL.

Ce n'est pas là qu'est le mal !

DESROSIERS.

Vous avez raison.

AIR du vaudeville du *Piège*.

L'incognito devait me protéger ;
　Tranquille au milieu de l'orage,
Le fer en main je bravais le danger,
　Frisant chacun avec courage...
J'ai recueilli de ces temps douloureux,
　Où la terreur était extrême,
　L'avantage bien précieux...

LE GÉNÉRAL.

De pouvoir vous coiffer vous-même.

DESROSIERS.

C'est une excellente école que celle du malheur... elle nous rend meilleurs et plus expansifs... elle développe la sensibilité.

LE CHEVALIER.

J'en suis persuadé, mon cousin, et je ne doute pas que vous n'ayez réfléchi à notre conversation de tout-à-l'heure.

DESROSIERS.

Certainement ! j'en ai parlé à ma tante.

LE CHEVALIER.

Et sa décision ?

DESROSIERS.

Vous la connaîtrez plus tard.

LE CHEVALIER.

Pourquoi pas sur-le-champ ?

LA COMTESSE.

Pour des raisons...

LE CHEVALIER.

Que je devine !

LA COMTESSE.

Eh bien! quand il serait vrai?... les paroles déjà données, la foi convenue, et mieux encore... la nécessité, maintenant plus que jamais, de concentrer les familles, de réunir des biens et des titres que l'on cherche à diviser et à anéantir... tout nous fait un devoir de tenir à nos premiers projets, et mon neveu lui-même le voudrait, qu'il n'est pas maître d'y renoncer.

DESROSIERS.

Je le sens comme vous, et voilà ce qui me désole... mais il est des moments où il faut se sacrifier...

LE CHEVALIER, avec colère.

Monsieur !...

LA COMTESSE.

Et ce mariage se fera dès demain.

LE GÉNÉRAL.

Permettez !... on ne se marie plus ainsi... M. le maire et la municipalité exigent des délais...

(Le chevalier passe auprès du général.)

LA COMTESSE.

Dont je me moque... je ne reconnais ni votre maire... ni votre municipalité... un prêtre, deux témoins comme autrefois, et, en une demi-heure, ma fille sera marquise de Karadec.

LE CHEVALIER.

Pas tant que je vivrai du moins... (S'approchant de Desrosiers.) Et si monsieur le marquis daigne me comprendre...

DESROSIERS, étonné.

Qu'est-ce que c'est ?

LA COMTESSE, passant entre Desrosiers et le chevalier.

Qu'est-ce que j'entends?... menacer des jours si précieux !

exposer un sang déjà si rare!... le dernier des Karadecs!... (Au chevalier.) Monsieur, s'il vous arrive seulement de tirer l'épée contre lui, tout est fini entre nos deux maisons, et vous ne reverrez jamais ni moi ni ma fille...

LE CHEVALIER.

O ciel!

LA COMTESSE, bas à Desrosiers.

Je connais sa mauvaise tête, et je redoute la vôtre.

DESROSIERS, de même.

Oh! oui... j'ai une tête...

LA COMTESSE, de même.

Comme chef de la famille, mon neveu, vous devez lui épargner une faute... un crime qui lui causerait d'éternels remords.

DESROSIERS, de même.

Vous croyez?...

LA COMTESSE, de même.

Je l'exige... je l'ordonne.

DESROSIERS, de même.

Vous sentez que je n'ai rien à vous refuser.

LA COMTESSE, de même.

Dès ce soir... en secret, nous partirons avec ma fille pour Rennes, où le mariage se fera demain.

DESROSIERS, de même.

Comment cela?...

LA COMTESSE, de même.

Ne vous mêlez de rien... je me charge de tout... et vais tout disposer...

DESROSIERS, de même.

Je l'aime autant.

LA COMTESSE, à voix haute.

Adieu, messieurs! adieu, chevalier! songez à ce que j'ai

dit... vous savez mieux que personne si je tiens mes promesses... adieu!

(Elle sort.)

SCÈNE IV.

LES MÊMES, excepté la comtesse.

LE GÉNÉRAL, la regardant sortir.

Elle est superbe... (A Georgette.) Je crois voir une colonne qui se déploie.

LE CHEVALIER, s'approchant de Desrosiers.

Je vous remercie, monsieur, d'avoir éloigné la comtesse... je vous reconnais là.

DESROSIERS.

Vous êtes bien bon!

LE CHEVALIER.

Vos armes?...

DESROSIERS.

Ça m'est égal...

LE CHEVALIER.

Le lieu?...

DESROSIERS.

Tout-à-fait à votre choix.

LE CHEVALIER.

Ici donc... et à l'épée.

DESROSIERS.

Si cela peut vous être agréable...

LE CHEVALIER.

Et l'heure... le moment?

DESROSIERS.

C'est autre chose... j'ai des devoirs à remplir, des affaires à mettre en ordre... Quand il y a dix ans qu'on ne s'en est mêlé, c'est un peu long, et je vous demande huit jours... (Appuyant.) huit bons jours.

LE CHEVALIER.

Monsieur...

DESROSIERS.

Pour le moins... en faisant tout par moi-même... car, si je prenais un homme d'affaires, ce qui peut-être vaudrait mieux, nous n'en finirions jamais.

LE CHEVALIER.

Monsieur le marquis, c'est abuser...

DESROSIERS.

Nullement, monsieur le chevalier... c'est à prendre ou à laisser.

LE CHEVALIER.

Peu m'importe, monsieur, tant que le mariage n'aura pas lieu... car je serai là, je ne vous quitterai pas, et dans huit jours...

DESROSIERS.

Dans huit jours, soit. (A part.) Ce soir, nous partons pour Rennes... demain le mariage, et après-demain je commence mes voyages avec ma femme et sa dot... (Haut.) Adieu, chevalier ; au revoir, général.

AIR nouveau de M. HORMILLE.

LE GÉNÉRAL, à Desrosiers.

Adieu.

(A Georgette.)
Je sors : si de toi j'ai besoin,
Songe à venir dès que ma voix t'appelle.

GEORGETTE.
Je sais qu'à l'ordre il faut être fidèle.

LE GÉNÉRAL, au chevalier.
Je veux, mon brave, être votre témoin.

(Le chevalier s'incline.)

Je suis jaloux d'observer le maintien
    Du marquis parant quelques bottes,
Pour voir s'il tient une épée aussi bien
    Qu'il tint le fer à papillotes.

Ensemble.

LE GÉNÉRAL et le **CHEVALIER.**

Adieu, monsieur, partez; mais ayez soin
De revenir où l'honneur vous appelle,
Et dans huit jours, rempli d'un noble zèle,
Présentez-vous avec votre témoin.

DESROSIERS.

Adieu, monsieur, je pars, mais j'aurai soin
De me trouver où l'honneur nous appelle,
Et dans huit jours, à mon devoir fidèle,
Vous me verrez, suivi de mon témoin.

GEORGETTE, au général.

Comptez sur moi, mon oncle; j'aurai soin
D'aller vers vous, si votre voix m'appelle;
Je sais qu'à l'ordre il faut être fidèle,
Et vous serez de mon zèle témoin.

(Le général sort par le fond, et Desrosiers par la porte à droite.)

SCÈNE V.

GEORGETTE, LE CHEVALIER.

LE CHEVALIER.

Ah! je suis désolé! car, quoi qu'il arrive, Amélie est perdue pour moi.

GEORGETTE.

Vous croyez?

LE CHEVALIER, s'asseyant sur le fauteuil, auprès de la table.

Parbleu! c'est évident... je ne peux pas la lui laisser épouser... il me tuera plutôt, ou bien je le tuerai... et alors je connais la comtesse! elle ne me pardonnera jamais la mort de ce neveu... qu'elle admire, qu'elle chérit... C'est entre nous une séparation, une haine éternelle...

GEORGETTE.

C'est vrai... mais comment faire, mon Dieu! quel parti prendre?

SCÈNE VI.

Les mêmes; CÉSAR, apportant un panier de vins.

CÉSAR, causant tout seul.

Va porter ce panier de vins, qu'il m'a dit comme ça, l'autre... un bonnet de coton sur l'oreille... certainement que je le porterai, ça me réchauffera... (Soufflant dans ses doigts.) C'est qu'il ne fait pas chaud à la porte... C'est drôle, ils n'avaient jamais voulu me laisser entrer dans les appartements... et aujourd'hui ils m'y envoient... ils me disaient toujours: « A c'te cour. » C'était bon quand Dragon y était... mais maintenant... pauvre Dragon!

GEORGETTE, qui pendant ce temps-là a causé avec le chevalier.

C'est ce bon César, avec un panier énorme!

CÉSAR.

Oui, mam'zelle, c'est le bonnet de coton qui m'a dit... (Levant les yeux, regardant autour de lui, et laissant tomber le panier.) Oh!

(L'orchestre joue l'air du chevalier d'Avenel, dans *la Dame Blanche*.)

GEORGETTE.

Qu'est-ce qu'il a donc? (Regardant le panier.) Heureusement rien n'est cassé.

CÉSAR, courant avec joie autour de l'appartement.

Oh! mon Dieu! mon Dieu! je suis bien content! (Parlant aux meubles.) Bonjour! bonjour! (Au grand fauteuil qui est auprès de la table.) Ah! ah! grand fauteuil... bien vieux... bien malade... ah! ça fait plaisir de se revoir... (Apercevant le bureau.) Et toi aussi, mon ancien... (S'asseyant et se plaçant comme un enfant qui écrit.) Musa, la muse, musarum, musarum...

LE CHEVALIER.

Du latin, maintenant.

GEORGETTE.

C'est du latin?

LE CHEVALIER.

Et! oui... tais-toi donc.

CÉSAR, se levant et donnant un coup de pied au bureau.

Je ne veux pas de toi... je ne veux pas écrire ce matin... et puis... (Faisant le geste de férule qu'on donne sur les doigts.) je ne veux pas d'ça... (Chantant.) Tra, la, la, la, congé, récréation... n'est-ce pas? j'ai bien travaillé... bien sage... danser... (Il danse; il chante un air de menuet, et imite son maître jouant de la pochette. Il prend la main de Georgette, et chante en formant quelques pas avec elle; puis ses yeux se portent sur le cadre vide, et ne voyant pas de portrait, il s'écrie.) Ah! mon Dieu!

GEORGETTE.

Qu'a-t-il donc?

CÉSAR.

Il n'y est plus... il n'est pas encore revenu.

GEORGETTE.

Qui donc?

CÉSAR.

Le grand... (Montrant les bordures de son habit.) là... doré... (Faisant le signe d'un grand ruban qui traverse la poitrine.) et puis là... enfin... le grand...

LE CHEVALIER.

Le portrait du marquis, qui était là et que l'on a détruit.

CÉSAR, se retournant du côté de la cheminée, où il aperçoit le magot, et poussant un cri de joie.

Ah! le petit... le petit gentilhomme! (Il court au magot, le salue, saute devant lui, et fait aller sa tête.) Salue, salue, mon petit ami... bien honnête, bien élevé. (Il continue de jouer avec le magot de la Chine, le prend, le met sur la table et fait toujours aller sa tête.) Et ton petit camarade, où est-il donc ?

GEORGETTE.

C'est inconcevable... sa joie à l'aspect de ce magot de la Chine...

LE CHEVALIER.

Qui servait autrefois à l'amusement de mon cousin Arthur... Il y a là-dessous un mystère... Il est donc venu ici autrefois ?

GEORGETTE.

Il y a donc habité ?

LE CHEVALIER.

Interroge-le, Georgette, il te répond mieux qu'à moi.

CÉSAR, toujours avec le magot.

Ils étaient deux... où donc est ton petit camarade ?

GEORGETTE.

Ici, César, ici... allons, viens ici. (César vient auprès de Georgette.) Dis-moi, d'où te venaient les six francs que voilà... que tu m'as donnés ?

CÉSAR.

Ah! oui, six francs, pour des papiers... une bonne affaire, n'est-ce pas ?

LE CHEVALIER, vivement.

Des papiers ?

CÉSAR.

Oui, de mauvais chiffons de papiers qui étaient dans mon sac.

LE CHEVALIER.

Qui les y avait mis ?

CÉSAR, cherchant.

Je ne sais pas... (Regardant le magot.) Si, si, je me rappelle; ils étaient deux comme celui-là.

GEORGETTE, l'empêchant de jeter les yeux sur le magot.

Ne pense donc pas à ça... réponds-moi... Qu'est-ce que tu as fait ce matin?... où as-tu été?...

CÉSAR.

Nulle part.

GEORGETTE.

Tu mens.

CÉSAR.

Non... parole!

GEORGETTE.

D'abord, tu as vu quelqu'un qui t'a remis un paquet, là, dans ton sac.

CÉSAR.

Ah! oui... c'est vrai... il était maigre... il était pâle... il pleurait, il me serrait les mains... et puis un mauvais matelas, c'est-à-dire une paillasse... voilà toute la vérité... parole!...

GEORGETTE, le caressant comme un chien qu'on flatte.

A la bonne heure... c'est bien!... beau César... il est beau... je suis contente de lui.

CÉSAR, avec joie.

Et moi aussi.

GEORGETTE.

Tu as bien fait de me le dire, car je le savais.

CÉSAR.

Ah! vous le saviez?...

GEORGETTE.

Il était pâle... il était maigre...

CÉSAR.

Ah! vous le saviez... vous le connaissez?

GEORGETTE.

Oui... il était bien malade.

CÉSAR.

C'est vrai, bien faible.

GEORGETTE.

Mais il parlait... il te disait... je l'entends encore... il te disait, en te serrant les mains...

CÉSAR, riant.

Ah! ah! ah! oui..., ça me faisait rire...

GEORGETTE, riant aussi.

C'est vrai, c'était drôle... il te disait...

CÉSAR.

« Monsieur le marquis... monsieur le marquis. »

LE CHEVALIER, vivement.

A toi, monsieur le marquis?

CÉSAR, de même.

Non... non... ce n'est pas vrai, mademoiselle Georgette ne veut pas.

GEORGETTE.

Quand c'est pour se moquer... mais celui-là, il ne se moquait pas de toi.

CÉSAR.

Vous croyez?

GEORGETTE.

Puisqu'il pleurait.

CÉSAR.

Oui... de grosses larmes.

GEORGETTE.

Et il était tout seul?

CÉSAR, regardant du côté du magot.

Non... ils étaient deux.

GEORGETTE, continuant à l'interroger.

De grosses larmes...

CÉSAR, regardant toujours le magot.

Avec un pantalon vert.

LE CHEVALIER.

Qui... le malade?

CÉSAR.

Et une veste de porcelaine... et il saluait... comme ça, avec une figure peinte en rouge, et des moustaches.

LE CHEVALIER, avec impatience.

Ce n'est pas celui-là dont il s'agit... mais l'autre... l'autre...

GEORGETTE.

Oui, l'autre... l'autre.

CÉSAR.

Oh! l'autre... (Il fait un geste de souvenir, court vivement de côté et d'autre dans l'appartement, comme s'il cherchait quelque objet caché; et, arrivé près de l'armoire qui est au-dessous du cadre vide, il l'ouvre, en retire l'autre magot qui y était renfermé, le prend dans ses bras, et d'un air de triomphe vient le placer sur la table en s'écriant.) Les voilà tous réunis... toute la petite famille.

LE CHEVALIER, avec colère.

Est-il possible! un pareil souvenir?... et ce malheureux imbécile qui ne peut nous dire...
(Il veut aller à César, qui est à la table occupé avec les deux magots.)

GEORGETTE, l'arrêtant.

Au nom du ciel, taisez-vous... si vous le brusquez, nous n'obtiendrons rien. (Elle revient au milieu du théâtre, et appelle César qui est toujours auprès de la table et des magots.) César, mon petit César... (Elle va le prendre et le ramène avec elle.) Si je te suis chère, si tu m'aimes...

CÉSAR, vivement.

De tout mon cœur.

GEORGETTE.

Tu me répondras, tu me diras quel était cet homme... cherche... cherche bien.

CÉSAR.

Oui, je cherche... je voudrais vous dire... tout cela se

brouille... Attendez, attendez... Il disait : « Mon maître, mon maître... » ses mains tremblaient, sa tête aussi. (Regardant les magots.) Oui, oui, il la remuait comme ça.

(Il imite le mouvement de tête des magots.)

GEORGETTE.

Et où était-il ?

CÉSAR, montrant la gauche.

Là, sur la cheminée.

LE CHEVALIER, impatienté.

Au moment de tout savoir...

CÉSAR, suivant une autre idée.

Non, pas de cheminée, pas de feu... un mauvais lit... (Regardant les murs de l'appartement.) Non, un riche appartement... avec beaucoup de monde... oui... et puis... non... ça tourne, ça tourne... je ne vois rien, je souffre. (Portant la main à sa tête.) Je souffre là. (Avec désespoir.) Je ne peux pas, mam'zelle, je ne peux pas.

GEORGETTE, à César.

Allons, calme-toi, calme toi... je ne te demande plus rien... rien du tout... mais j'ai une commission à te donner.

CÉSAR.

Ah ! promener, courir...

GEORGETTE.

Tu veux donc bien me rendre un service ?

CÉSAR.

Toujours.

GEORGETTE.

Ce pauvre homme... dont nous parlions... est bien malade, bien faible... et du bon vin le ranimerait... parce que du bon vin, ça vous ranime.

CÉSAR.

Oui, c'est bien fort.

GEORGETTE, allant au panier de vin que César a apporté, y prenant deux bouteilles, et les mettant dans les mains de César.

Tiens, porte-lui sur-le-champ ces deux bouteilles de ma part.

CÉSAR.

Oui, mam'zelle.

GEORGETTE.

Sur-le-champ, sans t'arrêter, sans t'amuser en route... (Au chevalier.) Et vous, suivez-le et ne le perdez pas de vue.

CÉSAR.

Oui, mam'zelle.

GEORGETTE, lui commandant comme à un chien.

Porte, César... porte vite.

CÉSAR.

Oui, c'est ça, c'est ça... je vas courir comme Dragon.

(Il sort en courant et en sautant.)

GEORGETTE, au chevalier.

Allez, allez.

LE CHEVALIER, sortant, et suivant César.

Soyez tranquille, je ne le quitte pas.

(Il sort.)

SCÈNE VII.

GEORGETTE, seule.

Oh! mon Dieu! cela serait-il possible?... Oui, oui... ce pauvre garçon ne peut avoir ni l'intention ni les moyens de tromper; son trouble en revoyant ces lieux... (Montrant les porcelaines.) ces souvenirs qui ne pouvaient arriver qu'à lui seul... tout me démontre clairement la vérité... mais comment la prouver?... comment persuader les autres?... dans ce moment surtout où un imposteur plus hardi et plus habile que nous... C'est lui!

(Elle se retire à l'écart.)

SCÈNE VIII.

DESROSIERS, GEORGETTE.

DESROSIERS, entrant par la porte latérale à droite, à la cantonade.

Très-bien, très-bien, mes vassaux, très-bien! Ma foi, ce n'est pas si difficile de tromper les gens... ils ne demandent que cela... ils vont tous au-devant... Ce soir, nous partons en secret dans la berline de la comtesse, avec ma petite cousine, ma future, qui est fort gentille... et, une fois marié, je me moque du chevalier... et des autres réclamations. J'ai pour moi titre, possession d'état et les pièces à l'appui... Il y a là de quoi gagner vingt procès... si on osait me les faire... et qui s'en aviserait?... qui peut y avoir intérêt?... si ce n'est cet imbécile qui ne peut pas même se faire comprendre... et que j'emmène avec moi. Relégué dans une ferme, cent écus de pension... heureux comme un roi... ça l'arrange... moi aussi... c'est bien, c'est généreux... je fais ma fortune et de la bienfaisance par dessus le marché. Ma foi, tout me sourit, tout m'arrive à souhait, et je peux dire mieux que personne : allons, saute, marq... (Il va pour battre un entrechat, et aperçoit Georgette.) Ah! c'est toi, petite?

GEORGETTE.

Oui, monsieur... qui suis toute joyeuse de vous voir si content.

DESROSIERS.

Que veux-tu? c'est si agréable d'être grand seigneur... c'est un état qu'on voulait supprimer... et on avait tort... il n'y en a pas de plus facile à exercer.

GEORGETTE.

C'est ce qu'on dit, car souvent le premier venu...

DESROSIERS.

Comment, ma chère?...

GEORGETTE.

Pardon, monsieur, ne vous fâchez pas... je suis la première personne à qui vous avez parlé en arrivant dans le pays... c'est chez nous que vous avez logé, et il est juste que je vous fasse part des mauvais bruits que je ne crois pas, mais qui courent sur vous.

DESROSIERS.

Sur moi, voilà qui est plaisant... voilà qui me ferait rire.

GEORGETTE, à part.

Il ne rit pas... du courage! (Haut.) Oui, monsieur le marquis; on prétend que ce titre vous vient d'un hasard heureux...

DESROSIERS.

Comme tous les titres du monde... comme la naissance elle-même, qui n'est qu'un effet du hasard.

GEORGETTE, l'examinant.

Oui... mais il y en a qui parlent de lettres..: d'actes... de papiers tombés entre vos mains.

DESROSIERS.

Qui a dit cela?

GEORGETTE, à part.

Il est troublé!

DESROSIERS.

Qui a dit cela? expliquez-vous!

GEORGETTE.

Je n'en sais rien... mais il y a, dit-on, par le monde, un pauvre diable, un vieux serviteur... qui, lui aussi, avait des papiers de famille...

DESROSIERS.

Il n'en a donc plus?

GEORGETTE.

Je l'ignore... mais il peut parler... il peut tout dire... et alors nous avons les magistrats qui veulent s'occuper de cette affaire-là...

DESROSIERS, à part.

O ciel !

GEORGETTE.

Nous avons aussi les gendarmes, qui de leur naturel sont très-indiscrets, et qui se mêlent de tout.

DESROSIERS, effrayé.

Georgette !

GEORGETTE.

Ne vaut-il pas mieux que tout cela s'arrange là, entre nous, qui serons seuls dans le secret?...

DESROSIERS, avec un trouble croissant.

Il est de fait qu'on pourrait s'entendre; et crois bien, ma chère petite, que ton zèle, ta fidélité, trouveraient en moi un protecteur.

GEORGETTE, à part.

Il y arrive... nous le tenons.

DESROSIERS.

Et surtout des récompenses... (S'arrêtant.) Le chevalier !

SCÈNE IX.

Les mêmes; LE CHEVALIER.

LE CHEVALIER, courant vivement à Georgette.

Malédiction !... il n'existait plus !

GEORGETTE.

Qui donc?

LE CHEVALIER.

L'ami, le gouverneur d'Arthur... car c'était lui.

DESROSIERS.

Qu'entends-je ! est-il possible?... mon gouverneur, mon bon gouverneur... il était ici?

LE CHEVALIER.

Eh ! oui... monsieur !

DESROSIERS.

Et je l'ignorais... et je n'ai pu recueillir ses dernières paroles... qui eussent été pour moi si importantes et si précieuses! (A Georgette.) car, loin de les craindre, je les désirais, je les réclamais, ne fût-ce que pour repousser les bruits ridicules dont vous me parliez tout-à-l'heure, et que je méprise.

GEORGETTE.

Quoi! monsieur...

DESROSIERS.

Je ne vous en remercie pas moins de votre zèle à me les apprendre... vous avez bien fait... je vous en sais gré et, comme je vous le disais, vous en serez récompensée. Le marquis de Karadec n'a que sa parole... (A part.) il n'a que ça, mais il l'a. Quant aux autres, (Regardant le chevalier.) c'est devant les tribunaux que je les attends, pas ailleurs... J'aime les procès... je serai ravi d'en avoir; c'est très-agréable, surtout quand on a en main le moyen de les gagner. Adieu, chevalier... Adieu, petite, je ne t'oublierai pas.

(Il sort par le fond.)

SCÈNE X.

LE CHEVALIER, GEORGETTE.

GEORGETTE.

Il nous raille encore... car il est maintenant trop sûr de son fait.

LE CHEVALIER.

Je le tuerai!

GEORGETTE.

Il ne vous donnera pas ce plaisir-là : il refusera.

LE CHEVALIER.

Et l'honneur des Karadecs?

GEORGETTE.

Ça ne le regarde pas, il n'y est pour rien... et impossible de le convaincre! Nous n'avons pour nous que ce pauvre César.

LE CHEVALIER.

Qui va partir!

GEORGETTE.

O ciel! notre seul témoin... notre seul espoir!...

LE CHEVALIER.

Le valet de chambre de la comtesse est venu le prendre comme il me quittait, et l'a emmené avec lui, en lui disant que la voiture était prête.

GEORGETTE.

Qu'il ne s'éloigne pas... qu'il reste... n'importe à quel prix! Allez, voyez... Trouvez moyen de le retenir. Moi, pendant ce temps, je chercherai... j'imaginerai... j'ai vu tout-à-l'heure qu'il tremblait, qu'il s'effrayait aisément... et je ne désespère pas encore de rendre au véritable Arthur ses biens, et à vous celle que vous aimez... Mais partez, partez et ramenez-nous César.

LE CHEVALIER, sortant par la droite.

Je vous le promets.

GEORGETTE, entendant le général qui appelle.

C'est mon oncle!

SCÈNE XI.

GEORGETTE, LE GÉNÉRAL.

LE GÉNÉRAL, appelant.

Georgette!... Georgette!... où diable es-tu?... il faut que je coure tout le château pour trouver mon secrétaire.

GEORGETTE.

Me voici, mon oncle.

LE GÉNÉRAL.

Qu'est-ce que tu as donc? tu me parais bien émue...

GEORGETTE.

Non, mon oncle.

LE GÉNÉRAL.

Alors, avance ici... et, pendant que nous sommes seuls, lis-moi ces dépêches qui viennent d'arriver.

GEORGETTE.

Des dépêches du gouvernement?

LE GÉNÉRAL, les lui donnant.

Rien que ça!... Est-ce que c'est plus difficile à lire que d'autres?

GEORGETTE.

Non, mon oncle.

LE GÉNÉRAL.

J'avais demandé des instructions sur ces nobles qui nous arrivent de tous les côtés... et c'est sans doute à cela qu'on me répond! ainsi pas de bêtises... et lis-moi cela couramment.

GEORGETTE, à part.

Si cette lettre pouvait servir nos projets et nous aider à le démasquer! (Elle lit à voix basse tandis que le général va s'asseoir dans un fauteuil.) Non... tout le protége, tout est contre nous.

LE GÉNÉRAL, qui vient de s'asseoir.

Eh bien! lis donc, je t'écoute.

GEORGETTE, à part.

Dieu!... quelle idée!... si j'osais!... ma foi, tant pis! qu'est-ce que je risque avec mon oncle?

LE GÉNÉRAL.

Ah! çà, il paraît que ce n'est pas bien écrit et que tu as de la peine à lire.

GEORGETTE.

Non, mon oncle... (Elle se place derrière le général, à sa droite, et lit la dépêche.) « Général, le gouvernement est informé que

24.

« le marquis de Karadec a reparu dans le département où
« vous commandez... »

LE GÉNÉRAL.

Belle nouvelle... comme si je ne le savais pas!

GEORGETTE, continuant à lire.

« Porté sur la liste des émigrés, il n'en a pas été rayé, et
« est rentré sans autorisation... »

LE GÉNÉRAL.

Ah! ah!

GEORGETTE.

« En conséquence, saisissez-vous de sa personne... »

LE GÉNÉRAL.

Hein?

GEORGETTE.

« Et faites exécuter à son égard les lois existantes. »

LE GÉNÉRAL.

Qu'est-ce que tu me dis là?... ce n'est pas possible... et tu te trompes...

GEORGETTE.

C'est écrit en toutes lettres... voyez plutôt, là... au bas de la page.

LE GÉNÉRAL.

Oui, je vois bien une ligne... qui a l'air d'être ça... mais où diable vont-ils me charger d'une commission pareille?... je n'obéirai pas.

(Il se lève.)

GEORGETTE.

Y pensez-vous?...

LE GÉNÉRAL.

Va te promener, et eux aussi.

GEORGETTE.

Mais, mon oncle...

LE GÉNÉRAL.

Je donnerai plutôt ma démission.

GEORGETTE.

Attendez !... signifiez d'abord au marquis les ordres que vous avez reçus... peut-être a-t-il des protecteurs, des amis ou de bonnes raisons à donner... enfin il fera tout ce qu'il faudra pour se sauver ; ça le regarde autant que vous.

LE GÉNÉRAL.

C'est juste !... mais voilà toujours une chienne de dépêche dont je me serais bien passé... et, pour la première que tu me déchiffres, tu n'as pas la main heureuse.

GEORGETTE, avec finesse.

Peut-être ça tournera mieux que vous ne croyez... tenez, tenez, voici le marquis.

SCÈNE XII.

LA COMTESSE, DESROSIERS, entrant par la porte latérale à droite, LE GÉNÉRAL, GEORGETTE.

LA COMTESSE, à Desrosiers.

Oui, mon neveu, la voiture nous attend à la petite grille ; nous traverserons le parc en nous promenant ; et, sans qu'on ait le moindre soupçon, partis dans une demi-heure...

DESROSIERS, à la comtesse.

C'est le général !

LA COMTESSE.

Qu'importe ?... saluez-le et passons... (A Desrosiers, qui salue.) Trop bas... trop bas avec cet homme-là... une inclinaison de tête suffit.

LE GÉNÉRAL, à Desrosiers, qui s'incline.

Vous êtes bien bon, monsieur le marquis... et comme une politesse en vaut une autre... (A part.) Diable de consigne !...

(Haut.) J'aurai l'honneur de vous dire... que vous ne pouvez pas sortir de cet appartement.

DESROSIERS.

Et pourquoi donc ?

LE GÉNÉRAL.

Parce que j'ai ordre d'arrêter le marquis de Karadec, non encore rayé de la liste des émigrés...

LA COMTESSE.

C'est vrai... mais on nous a assuré...

LE GÉNÉRAL.

Et de faire exécuter à son égard les lois existantes.

DESROSIERS.

O ciel !...

LA COMTESSE.

Modérez-vous, mon neveu ; du calme et de la fierté !

DESROSIERS.

Mais les lois existantes... vous ne savez donc pas ?...

LA COMTESSE.

Si vraiment !

DESROSIERS.

C'est d'être fusillé dans les vingt-quatre heures...

LA COMTESSE.

Eh bien ! qu'importe !... est-ce là ce qui doit faire reculer un Karadec ?...

DESROSIERS, tremblant.

Certainement... si on peut reculer... le moment...

LE GÉNÉRAL.

Je ne demande pas mieux... adressez vos réclamations...

LA COMTESSE, passant entre Desrosiers et le général.

Non, mon neveu, ne demandez rien à ces gens-là... il ne faut pas leur avoir d'obligation.

DESROSIERS.

Permettez...

LA COMTESSE.

Vous serez digne du sang qui coule dans vos veines... (Bas.) Mais prenez donc garde, Arthur, comme vous êtes pâle!... et comme vous tremblez!... ils vont croire que vous avez peur...

DESROSIERS.

Eh! parbleu!... il n'y a peut-être pas de quoi?...

LA COMTESSE.

Vous, le dernier des Karadecs!...

DESROSIERS.

C'est précisément parce que je suis le dernier.

LA COMTESSE.

Vous, un marquis!...

DESROSIERS.

Au diable les marquis... les marquisats et toute la noble famille!

(Il traverse le théâtre, passe à gauche et dépose les papiers sur la table.)

LA COMTESSE.

Qu'est-ce que j'entends?

LE GÉNÉRAL.

Qu'est-ce que vous dites là?

DESROSIERS, vivement.

Que si vous tenez absolument à connaître le véritable propriétaire... tenez, le voici.

SCÈNE XIII.

LES MÊMES; LE CHEVALIER, amenant CÉSAR.

TOUS.

O ciel! César!

DESROSIERS, au général.

Permis à vous d'exécuter à son égard les lois existantes... ça lui est tout à fait égal.

LA COMTESSE, avec dédain.

Ah !... quelle indignité !... ce serait ça mon neveu !

LE CHEVALIER.

Oui, madame !... notre parent !... je vous l'atteste... nous en avons toutes les preuves !...

LA COMTESSE.

Le dernier des Karadecs !... fi donc !... fi donc !...

CÉSAR.

Qu'est-ce qu'elle a donc, la vieille ?

(Il s'assied sur le grand fauteuil auprès de la table.)

LA COMTESSE.

Vous l'entendez !... et j'espère, général, que vous ne lui ferez pas l'honneur de le fusiller comme marquis de Karadec... je m'y oppose pour l'honneur du nom et la dignité de la famille...

LE GÉNÉRAL.

Je ne doute point, madame, que vos réclamations ne soient admises... mais, quant à moi, mes ordres sont formels... voyez plutôt...

(Il lui donne la lettre, Georgette passe auprès du général.)

LA COMTESSE.

Quel ordre absurde !... (Lisant.) « Général, il existe des « lois rigoureuses contre les anciens nobles... » (Regardant César, qui s'est assis près de la table, et qui déjeune tranquillement avec un morceau de pain et de fromage.) Un ancien noble... qui déjeune là avec du... comme un paysan... (Continuant.) « Ces « rigueurs doivent cesser... le premier consul vient de dé- « chirer toutes les listes d'émigrés... »

DESROSIERS et LES AUTRES, excepté César, qui continue à déjeuner.

Est-il possible !

LA COMTESSE.

« Accordez donc appui et protection à tous ceux qui se
« présenteraient dans votre département. »

DESROSIERS, à part.

Je suis pris!... j'ai eu peur trop tôt!

LA COMTESSE.

Eh! que disait donc le général?

GEORGETTE.

Il a voulu faire une bonne action... démasquer un imposteur...

LE GÉNÉRAL, s'efforçant de rire.

Oui, madame... (D'un ton sévère.) Georgette!

GEORGETTE, à demi-voix.

Grâce, général!.

LE GÉNÉRAL, de même.

Le général devrait faire fusiller son aide-de-camp.

GEORGETTE, de même.

Tenez, regardez ce pauvre garçon, à qui nous venons de faire rendre ses biens et ses titres.

(Elle passe à la gauche de César, qui déjeune toujours.)

LE CHEVALIER, s'approchant de César.

Oui, vraiment, ce château, ce domaine, tout vous appartient.

GEORGETTE, prenant les papiers que Desrosiers a mis sur la table et les donnant à César.

Et en voici les preuves.

CÉSAR.

Qu'est-ce que c'est que ça?

GEORGETTE.

Les papiers de ce matin... ne les reconnaissez-vous pas?

CÉSAR.

Moi, non.

LA COMTESSE, à Georgette.

Vous voyez.

GEORGETTE, à la comtesse.

Laissez.

CÉSAR.

Des papiers... c'est donc bien beau? (Il les regarde.) Il n'y a pas d'images... Ah! je me rappelle... (Au chevalier.) Vous me les demandiez ce matin... je vous les donne... et ce château... vous disiez qu'il était...

LE CHEVALIER.

A vous.

CÉSAR.

A moi, tout entier... tout le château?... Eh bien! à Georgette... Et ces papiers...

LE CHEVALIER.

Mais ils vous appartiennent, ce sont vos titres de marquis.

CÉSAR, se levant vivement, et allant se placer devant le cadre vide.

Le marquis!... oh! non... ce n'est pas vrai... il n'est pas revenu.

GEORGETTE, prenant le petit portrait qui était dans les papiers.

Ah! ce portrait! (A part.) celui de son père...

(Elle le met devant les yeux de César.)

CÉSAR, regardant le portrait un instant avec attention, pousse un cri.

Ah!

(Il s'évanouit et tombe dans les bras du chevalier et de Georgette.)

GEORGETTE.

Laissez, laissez... bien des jours se passeront avant qu'il nous soit tout à fait rendu... mais le temps, nos soins, guériront sa tête, qui n'est qu'affaiblie... Il revient à lui.

CÉSAR, revenant à lui, et fixant ses yeux sur le portrait qu'il tient.

Mon père... oui, c'est mon père... je l'entends... il me dit...

GEORGETTE, d'une voix forte.

Arthur !

CÉSAR.

Oh ! oui... c'était ici... où donc ? si je pouvais me rappeler !... (Il cherche de tous côtés, et regarde où peut se trouver l'endroit indiqué par son père; enfin il le reconnaît, s'élance sur le devant à droite du théâtre, ouvre une petite porte, et saisit une épée qu'il trouve. Il la contemple, la baise avec transport et s'écrie.) La voilà ! je la reconnais...

LA COMTESSE.

Et moi, je reconnais le gentilhomme.

LE GÉNÉRAL.

Un gentilhomme qui sera des nôtres !... Nous en ferons un sous-lieutenant de la République.

TABLE

	Pages.
Chut.	1
Sir Hugues de Guilfort	87
Avis aux coquettes ou L'Amant singulier	171
Le Fils d'un agent de change	243
Les Dames patronnesses ou A Quelque chose malheur est bon	301
César ou Le Chien du chateau	349

www.ingramcontent.com/pod-product-compliance
Lightning Source LLC
Chambersburg PA
CBHW071113230426
43666CB00009B/1943